KB071508

2판

사례관리 전문가교육

실무자 기초과정 | 한국사례관리학회 편
권진숙 · 김성천 · 유명이 · 이기연 · 조현순 · 함철호 공저

CASE MANAGEMENT

학지사

2판 머리말

사례관리의 시대일까?

민간과 공공의 다양한 영역에서 사례관리가 실천되고 있다. 1판이 출간될 당시는 시·군·구청에 희망복지지원단이 만들어지고 공공 영역 사례관리가 도입되는 시기였다. 지금은 공공 영역의 사례관리 수행자가 늘어났고, 그들의 역량도 향상된 것으로 보인다. 공공보다 빨리 사례관리를 도입한 민간 영역에서도 비슷한 양상을 볼 수 있다. 이러한 현상의 의미를 교육적 측면에서 두 가지로 대별해 볼 수 있다. 하나는 사례관리 교육 수요가 매우 많아졌다는 것이고, 다른 하나는 이제 교수자·연구자들에게 사례관리 지식을 체계적으로 이해해야 할 필요가 있다는 것이다.

이러한 변화를 반영한 개정판의 필요성이 제기되었다. 저자들은 수차례 회의를 거쳐 용어와 개정판의 집필 방향에 합의하였다. 개정판에 강조된 점은 다음과 같다.

'제1장 사례관리의 기초와 이해' 부분에서 바뀐 부분은 다음과 같다. 1판에서는 사례관리의 정의를 주로 국외 연구자의 것을 소개하였으나 개정판에서는 한국사례관리학회의 정의를 중심에 두었다.

'제2장 사례관리의 이론과 모델' 부분에서는 강점 관점과 생태체계 관점을 강조하였다. 당연히 그리해야 한다. 또한 네트워크 이론도 강조하였다. 사례관리가 기본적으로 네트워크 조직에 의한 협업이기 때문이다. 시·군·구와 읍·면·동 단위 민·관 협력 네트워크인 지역사회보장협의체도 자세히 소개하였다. 모델 부분에서는 ICM 모델을 자세히 설명하되, 외국의 모델들이 한국 사례관리 현장에 시사하는 바를 제시하였다. 특히 민·관 협력 사례관리라는 가설적 모델에 대해 상세히 논의하였다.

1판에서는 운영체계, 주요 과정, 직·간접 실천을 모두 과정론으로 묶었으나, 개정판에서는 운영체계를 제1부의 제3장으로 분리하였고, 주요 과정과 직·간접 실천을 제2부의 과정론으로 분류하였다. 또한 제3장에서 운영체계를 전담체계, 자원체계, 지원체계로 삼분하여 이해를 도왔다.

제2부 과정론의 제4장에서 과정별 과업과 현장에의 적용을 자세히 다루었다. 1판에서 기록 및 적용을 별도로 다루었던 것과는 달리 개정판에서는 과정의 이해와 기록 및 적용을 하나의 장으로 하였다. 사례관리 과정별로 과업과 기술, 기록, 지침과 적용을 한꺼번에 배울 수 있도록 하기 위한 것이다. 사례관리 기록양식은 현재 다양한 현장에서 사용하고 있는 양식의 특징을 포괄하여 실용성을 높였다. 그러나 이 기록양식들은 사례관리 실습을 위한 교육용이다. 즉, 사례관리의 각 과정에서 주요하게 다루어야 할 과업과 실천적 요소들을 기록해 보는 데 의미를 두었다. 그리고 제5장에서 직접실천을, 제6장에서 간접실천을 자세히 설명하였다.

이러한 개정 내용들이 민간과 공공의 현장 사례관리자들에게 1판보다 좀 더 도움이 되기를 바란다.

2019년 3월
한국사례관리학회장 한철호

1판 머리말

　한국에서의 사례관리는 대학에서의 체계적인 교육과 최소한의 공통 내용을 갖춘 훈련 프로그램이 마련되지 못한 상황에서 1990년 중반에 도입되었다. 이로 인해 학계는 물론 대부분의 사회복지기관이나 실천 영역에서 사례관리가 적용되고 있음에도 제각기 다른 해석과 부분적 내용의 강조 등으로 혼란이 초래되었다. 이에 한국사례관리학회는 발기 초기부터 한국사회복지사협회와 협력하면서 각기 다른 대상과 영역별 실천현장에서의 특수성보다 전체 사회복지 영역을 아우를 수 있는 기본적이고 일반적 내용에 우선순위를 두고 한국 상황에서 적용되어야 할 사례관리의 주요 내용을 정리하는 데 노력을 기울여 왔다.

　이 교재의 내용은 2008년에 결성되어 학회의 모태가 되었던 사례관리연구회의 교육 자료를 기초로 하였고 총 6인의 저자가 참여하였다. 2~3년간에 걸쳐 수정·보완하는 과정이 있었으나 여전히 미흡한 부분이 남아 있을 것이다. 그러나 이번 교재의 경우 공공이나 민간을 불문하고 실천현장에서 일하는 사회복지사 대상의 최초 교재라는 점에서 큰 의의가 있다. 위에서도 언급하였지만 이 교재의 목표는 실천 영역에서 사례관리에 대한 다른 해석과 강조점으로 인한 혼돈을 최소화하고, 나아가 이를 통해 사례관리가 한국 사회복지실천의 정체성과 전문성을 확립해 나가는 일에 기여하는 것이다.

이 같은 학회의 노력을 인정하시어 그동안 아낌없이 지원해 주신 학지사 김진환 사장님과 편집 진행을 맡아 주신 김경민 차장님께 감사드린다. 더불어 교재 발간 후 발생하는 수익금 모두를 학회발전을 위해 기꺼이 헌납하는 데 뜻을 함께해 주신 저자 여러분과 전체 흐름을 감수해 주신 김성경 교수께 특별한 감사의 마음을 전한다. 이 같은 많은 분의 헌신적 노력이 이 교재를 통해 한국 사례관리의 실천으로 드러나고, 더불어 사회복지실천의 전문화 수준이 향상되길 바란다.

2012년 3월
한국사례관리학회장 권진숙

차례

제1부

총 론

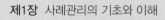

제1장

사례관리의 기초와 이해

김성천
함철호

제1장에서는 먼저 사례관리의 등장배경을 고찰함으로써 사례관리의 역사적 맥락을 파악하고, 사례관리의 다양한 정의를 비교하여 한국의 상황에서 지향해야 할 사례관리 정의를 규정하고 설명한다. 그리고 사례관리가 추구하고자 하는 주요 목적을 살펴봄으로써 사례관리의 정체성을 밝히고자 한다.

1. 사례관리 등장배경

사례관리란 휴먼서비스 전달체계의 문제에 대한 대응 노력인데, 전달체계란 휴먼서비스 조직의 환경 변화에 대한 적응적 구조물이다.

보호시설이라는 고비용 조직에서 발생하는 인간의 존엄성 침해의 해결방안으로 탈시설화가 이루어졌으며, 시설에서 나온 정신장애인이나 노인의 특성을 반영하여 치료보다는 보호라는 측면으로 개입의 목표가 변화하였다. 불안정한 가족은 복합적 욕구를 발생시켰고, 그들은 지역사회의 자원을 인지하지 못하기 때문에 이용하지 못하는 경우가 대부분이다. 지역 단위의 휴먼서비스 조직들은 수직적 행정을 통해 전달체계의 문제를 드러내 보이고 있다. 모든 전달체계상의 조직은 비용 효과성을 추구한다.

1) 시설복지에서 재가복지로 전환에 따른 서비스 꾸러미의 필요성

Moxley에 의하면 탈시설화가 사례관리를 필요하게 했다고 한다(Moxley, 1989). 사회복지에서 사례관리의 기원은 1963년 미국의 「지역정신보건법」 제정과 탈시설화 정책의 결과로 시설보호를 받던 만성정신장애나 약물 문제가 있는 사람들이 적절한 대책 없이 지역사회로 복귀함으로써 발생하는 다양한 어려움을 해결하기 하기 위해 사례관리자가 투입된 것에서 찾고 있다(Rapp, 2006; Woodside & McClam, 2006).

우리나라에서 탈시설화가 있었던 것은 아니지만, 1993년부터 재가복지가 강조되었다. 시설에서 생활하는 클라이언트들은 시설 내에서 인간의 기본적 욕구가 대부분 충족된다. 예를 들어, 시설에서 살아가는 장애인들은 식사, 의복, 주거, 간호, 의료, 상담, 여가까지 시설 내에서 충족된다고 볼 수 있다. 1960년대 미국에서 정신병 진단을 받고 시설에서 살다가 자신이 살던 지역사회로 되돌아온 정신장애인들은 인지기능 등 여러 가지 장애로 인해, 의식주 의료와 같은 기본적 욕구를 스스로 충족시킬 수 없었다. 이들에게 자원이 되는 무료급식소는 A지역에, 보건소는 B지역에, 정신보건복지센터는 C지역에,

사회복지관은 D지역에 흩어져 있으므로 해서 이러한 서비스를 이용하는 데 많은 어려움을 겪고 있다. 따라서 도움이 필요한 대상자 개개인의 욕구에 부합하는 서비스를 모아서 시설 서비스와 같이 접근성을 개선시켜 주는 서비스 꾸러미(Service package)가 필요한데, 이것이 사례관리의 핵심인 서비스 계획이다.

2) 서비스 방법의 전환: 치료에서 보호로

미국에서 1970년대 중반기에 사회복지실천은 치료(cure)에서 보호(care)로 관점의 전환이 이루어지고 있었는데, 그 보호의 방법이 사례관리이다. 1970년대 중반에 지역수준에서의 광범위한 서비스를 연계시키는 사례관리라고 하는 혁신적인 동향이 생겨났다고 했다(Morris, 1987, p. 357). 1979년 5월 시카고에서 열린 전미 사회사업가협회회의에서 8명의 저명한 학자가 '사회복지실천의 개념틀'에 대해 보고했는데, 8명 중 3명이 사회복지실천의 개념에서 사례관리가 필수적이라고 지적했다. Segel과 Baumohl(1981, p. 19)은 지역사회 정신건강에서 사례관리에 관심을 가져야만 한다고 하면서, 사례관리의 역할을 명확히 하고 발전시키면 그것이 정신장애인들을 지역사회에서 보호하기 (Community Care) 위한 기초가 될 수 있다고 했다. Monk(1981, p. 63)는 노인을 위한 사회복지실천에서 사례관리가 중요한 의의를 갖는다고 말했다. 노년기를 인생의 특이한 단계로 보아야 하며, 노인만의 특수한 욕구에 대응하는 특정의 서비스가 필요하기 때문에 노인의 특성에 대응하는 사례관리가 필수적이라고 했다. 정신장애인이든 노인이든 치료보다는 지역사회에서 보호를 위한 최선의 방법으로 사례관리가 필요하다.

3) 가족 해체와 복합적 욕구를 가진 대상자의 증가

주지하다시피 산업화는 가족의 구조와 기능에 영향을 미쳐, 대가족을 핵가족화하고, 가족의 다양한 기능 중에 가족 구성원 보호기능도 약화시켰다. 도시화에 영향으로 비싸진 집값 때문에 노인은 농촌에 남아 있고, 부부와 자녀 중심의 가족구조가 일반화되었다. 노인도 보호의 대상이고, 기혼여성의 취업 증가로 자녀들 또한 보호대상이 되어야 한다. 다양한 사회적 요인에 의해 1인 가구가 증가하고 있고, 기능적으로 불안정한 가족은 해체되어 가고 있다. 지역사회에 살아가는 독거노인이나, 정신장애인, 중증의 장애를 가진 사람들이 증가하고 있는데, 이들은 생존을 위한 자원을 획득하기 위하여 환경과 상호작용하는 능력이 부족하다. 인간의 신체적·심리적·사회적 욕구가 상호작용하여 욕구의 복합성을 발생시키며, 상위체계인 가족을 클라이언트로 볼 때 욕구의 복합성을 증폭된다. 욕구의 복합성에 대응하는 방법으로 사례관리가 필요하게 된다.

4) 대상자의 지역사회 자원에 대한 인지부족

많은 클라이언트는 어느 기관에 가야 자신에게 필요한 서비스를 받을 수 있는지 모르는 경우가 많다. 각종 서비스에 대한 인지도가 낮다는 것은 각종 실태조사서에서 밝혀지고 있다. 도쿄도 나가노구의 조사에 의하면, '가사원조 서비스' '개호원조' '단기보호' '주간보호 서비스'를 인지하고 있는 사람의 비율을 보면, 각각 43.3%, 38.6%, 48.4%, 59.2%로 나타났고, 각각의 서비스 이용률을 보면 1.5%, 1.2%, 0.6%, 0.0%이다. 이렇게 이용률이 낮은 것은 각종 행정 서비스에 대한 인지가 낮고, 또한 실제로 서비스에 대해 이해하고 있다고 하더라도 어떻게 하면 서비스를 이용할 수 있는지를 모르고 있기 때문이다. 우리나라 특정 지역의 조사 결과 역시 비슷한 결과를 보이고 있다. 사회복지관을 모르는 아동들은 57.0%, 이용경험이 있다는 아동은 10.0%이고, 청소년 상담센터를 모르는 아동이 52.5%, 이용경험이 있는 아동이 5.0%이다. 노인들의 경우 보건의료 서비스에 대한 인지도가 32.8%, 이용경험이 4.7%, 이용희망률이 58.0%이다. 가사 서비스(인지도 44.7%, 이용경험 2.6%, 47.9%), 주간보호 서비스(34.7%, 0.9%, 34.7%), 단기보호 서비스(27.3%, 0.3%, 32.9)에 대한 인지도, 이용경험, 이용의향은 점점 낮아졌다[수원시, 제2기 수원시 지역사회복지계획(2011~2014)]. 이러한 지역사회자원을 잘 인지하고 있는 자원전문가는 사회복지사들이므로 사회복지사가 사례관리의 주체가 되어야 한다. Rapp와 Chemberlain(1985)도 클라이언트와 가족들에게는 자신들이 필요로 하는 자원을 얻을 능력이 부족하기 때문에 사례관리가 필요하다고 했다.

5) 수직적 행정 극복의 필요성

사회복지 서비스가 종적 체계를 가지고 있기 때문에 사례관리가 필요하다(Moxley, 1989). 한국적 상황에서 수직적 행정이란 중앙정부가 시·도, 시·군·구, 읍·면·동이란 전달체계를 통해 정책을 서비스로 전환하는 과정을 의미한다. 보건복지부라는 조직은 환경 변화에 적응하기 위해, 아동복지기관, 노인복지기관, 장애인복지기관 등과 같이 대상별 복지를 위한 전달체계를 수립해 왔고, 영세민 밀집지역에 사회복지관과 같은 기관을 운영해 왔다. 아동복지기관도 생활시설 중심에서 다양한 상담기관과 지역아동센터로, 노인복지기관도 양로원과 같은 생활시설에서 가정봉사원파견센터, 주간보호소, 단기보호소, 노인의료복지시설 등으로 기능적으로 분화해 왔다.

그런데 문제는 이들이 행정을 수직적으로 수행한다는 것이다. 예를 들어, 보건복지부 노인복지과는「노인복지사업안내」를 시·도, 시·군·구를 통해 지역의 노인복지기관들에게 내리고, 기관들은 사업 결과를 시·군·구, 시·도, 중앙정부로 올리는 것이다. 이러한 행정통로는 아동복지행정이든, 장애인복지행정이든 동일하다. 우리나라 사회복지의 기본이념이 선별주의이므로, 읍·면·동이 국민기초생활대상자, 차상위계층이라는 이름으로 선별한 사람들이 아동복지, 노인복지, 장애인복지의 대상자가 된다. 이들은「지역보건법」에 의한 보건소(지소, 진료소) 서비스를 받을 수 있는 확률이 95%쯤 된다고 봐도 무방하다. 요컨대 시·군·구 단위에서 국민기초생활보호대상자, 보건소의 방문간호대상자, 사회복지관의 재가복지대상자, 노인복지관 서비스 대상자, 장애인복지관 서비스 대상자, 지역자활센터 참여자, 건강가정지원센터 대상자, 정신보건복지센터와 중독관리센터 대상자들이 중복될 가능성이 매우 높다(민간복지기관이 없는 지역이 다수이지만, 있다면 읍·면·동 단위에서도 이러한 진술은 참이다). 수직적 행정 때문이다. 서비스 중복과 누락이 필연적으로 생겨날 수밖에 없다.

이 문제를 해결하는 방법은 시·군·구 단위든 읍·면·동 단위든 조직 간 네트워크를 만드는 것이다. 보건복지부는「사회보장급여의 이용·제공 및 수급권자 발굴에 관한 법률」(이하 사회보장급여법) 제41조(시·군·구 지역사회보장협의체)와 제41조 제6항(읍·면·동 지역사회보장협의체)에 네트워크의 법적 근거를 명시하였다. 이 네트워크의 행위자·구성기관인 시·군·구와 읍·면·동, 보건소, 사회복지관, 노인복지관, 장애인복지관, 지역자활센터, 지역아동센터, 드림스타트, 정신보건복지센터, 중독관리센터 등이 클라이언트에 관한 정보를 공유하고, 욕구충족과 임파워먼트라는 목표를 공유하여 사례관리를 해야 하는 것이다.

6) 비용 효과적 서비스 제공의 필요성

비용 효과성의 문제는 모든 전달체계상 조직의 화두일 것이다. 앞에서 언급했듯이 탈시설화의 한 요인이었다. 미국의 경우 노인 1인당 소득보다 요양원에서 보호하는 비용이 2배나 되기 때문에, 노인들의 시설입소를 방지하기 위한 방편으로 사례관리가 실시되고 있다. 캐나다의 경우도 사례관리 서비스를 받아 재가생활을 하던 노인이 나이가 들어감에 따라 재가보호비용이 시설보호비용보다 많아지면, 시설입소판정위원회의 결정을 기다려야 한다. 우리나라의 노인장기요양보험에서도 표준 장기이용 서비스 계획서상 시설보호비용이 재가보호비용보다 높다.

노인보호비용 관점에서만이 아니라, 우리나라 전체 복지재정 관점에서도 비용의 문제는 매우 중요하다. 더구나 우리의 경제상황이 저성장기에 접어듦에 따라 세수감소에 따른 복지재정 감소는 중앙정부든 지방정부든 극복해야 하는 문제이다. 따라서 잠재되어 있는 사회자원을 발굴하고, 중복 서비스를 극복하는 방법으로서 사례관리는 반드시 필요하다. 특히 공공재원이 투자되는 대상에 대한 체계적인 관리를 통하여 저비용과 고효율을 지향함으로써 복지 체감도와 삶의 질 향상을 도모할 필요성이 증대되었다. 이러한 사례관리는 원래 보편적 복지를 채택하지 않고 선별적 복지를 하면서 사각지대가 많은 미국과 같은 나라에서 발전하였으나, 복지국가를 천명하다 신자유주의로 노선을 튼 영국에서도 공공 주도형의 사례관리가 발달하기도 하였다.

7) 심화되는 사각지대의 대책

한국의 사회복지제도는 보편적 모델보다는 선별적 모델을 우선시하고 있고, 최저생계비 보장은 중위소득의 30% 정도를 기준으로 삼고 있어서 국민의 기본적인 생활을 보장하지 못하고 있다. 그리고 사회복지 서비스 전달체계가 국가 대 국민이 아니라 국가가 시설을 지원하고 주로 민간시설들이 할 수 있는 만큼 해당 주민들에게 공급자 중심의 서비스를 제공하는 민간 위탁형 시설 중심의 서비스 전달체계를 지향함으로써 서비스의 사각지대가 구조적으로 많고 국민들의 복지 서비스 체감이 매우 제한적인 국가이다. 따라서 농어촌 지역 등에서는 서비스의 부재가 심하고 대도시에서는 비슷한 서비스가 중복되고 있는 문제가 쟁점이 되는 등 불균형적인 발전이 이루어져 왔다. 또한 프로그램 중심으로 운영되는 많은 사회복지 서비스가 고객 중심의 서비스가 아니라 공급자 중심의 서비스로 운영되면서 복지 체감도를 낮추고 효과성을 담보할 수 없는 구조적 문제를 지니고 있다는 비판을 받아 왔다(권진숙, 2010). 따라서 이러한 문제를 해결하기 위한 해법으로 사례관리가 민간과 공공 사회복지 서비스 전 영역에서 강조되고 있는 추세이다. 특히 대한민국 역사 이래 처음 공공이 국민에게 찾아가는 서비스를 사례관리의 방식으로 시행하고 있다.

한국에서 사례관리는 1993년 「노인복지법」 개정을 통해 재가복지가 사회복지사업의 공식적인 프로그램으로 인정되었고, 1995년 「정신보건법」에서는 지역사회정신보건사업의 필수 사업 가운데 하나로 사례관리가 지정되었으며, 2003년에는 「사회복지사업법」의 개정으로 시·군·구청장의 책임 아래 보호대상자별 보호계획을 수립하도록 하면서 사례관리의 현실화 기반이 마련되었다. 이렇게 민간 사회복지실천의 한 방법으로 실천되던 사례관리는 공공에서도 관심을 갖게 되었다. 2010년에는 경기도의 무한돌봄센터에서 사례관리가 도차원에서 실시되기 시작하였고, 2012년에는 공공사례관리가 전국의 시·군·구에 전면 도입되고 2016년부터는 읍·면·동 단위에서 찾아가는 서비스로 사례관리가 시행되고 있는 등, 한국에서 사례관리의 방법은 가장 보편적인 사회복지 서비스의 실천방법으로 자리매김하고 다양한 성과를 보이고 있다. 그러나 단기간에 충분한 준비 없이 사례관리의 방법이 활용되는 경우가 많아서 한국의 사례관리는 수박겉핥기 식으로 오남용되기도 하고, 혼란스러울 정도로 다양한 모습으로 존재함으로써 발생되는 부작용도 적지 않다.

2. 사례관리의 정의

사례관리(case management)의 개념은 시대와 국가, 그리고 학자와 실천의 장에 따라 다양하게 제시되고 있다. Rothman(1991)은 "사례관리에 구체적인 정의를 발견하기는 어려우며, 여러 가지 실천이 절충된 프로그램의 성격을 갖는다."라고 보았고, 권진숙(2010)은 "무정형의 특성을 갖는다."라고 보고할 정도로 사례관리는 다양한 수준에서 다소 혼란스럽게 활용되고 있는 것도 현실이다. 또한 사례관리는 보호관리(care management), 보호조정(care coordination), 서비스 조정(service coordination) 등의 다양한 용어로 사용되고 있다(Woodside & McClam, 2006). 최근 한국에서는 읍·면·동 단위의 공공 영역에서 사례관리를 수행하면서 '통합사례관리'라는 출처 불명의 용어를 사용하고 있다. 사례관리는 기본적으로 통합적 접근을 표방하는 방법인데 불필요하게 '통합'자를 한 번 더 붙이는 이유는 아직 한국의 사례관리 현장이 진정한 민·관 협력과 지역사회 자원 중심의 통합적 실천을 하지 못하고 있음을 반증하는 결과라고 볼 수 있다. 이러한 다양성은 〈표 1-1〉에서 제시한 사례관리의 규정에서도 엿볼 수 있다.

〈표 1-1〉에 의하면 학문적 입장과 정책적 여건에 따라 사례관리의 초점과 내용에 적지 않은 차이가 있음을 알 수 있다. 학자들의 정의는 사례관리의 대

〈표 1-1〉 사례관리의 주요 정의

주요 학자	사례관리 정의
Moxley(1993)	복합적인 욕구를 가진 사람들의 기능화와 복지를 위해 공식적 · 비공식적 지원과 활동의 네트워크를 조직 · 조정 · 유지하고 이러한 활동을 통해서 클라이언트의 생활 기술을 증진시키고 사회적 네크워크와 관련된 대인복지 서비스 제공자들의 능력을 발전시키며, 제공되는 서비스의 효율성과 효과성을 증진시키는 것이다.
Ballew와 Mink (1996)	여러 사람의 원조자로부터 동시에 도움이 필요한 다양한 문제가 있기 때문에 삶이 만족스럽지 못하거나 생산적이지 못한 사람들을 돕는 하나의 과정으로 이용 가능한 자원망과 이 자원을 이용할 수 있는 클라이언트의 자신감을 강조한다.
Baker와 Intagliata (1992)	클라이언트 옹호, 서비스 조정, 자원통제, 서비스 구입 등에 통합적이고 효율적으로 개입하여 기관이 클라이언트를 책임지는 활동이다.
Woodside와 McClam (2006)	복합적 욕구를 가진 대상자들에게 다양한 서비스를 효과적으로 전달하기 위한 실천전략이다.
미국사회복지사협회 (NASW, 1996)	사례관리 과정은 사회복지사들이 전문가팀 활동을 통해 클라이언트에게 필요로 하는 다양한 서비스를 제공하고 조정하는 활동이다.
영국사례관리자협회 (CMSUK, 2018)	사례관리란 개인의 건강, 사회보호, 교육과 고용 욕구를 충족시키기 위해 요구되는 옵션과 서비스들을 사정 · 계획 · 실행 · 조정 · 점검 · 평가하는 협력적 과정이다. 이러한 과정은 의사소통과 가용할 수 있는 자원들을 사용하여 비용 효과적인 성과의 질을 증진키는 것이다.
「사회보장급여의 이용 · 제공 및 수급권자 발굴에 관한 법률」(2017)	사회보장수준을 높이기 위해 지원 대상자의 다양하고 복합적인 특성에 따른 상담과 지도, 사회보장에 대한 욕구조사, 서비스 제공계획의 수립을 실시하고 그 계획에 따라 지원 대상자에게 보건 · 복지 · 고용 · 교육 등에 대한 사회보장급여 및 민간 법인 · 단체 · 시설 등이 제공하는 서비스를 종합적으로 연계 · 제공하는 통합사례관리를 실시할 수 있다.
읍 · 면 · 동 맞춤형 복지팀 업무매뉴얼(2017)	복합적이고 다양한 욕구를 지닌 대상자에게 지역사회 공공 · 민간 자원에 대한 체계적인 관리지원을 토대로 복지 · 보건 · 고용 · 주거 · 교육 · 신용 · 법률 등 필요한 서비스를 통합적으로 연계 · 제공하고 이를 지속적으로 상담 · 모니터링해 나가는 사업이다.

상과 목적 및 방법을 규정하는 데 초점을 두고 있는 반면에, 사례관리 법률과 협회 등에서는 사례관리의 구성과 과정을 묘사하는 데 역점을 두고 있다. 한편, Gursansky와 동료들(2003, p. 6)은 기존 사례관리의 정의를 검토한 결과 사례관리에서 공통으로 강조되는 용어는 개별 맞춤형으로서의 서비스, 조정, 연계, 서비스 네트워크, 효율성, 비용 효과성 등이고, 다른 하나는 사례관리를 임상 또는 진보된 실천으로 규정하는 것이라고 분석하였다. 1990년대 초반까지는 주로 개별 맞춤형으로서의 서비스, 조정, 연계, 서비스 네트워크 등의 개념이 주를 이루었고, 이후에는 클라이언트 욕구에 대한 사정, 계획, 조정, 전달과 모니터링을 통한 서비스 통합, 특히 임상 및 치료적 측면과 행정적 전문성이 강조되어 왔음을 알 수 있다. 이러한 추이는 사례관리가 클라이언트를 돕기 위해 지지망의 개발과 증진에 힘쓸 뿐만 아니라 지지망을 활용할 수 있는 클라이언트의 능력과 옹호를 강화하는 데 주요한 초점을 갖는다는 Ballew와 Mink(1996)의 사례관리 정의와 Holosko(2018)의 사례관리의 성격 변화와 일맥상통한다. Holosko(2018, p. 18)는 사례관리를 통하여 클라이언트 보호의 기능이 "분절된 서비스로부터 통합적인 서비스 전달로, 클라이언트 보호로부터 지역사회 기반의 보호로, 서비스에 대한 의존(dependency)으로부터 자조성(self-help) 함양으로, 욕구와 결핍에 대한 사정으로부터 강점기반의 사정으로, 공급자 중심의 서비스로부터 수요자 중심의 책임성으로, 문제를 지닌 클라이언트로부터 문제를 해결하는 파트너로서의 클라이언트"로 변화되었다고 보고 있다.

　이 책에서는 한국사례관리학회(2016)에서 2년간의 논의 끝에 제정한 '한국사례관리 표준'에서 규정한 사례관리의 정의를 채택하여 소개하고자 한다. 그 이유는 이 정의가 사회복지 사례관리[1]가 지녀야 할 가치와 철학적 특성을 잃지 않으면서 사례관리의 종합적 성격을 포괄하고 있고 한국사회에서 적합한 사례관리로 발전하기 위한 지향점을 잘 밝혀 준 정의라고 생각하기 때문이다.

> "사례관리란 복합적이고 다양한 욕구가 있는 클라이언트와 그 가족의 사회적 기능 회복을 돕는 통합적 실천방법이다. 이를 위해 운영체계를 확립하고, 클라이언트와 함께 강점 관점의 체계적인 사정을 해야 하며, 클라이언트의 내적 자원 및 지역사회 자원을 개발하고 활용하여 삶의 질 향상을 위해 노력해야 한다."

앞에 제시한 정의의 특징은 다음과 같다. 첫째, 사례관리의 궁극적인 목적을 '클라이언트와 그 가족의 사회적 기능의 회복'을 통한 '삶의 질 향상'이다. 사례관리의 기원은 자립하기 어려운 클라이언트가 지역사회에서 생활할 수 있도록 지속적으로 지원하는 것이었다. 그러나 이를 위한 인프라가 부족한 한국의 상황에서는 자원의 지속적인 지원과 연계보다는 클라이언트의 역량 강화를 상대적으로 강조하고 있다. 둘째, 본 학회의 정의에서는 사례관리의 운영체계를 강조하고 있다. 그 이유는 사례관리가 접근의 체계성과 구조를 강조하는 과업 중심 모델에 근간하여 태동한 방법으로 Holsko(2018), 사례관리를 제대로 수행하기 위해서는 사례관리팀과 사례회의, 슈퍼비전 체계 등의 운영체계가 선행조건이나 한국에서는 이를 간과하고 시행되는 경우가 적지 않기 때문이다. 셋째, 사정에서 강점 관점을 강조하고 있다. 이는 문제해결 중심의 접근을 넘어 클라이언트의 적극적인 참여와 역량 강화를 중시하는 것이다. 넷

---

1) 사회복지 사례관리는 기본적으로 개별 사회복지실천(Social Casework)에 기반하여 새로운 옷을 입힌 것으로 양자 간에는 유사점이 많으나 주요 차이점은 다음과 같다(김성경, 2017). ① 실천의 초점이 클라이언트의 욕구와 강점에 있음. ② 실천 과정에서 개별 서비스 계획과 점검 단계가 강조됨. ③ 다차원적 특성을 지님. ④ 미시적 실천방법이면서 운영체계와 서비스 전달체계가 강조됨

째, 자원을 활용함에 있어서 클라이언트의 내적 자원을 강조하고 있다. 이는 사례관리에서 클라이언트의 적극적인 참여가 중요함을 강조하는 것이고 한국의 사례관리가 주로 외부의 자원을 동원하는 데 초점을 맞추고 있고 내적 자원의 발굴과 활용에 소홀히 하는 경향이 있기 때문에 이를 강조한 것이다.

한국의 사례관리는 현재 다양한 실천의 장에서 혼란스럽게 사용되고 있는 것이 현실이다. 예를 들어, 클라이언트 욕구 중심으로 이루어져야 하는 사례관리가 공급자 중심의 관점에서 규정되어 있는가 하면, 많은 서비스와 자원이 연계되면 그것이 성공적인 사례관리라고 보는 경우가 아직도 적지 않은 실정이다. 물론 사례관리를 어떤 성격으로 보느냐에 따라 그 정의와 활용방법이 달라질 수 있는 것은 인정할 수 있다. 예를 들어, 서비스 전달체계의 개편전략, 사회복지기관의 기능/사업, 시 · 군 · 구(읍 · 면 · 동)의 사업 등의 요인과 사례관리의 대상, 수행주체, 운영체계, 관점, 기능, 핵심과업, 목적, 강조되는 개입, 서비스 범위, 개입기간, 개입수준 등의 요인에 따라서 사례관리는 특성있게 실천될 수 있다.

그러나 이러한 다양성을 어느 정도 인정하더라도 사례관리가 잃어서는 안 될 속성이 있다. 그것은 대상으로서 '복합적인 욕구'와 '클라이언트 중심의 통합'적인 접근, 그리고 궁극적인 목표가 서비스 연계가 아니라 클라이언트 옹호와 삶의 질 향상이라는 점이다. 그러나 아직 한국의 사례관리 현장에서는 복합적인 욕구(need)보다 단순한 요구(want, hope, demand)를 대상으로 하고 있고, 클라이언트 중심의 접근이 아니라 통제와 공급자 중심의 서비스 연계를 사례관리라 생각하고 실천하는 경우가 적지 않다. 즉, 사례관리의 궁극적인 목표가 클라이언트에게 낚시하는 법을 가르쳐 스스로 낚시할 수 있는 역량을 강화시키는 데 초점을 두는 것이 아니라, 일시적으로 물고기를 제공하는 것을 사례관리의 주 과업으로 인식하는 경우가 많다는 것이다. 많은 실천현장에서 사례관리의 목표가 서비스의 연계로 설정되고 있으며 아직도 서비스 연계를 실적으로 잡아 주는 평가체계와 긴밀히 연동되어 있다. 이러한 혼란 속에서도 사례관리가 그 본연의 모습을 잃지 않기 위해서는 공급자 중심의 접근이 아니라 클라이언트 중심의 접근이어야 하고, 요구(want)가 아닌 욕구(need)에 기반해야 하며, 자원의 연계가 아닌 자원 연계를 통한 클라이언트의 역량 강화와 삶의 질 향상이 목표가 되어야 한다는 점은 사례관리의 정체성에 핵심 요소라고 할 수 있다.

3. 사례관리의 목적

사례관리는 클라이언트 삶의 질을 향상시키고자 하는 목표와 함께 관리를 조절하고 효율성을 극대화하며 관리하고자 하는 갈등적인 목표를 지닌다(Woodside & McClam, 2006; 권진숙, 박지영, 2015). Moxley(1993), Intagliata(1982), Woodside와 McClam(2006) 등이 공통적으로 주장하고 있는 사례관리의 주요 목적을 정리하면 다음과 같다.

1) 클라이언트의 역량 강화

사례관리에서는 1차적으로 클라이언트의 보호가 중시되지만 궁극적으로는 클라이언트가 사례관리자의 도움 없이도 자원들과의 연결을 유지하며 살아갈 수 있는 역량 강화를 목적으로 한다.

2) 보호의 연속성

사례관리의 이용자는 쉽게 해결될 수 없는 만성적이고 복합적인 욕구를 지니고 있기 때문에 중증장애인 등과 같은 경우는 평생 동안 보호를 받아야 할 필요가 있고, 장기적인 지원이 필요한 경우가 많다. 따라서 어떤 일정한 장소나 기간 내에서 계속적으로 서비스를 제공하는 것이 필요하다. 보호의 연속성은 횡단적 차원과 종단적 차원으로 나눌 수 있다(Woodside & McClam, 2006). 횡단적 연속성은 주어진 시점에서 이용자의 다양한 욕구를 충족시키기 위해 포괄적인 서비스를 제공하는 것이다. 종단적 연속성은 시간의 경과에 따라 변화하는 개인의 욕구에 반응하는 서비스를 지속적으로 제공해 주는 것이다.

3) 서비스의 통합성 증진

복합적이고 변화하는 이용자의 욕구를 해결하기 위해 민·관과 지역사회의 자원과 서비스를 통합적으로 확보하는 것이 필요하다. 서비스 통합은 서비스의 파편화와 중복을 감소시키고 제공된 서비스들의 상호작용을 촉진시킨다.

4) 서비스 접근성 향상

클라이언트는 자신이 활용할 수 있는 자원에 대한 정보가 부족하거나 이용 가능한 자원을 알아도 다양한 장애물로 인해 서비스 접근이 제한되는 경우가 있다. 이를 위해 찾아가는 서비스, 정보제공과 의뢰, 자원개발과 연계, 자원 활용, 역량 강화 등과 같은 적극적인 방법을 통해 자원과 서비스에 대한 클라이언트의 접근성을 높인다.

5) 사회적 책임 제고

사례관리는 제공되는 서비스의 책임성을 중시한다. 따라서 사례관리는 서비스의 효과성을 담보하기 위해 운영체계를 중시한다. 사례관리에서 주요 결정은 사례관리자 혼자 하는 것이 아니라 팀 단위에서 이루어지며, 외부 전문가와 슈퍼바이저 등의 슈퍼비전 체계가 중시된다.

6) 성과와 평가의 중요성

사례관리에 대한 책무성(accountability)과 함께 성과(outcome)와 효율성을 확인하기 위한 평가활동이 강조된다. 사례관리에 있어 평가활동을 협의로 정의하면 '사례관리 과정에 참여한 서비스 이용자가 욕구와 변화목표에 부합되는 서비스를 적절히 제공받고 이를 통해 원하는 변화를 성취하였는지를 확인하는 과정'이라고 할 수 있다. 광의로는 '사례관리의 다양한 구성요소에 의해 계획된 서비스가 이용자의 변화목표에 부합되고 실천원칙을 잘 반영하여 제공되었는지를 확인하고, 실천의 내용들이 개입의 다양한 수준에서 기대된 변화나 성과에 기여하고 있는지를 통합적인 방법으로 확인하는 활동'이라고 정의할 수 있다. 또한 평가는 과정평가와 성과평가로 구분할 수 있다. 성과평가에서는 이용자수준의 서비스 만족도, 목표달성 정도, 욕구수준의 변화와 개입영역의 변화 등이 필수적이고, 사례관리자와 지역자원에 대한 성과를 평가하는 것도 중요하다. 과정평가에서는 실천과정에 대한 평가, 자원과 서비스에 대한 평가, 운영체계와 실천 환경에 대한 평가 등이 이루어져야 한다. 그러나 사례관리의 궁극적인 목적이 '삶의 질 향상'인 만큼 평가는 서비스의 실적(output)보다 삶의 질이 증진되는 변화를 보여 주는 성과(outcome)를 중시한다.

[글상자 1-1]

사례를 통해 본 사례관리의 필요성

서른 살 젊은 여자의 죽음

A양(30세)은 반지하방에서 폐결핵으로 사망한 지 3~4일이 지나 전화 연락이 되지 않아 걱정되어 찾아온 친구 B양에 의해 반지하방에서 발견되었다. A양은 2세 때 부모의 이혼으로 아동양육시설에서 성장하였고, 19세가 되어 퇴소한 후 자립이 어려워 결국 유흥업소를 전전하다가 업소 주인에게 진 빚을 갚지 못해 고소당하고, 90만 원의 벌금을 내지 못해 주민등록이 말소된 상태였다. 보건소에서 폐결핵으로 진단받았지만, 주민등록이 말소되고 돈도 없어서 변변한 치료도 받지 못한 것으로 드러났다. 오직 지원이라고는 친구들이 간헐적으로 보내 준 월 10만원 남짓의 돈이 전부였다고 한다.

* 논의할 사항

1. 1인당 국민소득이 3만 달러에 가까운 한국에서 이러한 문제가 생기는 원인은 무엇일까?

2. 만일 이 가족에게 사례관리자가 개입했다면 지금과 어떤 다른 결과를 얻을 수 있었을까?

참고문헌

권진숙(2010). 한국 사례관리실천의 혼돈과 대안. 사례관리연구, 1(1), pp.1-22.

권진숙, 김상곤, 김성경, 김성천, 민소영, 박선영, 박지영, 백은령, 유명이, 유서구, 이기연, 조미숙, 조현순, 황성철(2013). 사례관리론. 서울: 학지사.

권진숙, 박지영(2015). 사례관리의 이론과 실제. 서울: 학지사.

김미숙, 우국희, 양소남, 이주연, 이정현(2011). 선진국의 아동 사례관리체계 비교 연구: 영국, 미국, 뉴질랜드를 중심으로. 경기: 한국보건사회연구원.

김성경(2017). 사회복지 사례관리론. 경기: 공동체.

김용득(1998). 장애인 재활시설에서의 팀협력 향상을 위한 전문분야간 상호이해 훈력 프로그램의 효과성 연구. 서울대학교 대학원 박사학위논문

김용득(2015). 지역사회 사례관리체계에서 공공과 민간의 역할, 이대로 괜찮은가?: 경직된 실천과 파편적 제도. 한국사회복지행정학, 17(1), 241-266.

이근홍(2006). 개별관리. 경기: 공동체.

정순둘(2005). 사례관리실천의 이해-한국적 경험. 서울: 학지사.

최명민, 정병오(2015). Foucault의 계보학을 활용한 사례관리에 대한 비판적 고찰. 한국사회복지학, 67(4), 301-324.

한국보건복지인력개발원(2017). 읍면동 맞춤형 복지팀 업무매뉴얼.

한국사례관리학회(2016). 한국 사례관리 표준.

함철호(2016). 사례관리에 대한 권력 관점의 조망. 사례관리연구, 7, 43-70.

함철호, 조현순(2017). 사례관리 수행에 있어서 민-관 정보공유의 필요성과 협력방안에 대한 탐색적 연구. 2017년도 한국사례관리학회 춘계학술대회 자료집, 45-73.

Ballew, J. R., & Mink, G. (1996). *Case management in social work: Developing the professional* (2nd ed.). Springfield, IL: Charles.

CMSUK. 영국사례관리자협회(2018).

Early, T. J., & Poertner, J. (1995). Examining current approach to case management for families with children who have serious emotional disorders. In Friesen, B. J., & Poertner, J. (Eds.), *From case management to service coordination for children with emotional, behavioral, or mental disorder* (pp. 37-39). NY: Paul H. Brooks Publishing Co., Inc.

Gursansky, DI., Harvey, J., & Kennedy, R. (2003). *Case Management: Policy, Practice and Professional Business.* Columbia University Press. New York.

Hall, J. A., Carswell, C., Walsh, E., Huber, D. L., & Jampoler, J. S. (2002). Iowa case management: Innovative social casework. *Social Work, 47*(2), 132-141.

Holosko, M. J. (2018). *Social Work Case management.* SAGE Publication, Inc.

Intagliata, J. (1992). Improving the quality of community care for the chronically mentally disabled: The role of case management. In S. M. Rose (Ed.), *Case management and social work practice* (pp. 25-55). New York: Longman.

Maguire, L. (2002). 전문 사회복지실천 기술 (배태순, 최명민, 김영미 공역). 서울: 시그마프레스.

Monk, A. (1981). Social Work With the Aged: Principles of Practice. *Social Work, 26*(1), 61-68.

Moore, S. T. (1992). Case management and the integration of services: How service delivery system shape case management, *Social Work, 37*(5), 419.

Moore, S. T. (1992). Case management and the integration of services: How service delivery system shape case management. *Social Work, 37*(5), 418-423.

Moxley, D. P. (1993). 효과적인 복지서비스를 위한 사례관리실천론 (김만두 편역). 서울: 홍익재.

National Association of Social Workers. (1996). NASW standards for social work case management. Washington, DC: Author.

Rapp, C. A., & Chamberlain, R. (1985). Case Management services for the Chronically Mentally Ⅲ. Social Work, 30(5), 417-422.

Ridgely, M. S., & Willenbring, M. (1992). Application of case management to drug abuse treatment: Overview of models and research issues, In R. Ashery(Ed.), *Progress and issues in case management* (Vol. 127, pp. 12-33). Rockville, MD: U.S. Department of health and human services, alcohol, drug abuse, and mental health admission.

Rose, S. M., & Moore, V. L. (1995). *Case management. In Encyclopedia of Social Work* (19th ed.). Washington D.C.: NASW Press, 335-340).

Rothman, J.(1991). A Model of Case Management: Toward Empirically Based Practice. *Social Work, 36*(6), 520-529

Segel, S. T., & Baumohl, J. (1981). Social workers Practice in Community Mental Health. *Social Work, 26*(1), 16-24.

Weil, M., & Karls, J. (1985). *Case management in human service practice*. San Francisco: Jossey-Buss.

Woodside, M., & McClam, T. (2006). *Generalist case management: A method of human service delivery* (3rd ed.). Belmont, CA: Thomson Brooks/Cole.

제2장

사례관리의 이론과 모델

김성천
함철호

제2장에서는 사례관리를 이해하고 실천하는 데 있어서 기반이 될 수 있는 관련 이론과 모델들을 고찰한다. 이론으로는 생태체계 관점, 강점 관점, 임파워먼트 접근, 옹호 접근, 네트워크 이론을 살펴본다. 모델에서는 장·단기 모델과 중심초점 모델, 기능에 따른 모델, 역할 모델, 아이오와 모델 등이 소개된다.

1. 사례관리의 이론

미국의 탈시설화 운동으로 시작된 사례관리는 클라이언트 중심의 개별화와 자기옹호 및 역량 강화의 가치를 존중하는 인본주의 철학에 기반하고 있으며, 적극적인 지역사회 보호와 자원개발 및 네트워크 연계를 강조한다. 이러한 특성을 지닌 사례관리를 잘 설명해 주고 실천하여 줄 수 있는 이론적 관점과 방법으로 이 책에서는 생태체계 관점, 강점 관점, 임파워먼트, 옹호, 네트워크 이론 등을 제시하였다.

1) 생태체계 관점

사례관리의 초점이 복합적 욕구와 지역사회 중심의 민·관 통합적 접근이라고 했을 때, 이를 가장 잘 설명해 줄 수 있는 이론적 관점은 생태체계 관점이될 것이다. 생태학적 관점은 인간과 인간의 주변 환경 간의 상호작용, 상호의존성, 또는 역동적 교류와 적응을 중시한다. '환경 속의 인간'을 중시하는 것은 궁극적으로 생태체계적 관점에서 조망하는 것이고, 사회문제를 다룸에 있어 개인, 환경, 개인과 환경 간의 상호적 관계 모두에 동시적인 초점을 두는 것이다(Germain & Gitterman, 1995). 따라서 개인과 환경 모두는 특정 상황 속에서 양자가 끊임없이 영향을 주고받는 관계 측면에서 관찰되고 파악되어야만 충분히 이해될 수 있다.

생태적 사고는 종래의 인과적 사고와는 현격한 차이를 나타낸다. 인과적 사고가 A와 B와의 관계를 논함에 있어 A가 B의 변화에 끼친 영향만을 살피나, 생태체계적 사고는 A와 B 사이의 시간을 두고 지속되는 순환적 교환에 관심을 둔다. 이러한 과정은 생태체계 관점의 주요 개념들인 교류(transaction), 상호의존성(reciprocity), 상호성(mutuality) 등의 용어에 의해 표현된다(이필환 외, 1999).

이러한 개념은 사례관리의 대상이 클라이언트에만 머물러서는 안 된다는 점을 잘 보여 준다. 사례관리자는 실천현장에서 만나는 클라이언트 체계가 자신의 문제를 해결해 가도록 도움을 제공하는 과정에서 클라이언트 체계에서

만 활동하는 것이 아니라 클라이언트체계의 문제에 영향을 미치는 주변의 많은 체계, 그리고 그 주변 체계와 클라이언트 체계 간의 상호작용 양상에 관여하게 된다. 클라이언트 체계가 표출하는 문제가 진공 가운데 따로 떨어져 존재하거나 발생한 것이 아니라 그들이 위치해 있는 주변 환경체계와의 상호작용의 결과로 발생했다고 보는 것이 기본 시각이기 때문이다.

한편, 클라이언트 체계가 누구인지 분명하지 않은 경우도 있다. 예를 들어 비행청소년의 경우, 클라이언트 체계는 비행청소년이 될 수도 있고 그의 부모나 다른 체계들이 될 수도 있는데, 이 비행문제를 해결하기 위해서는 청소년 개인 체계 자체에 대한 개입뿐만 아니라 그 부모 체계, 학교 체계, 동료 체계, 청소년 쉼터나 청소년 상담실 등의 타 기관 체계, 검·경찰 체계, 보호관찰 체계 등에 대한 개입, 그리고 이 모든 체계와 청소년 체계와의 교류 양상에 대한 개입이 필요할 수 있다.

Pincus와 Minahan(1973)은 사회복지사가 실천현장에서 함께 활동함에 있어서 고려하고 연계되어야 하는 체계들을 변화매개체계, 클라이언트 체계, 표적체계, 행동체계, 전문가체계 등으로 제시하고 있는데 이는 사례관리 실천에서 좋은 준거틀로 작동할 수 있다고 생각한다.

- 변화매개체계: 클라이언트의 변화를 도모하기 위해 노력하는 변화매개로 주로 사례관리자를 지칭할 수 있고, 사례관리기관, 상담실, 각종 쉼터, 서비스 기관, 가족과 이웃 등은 변화촉매체계가 된다.
- 클라이언트 체계: 사례관리자에게 도움을 청하거나 어떤 문제해결을 위해 사례관리자와 공동의 노력을 기울이겠다는 묵시적 계약 상태에 있는 사람(체계)들이 클라이언트 체계가 된다. 클라이언트 체계가 누구인지 분명하지 않은 경우도 있을 수 있다. 예를 들어, 이웃들이 피해를 준다는 이유

로 특정 가족을 사례관리자에게 의뢰하였을 때, 클라이언트 체계를 누구로 보아야 할지에 대해서 고민이 따르게 된다. 왜냐하면 사례관리에서 보통 클라이언트는 욕구와 문제해결의 의지가 있는 사람을 지칭하기 때문이다.

- 표적체계: 변화매개체계가 그 활동목적을 달성하기 위해 변화시킬 대상이 표적체계(예: 가족, 지역사회 등)이다. 사례관리자들은 실천을 함에 있어서 클라이언트의 변화만을 목적으로 하는 것이 아니라 주변의 다른 체계를 변화시키려는 노력하게 되는 경우가 많은데, 이들이 표적체계가 된다.
- 행동체계: 클라이언트를 돕는 입장에서 사례관리자가 함께 노력하는 모든 체계가 행동체계에 해당된다. 사례관리를 함에 있어서 활용되는 다양한

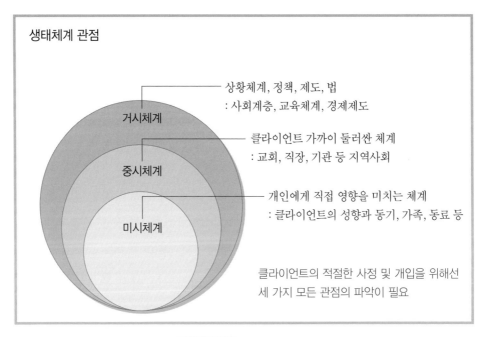

생태체계 관점

거시체계 ── 상황체계, 정책, 제도, 법
: 사회계층, 교육체계, 경제제도

중시체계 ── 클라이언트 가까이 둘러싼 체계
: 교회, 직장, 기관 등 지역사회

미시체계 ── 개인에게 직접 영향을 미치는 체계
: 클라이언트의 성향과 동기, 가족, 동료 등

클라이언트의 적절한 사정 및 개입을 위해선
세 가지 모든 관점의 파악이 필요

그림 2-1 생태체계 관점

자원체계는 행동체계에 해당된다.
- **전문가체계**: 복합적인 문제와 욕구를 지닌 클라이언트를 만나 개입해야 하는 사례관리자는 자신이 베테랑이라 하여도 혼자서는 풀어 가기 힘든 복합적인 상황에 직면하고, 책임성을 높이기 위해 관련 전문가들의 슈퍼비전을 받는 것이 필수적이라고 볼 수 있다.

따라서 생태체계적 관점에서 사례관리자가 일한다는 것은 클라이언트와의 관계에만 초점을 두는 것이 아니라 자원체계가 될 수 있는 행동체계와 표적체계의 변화와 활용에도 초점을 두어야 하는 것이고 사례관리의 속성상 전문가체계의 슈퍼비전도 중시하는 것을 의미한다.

한편, 생태체계는 미시체계, 중시체계, 거시체계로 구분되며, 이 체계들은 상호 밀접한 관련을 지닌다(Compton & Gallaway, 1989).

첫째, 미시체계는 전체의 물리적·사회적 환경 중에서 개인이 일상생활 속에서 직접 접촉하고 상호교류할 수 있는 부분이다. 가족, 학교, 직장, 여가 생활 등을 통해 개인이 직접 경험하는 일상적 세계가 이 수준의 환경에 포함된다. 이러한 미시체계는 인간의 행동 및 정서발달과 성장에 매우 중요한 영향을 주고 있고, 미시적 실천인 사례관리에서 중시하여 기본적으로 다루는 수준이다.

둘째, 중시체계는 전체체계 중에서 미시체계에 직·간접으로 영향을 주는 체계이다. 개인이 일상적으로 경험하는 생활에 영향을 주는 학교, 직장, 교회 등의 일반적 환경 특성, 여가체계의 일반적 특성, 개인이 이용할 수 있는 지역사회 자원체계들의 성격 등이 여기에 해당된다. 일상생활의 필요에 의해 접하게 되는 각종 집단도 여기에 포함된다. 사례관리가 지역사회 자원을 활용한다는 측면에서 주로 자원의 차원에서 접하게 되는 수준이라고 볼 수 있다.

셋째, 거시체계는 사회 구성원 모두에게 공통적으로 해당되는 체계를 의미하며 사회문화적, 경제적, 정치적 구조, 즉 법과 정책, 언어, 주택수준, 관습의 내용, 사회의 내면에 흐르는 규칙 등도 여기에 포함된다. 사례관리에서 거시적 수준은 잘 다루어지지 않고 있으나 이는 공기와 같이 우리에게 익숙한 것이어서 의식을 못할 뿐이고 실제로는 이러한 구조적 요인들이 우리의 행동과 생각 등에 중요한 요인으로 작용하고 있다. 예를 들어, 통합학교에 다니고 있는 지적 장애 학생의 학교 부적응은 개인적 요인이라기보다 이 학생에게 적합한 교육을 할 수 없는 학교제도의 문제에 기인한다고 볼 수 있다. 사례관리 실천현장에서 클라이언트에 대한 사정을 잘해도 지원할 수 있는 자원체계가 없어서 어렵다는 이야기를 많이 들을 수 있는데, 이것이 바로 거시수준의 제도적 체계의 부재를 의미한다고 볼 수 있다.

2) 강점 관점

사례관리의 궁극적인 목표는 문제를 해결해 주는 것이 아니라 문제를 이겨 나갈 수 있는 클라이언트의 역량 강화에 초점이 있다. 이를 위해서는 병리적이거나 문제 중심의 관점에서 강점 관점으로의 전환이 요구되며 이러한 접근이 클라이언트의 문제해결에 더욱 효과적이라고 본다(Saleebey, 2008). Holosko(2018, pp. 18-19)는 사례관리 트렌드의 변화를 열거하면서 사례관리가 욕구와 결핍 중심의 사정에서 강점기반의 사정으로 변화되고 있다고 주장한다. 특히 관련 자원이 부족한 한국적 현실에서는 해결되기 어려운 문제에 초점을 두기보다 클라이언트가 할 수 있는 강점 중심으로 클라이언트와 관련체계가 최대한 자립적으로 생활할 수 있도록 역량을 강화하는 기능 수행이 필요하다. 이러한 추세 속에서 사례관리 교육과 실천은 클라이언트의 강점에 기반한 실천원칙을 강조하고 있다(우국희, 김영숙, 임효연, 2007; 한혜경, 2009). 그러나 사례관리에서 이론적으로 클라이언트 중심의 강점 관점과 임파워먼트, 해결 중심 등이 강조되는 것에 비하면, 실제 현장에서는 여전히 사례관리자 중심의 문제사정과 개입계획에서 벗어나지 못하고 있는 경향이 있다. 강점 접근을 한다면서 문제사정의 과정에서 강점을 추가로 알아보거나 면접 중 강점에 관해 이야기하고 이용자를 칭찬하면 강점 관점이나 이용자 중심의 사례관리를 하는 것으로 착각해 혼란을 가중시키는 경우도 많다(노혜련, 김윤주, 2014).

Saleebey(2008)는 강점 관점을 "클라이언트가 갖고 있는 목적 및 꿈을 실현하게 하거나, 클라이언트 자신의 다양한 문제로부터 벗어나도록 돕는 사회복지실천활동의 전 과정에서 사회복지사가 클라이언트의 강점과 자원을 발견하고 드러내어 묘사, 탐색, 활용하려는 총체적인 노력"이라고 정의했다. 이것은 사례관리자가 클라이언트를 대할 때 표출문제에만 주로, 또는 전적으로 초점을 두기보다는 클라이언트의 가능성으로 시야를 돌리는 것을 의미한다. 이는 클라이언트의 생활 단위가 아무리 일그러지고 처참한 상황에 놓여 있다 할지라도 사례관리자는 그들의 역량, 재능, 경쟁력, 가능성, 비전, 가치, 희망 등에 중점을 두고 그들을 봐야 한다고 주장하는 것이다(Saleebey, 2008). 즉, 강점 접근은 클라이언트의 부족한 것보다는 갖고 있는 것, 모르는 것보다는 아는 것, 할 수 없는 것보다는 할 수 있는 것을 헤아려 볼 것을 요구한다. 이 과정에서 클라이언트의 내부와 외부에 존재하는 강점 자원 목록이 작성될 수 있다. 사회적으로 가장 낮은 위치에서 학대, 억압, 차별, 외상, 고통 그리고 그 밖의 역경을 경험하고 있는 사람이라 할지라도 그 가운데서 희망과 변화의 싹은 돋아날 수 있다. 강점 관점의 실천이란 사정과 목표의 주 대상이 강점을 활용하는 것이다.

위험요인			보호적/ 생산적 요인			기대/ 가능성	결정	프로 젝트	더 나 은 미 래
도전			자원						
• 손상 트라우마 • 장애 스트레스	내적 · 외적	+	• 강점 • 능력 • 재능 • 적성	내적 · 외적		• 희망 • 꿈 • 비전 • 목적 • 자기복원	• 수용화된 선택 • 기회와 방향의 규정 • 자원수집과 강 점동원	상호 협력	

그림 2-2 강점기반 실천의 구성요소와 과정

이러한 강점 관점은 심각하고 고질적인 정신장애 성인, 알코올 및 약물 문제로 힘겨워하는 사람, 심한 정서장애 아동 및 그 가족, 교정시설에 있는 사람들, 이웃 및 지역사회, 정책 분석, 사례관리 등에 두루 활용되고 있으며 많은 성과가 보고되고 있다(Saleebey, 2008; 노혜련, 김윤주, 2014).

3) 임파워먼트 접근

사례관리의 궁극적인 목표는 클라이언트의 사회적 기능회복(이자 역량 강화로) 클라이언트의 임파워먼트(역량 강화)는 매우 중요한 접근이다. Hasenfeld (1987)는 "내담자들이 자신의 환경을 좀 더 잘 통제하도록, 또한 바라는 바를 얻을 수 있도록 개인이나 조직, 지역사회 안에서 자원을 얻는 과정"이라고 임파워먼트를 정의하고 있다. 이러한 임파워먼트는 한국의 사회복지현장에서 많이 활용되고 있는데, 주로 개인 혹은 집단 등 미시차원에 초점을 둔 미시적 차원의 임파워먼트가 이루어지고 있는 것이 현실이고(김미옥 외, 2009; 양옥경, 최명민, 2006), 지역사회 및 조직의 임파워먼트를 이끌어 내는 작업인 거시적 임파워먼트까지는 활발히 이루어지지 않고 있다.

　임파워먼트[1]는 '셀프-임파워먼트' '개인 임파워먼트' '집단 임파워먼트' 그리고 임파워먼트를 제도화하고 조직의 일부가 되도록 노력하는 '지역사회 및 조직 임파워먼트'까지 미시와 거시를 넘나들 수 있는 다양한 수준과 실행방법이 존재한다(Adams, 2003). 첫 번째로 셀프-임파워먼트[2]는 지속적으로 '반성'하고 끊임없이 '자기'수정하려는 자세가 반영된 개인수준의 임파워먼트 실천이다. '클라이언트에게 임파워먼트란 권한상실에 대한 도전이고 삶에 대한 통제력을 갖는 것이며, 타인에게 영향을 주거나 변화를 일으킬 수 있게 되는 것'으로 정의된다. 이는 억압에 도전하는 기반으로서 임파워먼트를 활용하고 비판적 및 반영적 실천을 행하는 것을 의미한다. 두 번째는 개인 임파워먼트이다. 집단을 통해 사람들이 효과적으로 힘을 부여받을 수 있도록 하기 위해서는 그 전에 먼저 개별 성원들이 힘을 부여받는 것이 필요한데, 이러한 관점에서 개인 임파워먼트를 논하는 것으로 집단 임파워먼트의 준비과정 혹은 전 단계로 활용할 수 있는 임파워먼트를 의미한다고 말할 수 있다. 세 번째로 집단 임파워먼트[3]에서는 집단을 통해 개인에게 지지를 제공하고 고립의 위험을 감소시키는 것을 강조한다. 집단은 개인의 기술을 개발하고 연습할 수 있는 환경을 제공하며 의식화된 사람이 더 높은 개인적 기대를 성취하도록 하는 수단

---

1) 임파워먼트는 이념적 배경과 접근 방식에 따라 다양한 개념으로 해석된다. 신자유주의에 근거하여 치료, 상담 및 교육의 방법을 사용하는 경우는 '역량 강화' 또는 '능력고취'로, 급진사회주의 이념에 따라 사회적 불평등 제거에 초점을 두는 경우는 '세력화'로, 생태체계이론에 근거하여 자조와 개혁을 강조하는 경우는 '권한부여'의 의미로 사용된다(이혁구, 2000). 따라서 이 글에서는 번역어 대신 '임파워먼트(empowerment)'라는 원어를 그대로 표기하고자 한다.
2) 셀프-임파워먼트는 농업에서의 자급자족, 대안적 지역사회 및 조직, 공업에서의 노동자 참여 등에서 찾아볼 수 있다.
3) 집단 임파워먼트에서는 자조집단, 이용자 주도 집단이 활발히 이루어진다.

이 된다. 마지막으로 네 번째는 지역사회 및 조직 임파워먼트로서, 사람들을 모으고 그들의 소망을 이끌어 내어 스스로 목적을 설정하도록 촉진하고, 그들의 결핍·불평등·불이익을 다루며, 그런 목표달성이 가능하도록 하는 활동으로 궁극적으로는 정치적 임파워먼트와 연계된다.

Adams(2003)는 사회복지실천에 대한 재검토 및 엄격한 자기관리를 강조하면서 성찰적 실천으로서의 임파워먼트를 제시하고 있다. [그림 2–3]은 Adams가 주장한 임파워먼트 실천의 구조를 나타낸 것이다. 임파워먼트 실천에는 중요한 두 가지 축이 있는데, 하나는 '임파워먼트 영역'과 실천 과정에서의 비판적인 '반영성의 정도'이다. 반영성의 정도 축에서는 전문가의 기술과 합리성에 의존하는 기존 모델과 성찰지향적인 임파워먼트 접근의 방향이 상반된 것임을 보여 주고 있다(양옥경, 최명민, 2006). 성찰을 중시하는 Adams의 임파워먼

그림 2–3 사회복지실천에서 임파워먼트의 구조

출처: Adams(2003), p. 40

트는 반성하고 평가하는 실천을 중시하며, 이는 비판적인 동시에 자기성찰적인 것이다. 사례관리의 주요 기능은 클라이언트와 관련 체계의 잠재력을 극대화함으로써 문제를 해결하고 환경체계를 활용할 수 있는 능력의 함양이다. 이러한 개인과 환경의 최적 기능을 위해 사례관리자는 다양한 체계에 대한 효율적인 개입과 관리 역할을 수행한다. 임파워먼트 관점은 개인이든 지역사회든 어느 체계나 이미 잠재적인 힘과 가능성, 기회를 지니고 있다고 본다. 만약 어떤 체계가 제 기능을 유지하지 못하고 있다면 그것을 그 체계만의 문제가 아닌 제 기능을 도와야 할 사회 구조나 자원의 부족 현상으로 파악한다. 따라서 임파워먼트 관점에 기초한 사례관리자는 다양한 환경에 내재된 자원을 찾아내어 클라이언트가 접근할 수 있도록 도와주며, 그 과정에서 클라이언트의 개인적, 개인 간 그리고 사회정치적 자원에의 접근성을 높여 주면서 그 경험과 힘이 클라이언트에게 내면화되도록 도와야 한다.

임파워먼트 실천의 핵심은 기법이나 도구가 아닌 관계적인 표현이다. 사례관리자는 사람들과 지역사회 내에 있는 힘을 발견하기 위해 가족, 제도, 지역사회가 가지고 있는 자원을 발굴하고 연결하는 기회를 제공해야 한다. 이를 위해서 사례관리자는 클라이언트가 활동적인 주체이며 기관이라고 가정하고, 클라이언트와 구성요소 간에 협력적인 파트너십을 형성하며 클라이언트의 강점과 능력의 확장을 강조해야 한다. 강점 관점과 맥을 같이하는 임파워먼트 모델은 클라이언트를 변화의 주체로 하는 역량 강화 실천 모델이다.

4) 옹호 접근

사례관리는 클라이언트가 자신에 대한 계획과 서비스 연계에 적극적으로 참여하는 것을 전제로 하는 방법이다. 따라서 클라이언트가 자신의 견해를 잘

피력할 수 있는 옹호의 능력이 매우 중시된다(Holosko, 2018, pp. 8-9). 옹호 서비스는 사회복지를 다른 전문직과 차별화해 주는 것으로서 전통적으로 매우 높게 평가되어 온 활동으로(엄명용, 김성천, 오혜경, 윤혜미, 2015), 클라이언트와 합의한 목표를 달성하기 위해 개인과 가족의 변화도 필요하지만, 때로는 개인과 가족을 뛰어넘는 더 큰 환경에 대한 개입과 변화를 추구해야 할 때가 있다. 옹호는 사회복지사가 클라이언트가 원하는 변화와 자원 확보를 위해 클라이언트를 포함한 다양한 체계에 클라이언트의 이해와 입장을 대변하여 문제해결을 돕는 노력으로, 최대한 클라이언트와 함께하며 클라이언트의 자기결정을 존중하는 것이 기본이 된다.

클라이언트가 자신의 권리를 주장할 능력이 취약하거나 자신의 권익을 확보할 능력과 지식이 부족할 경우, 클라이언트의 최선의 이익을 위해 사례관리자는 클라이언트가 자신의 견해를 잘 표현할 수 있도록 힘을 키우고 체계에 대한 직·간접적인 개입활동을 행하게 된다.

Compton과 Gallaway(1989)는 옹호 내용의 결정주체를 크게 사회복지사, 사회복지사와 클라이언트의 공동계획, 그리고 클라이언트의 자기결정의 세 가지로 나누었다. '공동계획'은 양자가 공통으로 수용 가능한 시각에서 함께 결정하는 것이다. 그리고 '자기결정'을 스스로 결정하도록 허용하는 것도 중요하다고 보는 것이다. 결국 클라이언트의 능력과 상황, 문제의 성격을 고려하여 클라이언트의 의견과 입장이 충분히 반영되도록 하는 노력이 필요하다고 하겠다.

옹호의 유형은 〈표 2-1〉과 같이 사례 옹호, 계층 옹호, 정책 옹호의 수준에서 제시될 수 있다.

〈표 2-1〉 옹호의 유형

유형		개념	사회복지사의 구체적 기술
사례옹호	자기옹호	클라이언트 개인 및 집단이 스스로 자신의 옹호하는 활동, 때로는 자조집단 및 지지집단을 구성해서 활동함	−행정적 및 기술적 지원(회의실 제공, 지원봉사자 공급)/격려 및 정보제공
	개인옹호	클라이언트가 스스로 자신을 옹호할 수 없을 때 사회복지사가 개인이나 가족을 대신해 옹호하는 활동	−개인 및 가족의 욕구 파악 및 사정 기술 −클라이언트가 적절한 서비스를 제공받지 못하거나 부당한 처우를 받을 때(토의, 설득, 촉구, 강제 등)
계층옹호	집단옹호	유사한 문제를 경험하는 클라이언트들로 구성된 집단의 공동문제를 해결하기 위한 옹호	−집단 사회복지실천 기술, 의사소통 기술 −클라이언트 문제와 관련하여 일반 대중여론에 영향을 미치는 활동(강의, 연설, 자료제공 등)
	지역사회옹호	소외된 혹은 공동의 문제를 경험하는 지역사회주민들을 위한 옹호활동, 지역주민들이 스스로 지역사회를 옹호하기도 하고, 지역사회를 대신하여 다른 사람이 옹호하기도 함	−주민을 모으고 조직화하는 기술/일일 캠프 개최
정책옹호	정치 또는 정책적 옹호	사회정의와 복지를 증진시키기 위해서 입법 영역, 행정 영역, 사법 영역에서 다양한 형태로 전개되는 옹호활동	−특정 법안의 통과를 제안하거나 저지하기 위한 로비 기술/사법 과정에서 증인으로 나서는 클라이언트를 보호하고 정보를 제공하는 기술
	체제 변환적 옹호	근본적인 제도상의 변화를 위해 구성원인 시민들과 사회체제 전체에 영향을 미치려는 옹호활동. 예를 들어, 양성평등을 위한 여성운동, 장애인이동권보장을 위한 옹호활동	−캠페인 기술, 조직화 기술, 미디어활용 기술

5) 네트워크 이론

사례관리에서 네트워크가 중요한 이유를 클라이언트 측면과 사례관리자 측면으로 나누어 설명할 수 있다. 클라이언트 측면에서는 클라이언트 체계의 욕구 복합성과 그에 대응하는 조직의 단일목표지향성 때문이다. 예를 들어, 지역의 어떤 노인이 외롭고, 질병이 있고, 빈곤하다는 세 가지 욕구가 있다고 할 때, 노인복지관은 지역 노인들의 여가욕구에 대해 대응할 수 있지만, 노인들이 가지고 있는 의료욕구에 대해서는 대응할 수가 없기 때문에 보건소와 네트워크를 해야 하고, 노인빈곤에 따른 소득욕구에 대응하기 위해 읍 · 면 · 동 주민센터(혹은 행정복지센터)나 시 · 군 · 구 희망복지지원단과 네트워크를 해야한다. 사례관리자 측면에서는 사례관리 운영체계가 네트워크이고, 네트워크가 중개, 의뢰, 조정, 옹호, 점검, 자원개발과 같은 간접실천의 기초가 되기 때문이다. 이러한 점에서 사례관리는 네트워크 조직에 의한 협업이다(함철호, 2016).

사례관리에서 네트워크의 중요성은 일찍이 매우 강조되어 왔다(Sheppard, 1995; 白澤政和, 2000). 사례관리 과정은 휴먼서비스 프로그램 네트워크에서 서비스 조정과 지속적 보호를 통하여 클라이언트의 긍정적 변화를 촉진시키는 것이다(Norman, 1985). Minkman과 그의 동료들(2009)은 치매노인과 복지 서비스 공급자들이 네트워크를 통해서 어떻게 사례관리를 수행했는지를 연구하여 서비스 공급자가 네트워크에 대한 강력한 투자, 효과적인 조직 간 협력조건이 성공요인이었음을 밝혔다. 사례관리자의 네트워킹 행동이 사례관리 수행에 긍정적 영향을 미친다고 하고 있다.

다음으로 네트워크의 의미, 특징, 유용성, 제도상의 네트워크, 작동요인으로 나누어 살펴보겠다.

일반적으로 네트워크(networks)는 연결망(김용학, 2004)이라 번역된다. 연결의 단위가 사람이면 인적 네트워크(계모임 혹은 향우회), 컴퓨터이면 인터넷, 기관(조직)이면 조직 네트워크(지역사회복지 영역에서 사회보장급여법 제41조의 지역사회보장협의체)이다. 사회사업사전에 네트워크는 "상호 간에 자원, 기능, 접촉, 지식을 가지고 있는 사람들 내지는 조직의 비공식적 또는 공식적 연결" (Barker, 1987, p. 107)이라고 정의되어 있다.

네트워크(Networks)는 개인, 집단, 조직 간의 유형화된 관계이고(Dubini & Aldrich, 1991; 김준기, 2006에서 재인용), 정책문제나 자원을 놓고 형성되는 상호의존적인 행위자 간 안정적 사회적 관계의 형태(Klijin et al., 1995; 강창현, 2001에서 재인용)로 정의되는데, 네트워크에 대한 연구는 주로 조직을 대상으로 이루어졌다. 조직들의 결합체로서 조직 간 네트워크(Interorganizational networks)는 법적으로 개별적 특성을 가진 조직들의 수평적 집합이며, 조직 간 교환에 의한 상호작용, 공동행동, 공동산출의 사회적 형태로 규정된다(Jones, Candace, Hesterly, & Borgatti, 1997). 네트워크는 공공부문 및 민간부문의 행위자들을 포함하고 이들 행위자 간의 연결은 의사전달과 정보, 전문성, 신뢰 그리고 다른 권력자원들의 교환을 위한 통로로서 기능한다. 이러한 진술은 정책영역에서 거버넌스를 설명하는 것이지만, 상대적으로 미시 영역인 사례관리영역에 적용할 수 있다. Hill과 Hupe에 의하면 사례관리도 다른 사회복지 분야와 마찬가지로 일방적인 공급 중심의 관료적 패러다임을 넘어 공공과 민간, 그리고 이용자를 포함한 다양한 이해관계자의 협력을 통해 지역사회와 삶의 변화를 추구하는 '거버넌스(governance)' 패러다임으로 이동하고 있다(Hill & Hupe, 2009; 정연정, 2014에서 재인용).

네트워크는 다음과 같은 '특징'이 있다(배응환, 2003; 이은구 외, 2003; 홍현미라 외, 2006). 첫째, 조직 및 구성원 사이의 의미 있는 상호관계가 존재하며, 둘째, 네트워크 구성원들이 자원을 교환하고 공동의 목적을 달성하기 위해 지속적인 상호작용을 하며, 셋째, 신뢰에 바탕을 둔 상호작용이 있으며, 넷째, 네트워크 구성원 사이에서 합의된 규칙에 의한 통제가 있으며, 다섯째, 구성원 사이의 상당한 정도의 자율성이 유지된다. 이러한 특성을 갖는 네트워크의 구성요소는 행위자들의 구성, 공동목적, 권력자원, 상호작용으로 정리된다(배응환, 2003, 2005; 이은구 외, 2003).

Hall(1982)은 사회복지조직 간 네트워크의 중요성을 다음과 같이 강조하고 있다. "조직 간 네트워크는 무엇보다도 의료보호, 취업알선, 청소년 보호조직, 복지조직 등의 인적 서비스 전달을 다루고 있다. 그 이유는 조직 상호 간의 조정(coordination)으로 서비스 전달을 개선하고 비용을 줄일 수 있다는 신념이 있었기 때문이다. 그리고 사회 서비스 조직체의 클라이언트들은 조직 상호 간의 관계에 의해 크게 영향을 받기 때문이다."

Skidmore에 의하면, 네트워크에 의한 조정(coordination)은 "지역사회 조직 사이의 교환과 의뢰망이 효과적으로 활용되는 것이며 서비스의 양과 질을 높일 수 있다"(Skidmore, 문인숙, 김미혜, 1993). Beatrice는 '네트워크의 유용성'을 다음과 같이 정리하고 있다(Beatrice, 1990). 첫째, 클라이언트에게 서비스의 갭을 줄이고 더 광범위한 서비스의 제공을 가능하게 한다. 둘째, 조직 차원에서는 독자적으로 서비스를 제공할 때보다 서비스의 개발과 이행에서 더 다양한 방법을 사용하게 하여, 포괄적 지원을 가능하게 한다. 셋째, 다양한 자원의 동원을 용이하게 한다. 넷째, 조직 간 협력은 오히려 더 많은 클라이언트 풀(pool)을 가지게 하고, 다섯째, 서비스 중복을 막고 서비스를 위한 새로운 인프라 구축을 위한 시간과 비용의 절감을 가져온다. 여섯째, 지역 내 서비스의 문제를 함께 해결할 수 있는 기회를 제공하고, 일곱째, 독자적으로는 달성할 수 없던 서비스를 지역 내 모두가 지원한다는 심리적 생각은 서비스의 효과를 높일 수 있다는 것이다. 이러한 기술들은 사례관리 측면에서도 적합성이 높다고 본다.

우리나라에서 '제도상 네트워크' 조직은 지역사회보장협의체인데, 민·관 협력 사례관리의 구조가 된다(함철호, 2015). 복지부(복지부, 2016, p. 38)도 "지역 내 공공·민간 사례관리기관, 지역사회보장협의체 등과의 역할 정립 등 통합사례관리에 관한 협력체계 구축"을 강조하고 있다. 보건복지부는 지역사회복지협의체 운영취지를 다음과 같이 제시하고 있다. 즉, 지역복지 전달체계는 공공부문의 변화만을 일컫는 것이 아니라, 공공과 민간, 시민사회의 참여를 통한 지역복지의 통합적 체계 구축을 의도하며, 이를 위해서는 공공과 민간 영역의 협력적 파트너십(partnership)이 긴요하다. 지역사회복지협의체라는 네트워크형 조직구조를 통해 지역사회복지 시스템의 구축 현안을 해결하자는 것이 근본적인 설립취지이다(보건복지부, 2011).

이러한 취지의 지역사회보장협의체는 기관장 간의 연결망인 대표협의체와 중간관리자 간의 연결망인 실무협의체, 일선 실무자 네트워크인 실무분과라는 3층 구조이다. 실무분과는 지역특성을 반영하여 아동복지, 노인복지, 장애인복지분과 외에 다문화복지분과, 농촌복지분과 등으로 나뉠 수 있는데, 지역특성에 적합하게 구성원들의 합의에 의해 구성될 수 있다. 이러한 다층적 네트워크를 행위자, 공동목적, 권력자원, 상호작용이라는 네트워크 구성요소 측면에서 설명해 보고자 한다. 먼저 행위자는 〈표 2-2〉와 같으며, 이러한 인원 구성은 2차원적인 매트릭스 구조가 된다. 이는 지역사회보장협의체가 민과 관의 협력 네트워크이고, 보건과 복지, 고용, 주거, 문화, 교육, 환경 서비스라는 전문적 기능의 통합기제임을 의미하는 것이다. 이러한 기능적 참여 기관들은 클라이언트의 복합적 욕구해결을 위한 자원이 된다.

〈표 2-2〉 지역사회보장협의체의 전문적 기능과 신분(민간과 공공)에 따른 구분

구분	민간	공공
보건의료	○○○	○○○
복지·고용·주거·문화·교육·환경	○○○	○○○

2003년 개정된 「사회복지사업법」상 지역사회복지협의체의 '행위자'는 시·군·구 단위 보건 분야와 복지 분야 종사자였지만, 2015년 제정된 사회보장급여법에 의해 지역사회보장협의체로 개명되면서, 지역사회보장협의체의 참여자들은 보건의료 및 사회복지 종사자에서 고용, 주거, 교육, 문화, 환경으로까지 확대되었다. 이 행위자들의 '공동목적'은 지역사회문제 해결이라 할 수 있다. 거시수준에서 지역사회문제 해결노력이 지역사회보장계획이며(사회보장급여법 제35조), 미시수준에서의 욕구충족과 역량 강화가 사례관리이다.

요컨대 3층 구조의 수직적 네트워크 행위자들의 '상호작용'에 의해 지역복지정책이 수립되고, 대규모 공동 사업 수행이라는 간접실천과 사례관리라는 직·간접실천이 이루어지게 된다. 예컨대 노인복지분과회의에서 지역 노인들의 급식지원을 위해 '빨간밥차'(사회복지공동모금회 노인급식지원사업)가 필요하다는 의견이 제시되었을 때, 노인복지분과장은 실무협의체회의에 참석하여 안건으로 상정하고 합의되는 경우, 실무협의체 위원장은 자원할당권자들의 네트워크인 대표협의체에 안건으로 상정한다. 대표협의체 위원들은 논의하여 '빨간밥차'를 노인분과(소속기관)에 할당한다. 지역의 노인복지 증진이라는 공동의 목표달성을 위해 3층 네트워크가 상호작용하는 것이다. 또한 사례관리라는 실천과 지역사회복지계획 수립(대표협의체의 의결)이라는 정책도 상호작용한다. 예컨대, 군 단위 지역사회보장협의체 노인복지분과에서 사례관리를 진행하는 가운데 노인들의 알코올중독 사례가 누적되는 경우, 그 기록을 근거로 분과원들은 그 지역의 지역사회보장계획 수립 시 중독관리센터가 신설되어야 한다는 주장을 해야 한다. 1차년도에 센터부지마련 예산을 확보하고, 2차년도에 설계와 건립 예산을 확보하고, 3차년도에 센터 개관을 목표로 한다는 계획을 수립할 수 있다. 설립된 중독관리센터는 알코올 문제를 가진 사례관리 대상자들에게 양질의 서비스를 제공할 수 있을 것이다.

아동여성복지분과, 노인복지분과, 장애인복지분과 등과 시·군·구 희망복지지원단이 결합한 네트워크의 중심조직이 되어 사례관리 체계를 이루는 것이 매우 바람직하다(함철호, 2015). 이렇게 대상별 분과가 사례관리팀이 되는 것은, "사례관리 대상의 특성에 따라 아동가족 전문 사례관리자, 노인가족 전문 사례관리자와 같은 방식으로 역할을 구분하여 각자의 전문성을 발휘하도록"(권진숙, 박지영, 2009) 하는 것과 같은 맥락이다. 그리고 2016년부터 보건복지부가 추진하는 읍·면·동 허브화 사업의 핵심 사업 중에 하나인 읍·면·동 사례관리와 관련하여서는 읍·면·동 맞춤형 복지팀과 결합된 읍·면·동 지역사회보장협의체가 사례관리 네트워크가 된다. 시·군·구 희망복지지원단이 주도하는 사례관리 운영체계는 조직 간 네트워크이지만, 읍·면·동 지역사회보장협의체는 조직과 개인의 네트워크이다.

이러한 시·군·구와 읍·면·동의 사례관리 운영체계가 네트워크 조직이므로 이 조직이 목표달성에 효과적인가를 들여다보는 것이 중요하다. 다시 말하면, 시·군·구와 읍·면·동의 사례관리 운영체계가 효과적인가에 대한 검토가 필요하다는 의미인데, 이것은 네트워크 작동요인에 관한 것이다.

모든 조직의 존재이유는 목표달성이다. 그런데 네트워크 조직의 리더십은 대부분 부서에 편재되어 있으며, 부서 간의 협력을 기대하기 어렵고(박우순, 1996), 네트워크 참여자들은 네트워크 과정에 참여하지 않으려는 경향이 있다(최영출, 2003). 이렇게 볼 때, 네트워크 조직이 목표달성에 효과적인가하는 의문이 드는 것은 당연하다. Etzioni에 의하면 목표달성을 조직의 성공이라고 볼 때, "조직의 성공은 대개가 참여자들에 대한 통제를 유지하는 조직의 능력에 달려 있으며", 권력과 통제의 목적은 체계의 목표를 달성하기 위해 추종을 이끌어 내기 위한 체계 자체 또는 구성요소의 노력이다(Steinberg & Carter, 1983에서 재인용). 이렇게 볼 때, 사례관리 운영체계라는 네트워크 조직이 목표달성에 효과적이기 위해서는 '권력자원'을 검토해야 한다. 권력자원이 네트워크의 작동요인이기 때문이다. 현실적으로, 민·관 협력 사례관리 운영체계에서 권력자원을 공공이 가지고 있으므로 시·군·구에서는 희망복지계장이, 읍·면·동에서는 맞춤형 복지 팀장이 권력 중심지가 되어 민·관 협력 사례관리 운영체계라는 네트워크 조직이 효과적으로 작동되도록 해야 한다. 이러한 주장에 관 중심이라는 곱지 않은 시선이 있을 수 있으나 조직의 원리 혹은 작동 기제상 그럴 수 밖에 없다. 모든 사회복지실천이 조직행동이듯 사례관리도 조직행동이다.

네트워크의 또 한 가지 작동요인으로서 사회적 자본에 대해 설명하고자 한다.

Putnam은 「번영하는 공동체: 사회자본과 공공생활」(유석춘, 장미혜, 정병은, 배영, 2003)이라는 논문을 Hume의 우화를 소개하면서 시작한다. Hume의 우화는 두 농부가 평소 알고 지내고(네트워크), 서로 믿으며(신뢰), 당신의 옥수수가 빨리 익으니 당신의 옥수수 수확을 내가 도와주고, 내 옥수수 수확 때 당신이 나를 도와야 한다는 상호 간의 약속(규범)이 있다면, 옥수수가 들판에 썩어 가진 않을 것이라는 의미를 담고 있다. 이렇게 "네트워크, 규범[4] 그리고 신뢰와 같이 상호 이익을 위한 협력과 조정을 용이하게 하는 사회 조직적 특성"을 Putnam은 사회자본이라고 하고 있다. James Coleman은 사회자본에 대해 다음과 같이 설명하고 있다. 즉, 사회자본은 최소한 다음과 같은 두 가지 특징을 공유해야 한다. 첫째, 사회구조적 측면에서 구성되며, 둘째, 주어진 구조에 속하는 개인이나 집단이 특정한 행위를 하도록 유도하고 촉진해야 한다. 사회자본은 다른 형태의 자본과 마찬가지로 생산적이다. 즉, 그것이 없으면 이룩

---

4) Putnam은 일반화된 호혜성 규범이라고 하고 있다. "나는 당신 또는 누군가가 나에게 이러한 호의를 되돌려 줄 것이라는 기대로 당신을 위해서 지금 이 일을 할 것"이라는 의미이다.

하기 어려운 목적을 성취할 수 있도록 해 준다(예를 들어, 강한 신뢰를 가지고 있는 집단은 신뢰가 없는 조직과 비교하여 더 많은 것을 성취할 수 있다). 사회자본은 세 가지 형태를 띤다. 사회적 환경 속의 신뢰성에 기반하여 존재하는 의무와 기대, 사회구조의 정보유통능력[5] 그리고 효과적인 제제를 동반하는 규범이다 (유석춘 외, 2003). Coleman의 '사회구조적 측면'은 네트워크를 의미하며, 네트워크 속에서 '신뢰'가 형성되며, 이러한 신뢰에 기반한 의무와 기대, 정보유통능력, 규범이라는 사회자본이 형성된다는 것이다. 시·군·구 지역사회보장협의체 대상별 복지분과와 읍·면·동 지역사회보장협의체라는 네트워크 구성원들은 비밀보장 윤리를 지킬 것이라는 신뢰 속에 클라이언트의 정보를 유통할 수 있고, 중개, 의뢰, 조정, 옹호, 점검, 자원개발과 같은 간접적 사례관리 실천을 원활하게 수행할 것이다. 조현순(2016)이 제시하는 '사례발굴과 의뢰 네트워크' '서비스 제공자 네트워크' '인적·물적 자원 네트워크' '전문가 네트워크'는 신뢰, 의무와 기대, 규범이라는 사회적 자본에 의해 원활하게 작동될 것이다. 시·군·구 지역사회보장협의체라는 네트워크 참여자들은 사회복지사라는 전문직으로서(읍·면·동보장협의체의 참여자들도 반드시 그렇다고 볼 수는 없지만), 클라이언트의 욕구충족과 임파워먼트라는 목표를 공유하여(네트워크 구성요소로서 '공동목적'), 효과적인 사례관리를 수행할 수 있다.

사회적 자본에 의해 네트워크가 더 잘 작동한다면, 그것은 권력에 의해 작동하는 네트워크보다 더 가치 있는 것이다. 그런데 문제는 지역에 따라 다르겠지만, 양 협의체라는 네트워크 구성원 간에 신뢰수준이 높고 규범의 준수 정도가 높다는 데이터는 없다. 김용학(2003)에 의하면, "신뢰와 네트워크는 이중

---

5) Coleman은 이러한 예를 들고 있다. 즉, 유행(정보)을 앞서가지 못하는 친구는 도시에서 유행을 앞서가는 사람과 친구가 됨으로써 유행에 뒤떨어지지 않을 수 있다.

적인 관계로서 신뢰는 네트워크를 창출하고, 네트워크는 신뢰를 낳는다” “네트워크는 신뢰가 축적되는 중요한 장으로서, 네트워크 안에서의 누적적인 상호작용의 경험을 통해서 신뢰가 생겨나고 안정화된다”. 네트워크가 신뢰를 창출하는 데에 영향을 미치는 요인은 다음과 같다. 첫째는 연결망의 지속성과 접촉 빈도이다. 연결망이 장기간 지속할수록, 그리고 빈번하게 상호작용할수록 신뢰는 강해진다. 둘째는 연결망의 중첩성(multiplexity)이다. 사람이나 조직들이 여러 종류의 연결망에 의해 중첩적으로 연결될수록, 신뢰는 더욱 강해진다. 셋째는 상징의 공유이다. 연결망에 속한 구성원들은 다양한 의례(예를 들면, 동창회나 체육대회)를 통하여 상징적 정체감을 만들어 나간다. 넷째는 연결망의 동질성이다. 연결망 구성원 모두가 서로 연결된 수평적 연결망이 신뢰를 낳는 데 유리하다. 사회 규범이나 규약은 반복적인 상호작용의 네트워크 안에서 빠르게 생성된다. 요컨대 지역 단위 사례관리의 구조가 되는 시 · 군 · 구, 읍 · 면 · 동 지역사회보장협의체라는 네트워크에서 사회적 자원이 생성되고 축적되기 위해서는 활발한 상호작용이 필요하다.

지역사회보장협의체 운영 매뉴얼(보건복지부, 2015)은 대상별 복지분과회의를 연 6회하도록 규정하고 있다. 시 · 군 · 구 협의체 담당자들이 이러한 규정만 잘 지키는 것만으로도 사례관리를 위한 네트워크와 거기에서 생겨나는 신뢰와 규범의 형성을 간접 지원하는 셈이다. 그러기 위해서는 시 · 군 · 구 협의체 담당자들과 사례관리 주무부서인 희망복지지원단 담당자의 원활한 의사소통이 필요하다.

2. 사례관리의 모델

모델은 현장 실천가들에게는 일종의 '안내서'이고, 연구자들에게는 검증의 대상이다. Woodside와 McClam(2006)에 의하면 사례관리 모델을 이해하는 것을 다음과 같은 측면에서 의의가 있다. 첫째, 사회복지 서비스가 다양한 방식으로 전달될 수 있는 유연한 과정임을 알 수 있게 한다. 둘째, 사례관리자의 역할, 책임성, 개입기간과 개입의 초점 등을 이해할 수 있도록 한다. 셋째, 각 모델의 장·단점을 파악하고 특정 상황에 적합한 모델을 선택하도록 한다.

사례관리 모델은 분류기준에 따라 다양하다. 기본적으로 표적집단, 사례관리의 주체, 목적, 활동 장소, 역할에 따라 다르며(이근홍, 2006), 직접 서비스 대 간접 서비스의 비중, 개별 클라이언트 대 클라이언트 체계, 개별 사례관리자 대 사례관리팀, 주요 이론적 기반(권진숙 외, 2013) 등에 따라 다르다. 여기에서는 ICM 사례관리 모델을 중심으로 살펴보고자 한다. 그런데 ICM 사례관리모델은 연구자들이 선행연구를 검토하여 사례관리의 다양한 차원을 변수로 설정하여 구성한 것이다. 그 모델을 잘 이해하기 위해서는 선행연구자들이 제시한 몇 가지 모델을 학습하는 것이 필요하다. Maguire(2002)의 전통적 장기모델과 관리보호 단기모델, 사례관리의 초점을 클라이언트에게 두느냐 서비스 제공자에게 두느냐 하는 관점에서 제시한 Rose와 Moore(1995)의 모델, 서비스 통합수준과 자원수준에 따라 분류한 Moore(1992)의 모델, 사례관리자의 역할을 기준으로 한 Early와 Poertner(1995)의 모델을 살펴보고자 한다.

1) Maguire의 전통적 장기모델과 관리보호 단기모델

Maguire(2002)는 서비스 기간에 따라 전통적 장기모델과 관리보호 단기모델로 구분하는데, 자세히 보면 다음과 같다.

(1) 전통적 장기모델

사례관리의 전통적 장기모델(traditional long-term model)은 역사가 오래된 주류 접근법이다. 이 모델은 인간은 성공적으로 '치료'될 수 없는 장기적이고 만성적인 건강문제나 정신보건문제를 일생 동안 가질 수 있다는 인식에 의해 발달된 접근법이다. 즉, 대안은 그러한 문제가 항상 존재할 것이라는 것을 인정하면서 개인을 관리하는 유형으로서, 개인이 나름대로 자신의 삶에서 최선의 수준으로 기능하는 데 필요한 최소한의 자원을 제공해 주는 것이다. 따라서 만성적인 정신분열증, 심각한 지적 능력의 손상에서부터 중증 당뇨병, 간질 혹은 마비 증세와 같은 건강문제에 이르기까지 다루기 힘든 다양한 문제가 전통적 사례관리의 대상이 되었다.

전통적 장기 사례관리 모델의 특징은 복합적 인과관계(multiple causality), 비관적 예후(poor prognosis), 장기보호의 필요(long-term needs), 조정의 필요(need for coordination)의 네 가지로 정리된다.

① 복합적 인과관계

다양한 문제와 질병을 가지고 있는 클라이언트들은 복합적인 인과관계 때문에 전통적인 장기 사례관리를 받을 대상자가 된다. 그 원인들은 독립적이고 독특한 것들이지만 전형적으로 상호작용을 하고 누적된다. 예를 들면, 많은 클라이언트는 각각의 역동성을 가지면서 다양한 경제적 · 심리적 · 신체적 ·

사회적 문제를 가지고 있다.

② 비관적 예후

개입에 의해 기대되는 최선의 결과가 단지 증상을 감소시키는 정도이며 완벽한 치료가 불가능한 경우를 비관적 예후라고 일컫는다. 출생과 관련된 질병, 기질적 두뇌손상이나 치매, 사지절단이나 일정한 정신적 장애, 퍼스널리티 장애는 치료될 수 없다. 그러나 그 증상은 효과적인 개입을 통해 상당이 감소시킬 수 있다.

③ 장기보호의 필요

클라이언트의 문제에 지속적으로 개입하여 효과를 얻는 데 수년이 걸리거나 클라이언트의 남은 생애 대부분이 요구된다면, 이러한 클라이언트는 장기보호가 필요한 경우이다. 어떤 문제를 영구적으로 중단시킬 수 있는 간단한 개입방법은 없다. 장기보호가 필요한 경우에 활용되는 사례관리 모델은 '욕구'에 기반을 둔 개입방법이 실행될 것이고, 지속적이지만 지나치게 강력하지 않은 수준에서 서비스가 제공되고 계속적인 모니터링을 실시할 것이다.

④ 조정의 필요

다양한 형태의 서비스가 상호 보충하고 지지하면서 중복되지 않는 형태로 제공될 수 있는 개입계획을 수립할 필요가 있을 때, 조정(coordination)은 효과적인 사례관리의 핵심이 된다. 사례관리의 토대가 되는 총체적이며 생리적 · 심리적 · 사회적 접근은 개별 클라이언트의 욕구에 영향을 주는 다양한 개입체계가 검토되고 통합될 필요가 있음을 의미한다.

(2) 관리보호 단기모델

사례관리의 두 번째 모델은 관리보호 단기모델(managed care short-term model)이다. 이 모델은 기본적으로 자원의 조정과 연계에 중점을 둠으로써 자원들이 서로 중복되지 않고 시너지 효과가 있는 형태로 서로를 지지하도록 한다. 관리보호 단기모델에는 '혼합적(mixed)' 개입이 필요하며, 광범위한 맥락에서 제시된 문제를 분석하는 데 초점을 둔다, 그 후 잘 수립된 실행계획에 의해 필요한 사회적 · 감정적 · 재정적 · 의료적 · 치료적 자원을 조정함으로써 문제를 효율적으로 해결하는 것이다. 관리보호 단기모델은 매우 적극적이고 비교적 간단하다.

이 모델의 적용대상자들은 중복적인 요인을 갖고 있어 조정의 필요가 있다. 그러나 비관적 예후나 장기보호의 필요는 가지고 있지 않다. 이러한 관리보호 단기모델은 시간 제한적이고(time-limited) 집중적(intensive)이다. 과거에는 이러한 사례들이 전문적인 사회 서비스 기관의 사례관리로 고려되지 않았지만, 현재에는 관리보호 분야에서는 전형적인 유형들이다.

① 시간 제한적

관리보호 단기모델은 시간 제한적(time-limited)이라는 점에서 전통적인 모델과 본질적으로 다르다. 전통적인 모델은 비관적 예후와 장기적인 보호를 필요로 한다. 관리보호 모델은 시간 제한적으로 복합적인 원인을 사정하고 자원을 조정하는 데 초점을 둔다. 시간 제한적인 단기 사례관리는 클라이언트들이 사례관리 과정 동안에 학습하는 기술들을 사용해서 스스로의 문제를 극복할 수 있다는 사실을 지지함으로써 클라이언트 개인의 강점을 강화하는 것이다. 심리 교육적이고 교훈적인 접근이 필요하다.

② 집중적

관리보호 단기모델은 개입 시작 시기에 '전반적'인 자원에 대한 광범위하고 철저한 목록을 집중적(intensive)으로, 혹은 아주 적극적으로 활용한다. 관리보호 단기모델은 매우 조직적이고 계획적인 형태로 클라이언트가 제시하는 문제 모두를 철저하고 분명하게 다룰 경우에 장기적인 효과가 있을 것이라는 믿음을 갖고 있다. 이 모델은 철저하게 조정된 집중적인 시간계획에 의해서 클라이언트의 건강문제, 양육, 사회적, 대인관계상의 어려움과 갑작스러운 경제문제와 같은 다양한 요구를 광범위하고 총체적으로 직면함으로써 클라이언트는 보다 장기간 동안 독립적으로 기능할 수 있다는 믿음을 가지고 있다.

2) 사례관리의 중심 초점에 의한 모델

Rose와 Moore(1995)는 사례관리의 초점을 클라이언트와 서비스 제공자 중 어디에 두느냐에 따라 클라이언트 중심 모델과 제공자 중심 모델으로 구분하였다(Rose & Moore, 1995; 이근홍, 2006).

(1) 클라이언트 중심 모델

이 모델은 클라이언트에 초점을 두는 모델로, 사례관리자는 클라이언트의 강점, 잠재력, 성장 가능성, 능력의 확인과 개발에 역점을 둔다. 또한 사례관리자는 클라이언트의 욕구를 포괄적으로 사정하고, 비공식 지원체계의 역할을 강조하며, 클라이언트의 자율성 증대와 자기성장의 확신에 관심을 집중시킨다.

(2) 제공자 중심 모델

이 모델은 서비스 계획에 초점을 두는 모델로, 클라이언트를 수동적인 객체로 보고, 그들의 문제와 병리를 확인하고 해결하는 데 역점을 둔다. 클라이언트를 순응자로 보며, 현존하는 서비스에 대한 안내와 의뢰에 역점을 두고, 공식지원체계의 활용을 강조하며, 문제 확인과 클라이언트의 치료계획 준수에 관심을 집중시킨다.

이와 같은 유형구분은 가장 기본적인 분류에 해당한다. 이 모델은 사례관리 프로그램이 비용을 억제하고 효율성을 높이기 위해 서비스 체계를 관리하는 데 대한 관심에서 발달된 것인지, 혹은 클라이언트의 복합적인 욕구를 보다 효과적으로 충족시키기 위한 인본주의적 관심에서 발달된 것인지에 대한 인식의 차이에서 출발한다. 오늘날 사례관리는 이 두 가지 목표가 동시에 실현될 수 있는 것으로, 다시 말해 서비스 체계가 비용 효과적일 때 클라이언트가 더 좋은 서비스를 제공받을 수 있다고 주장하기도 하지만, 문지기(Gatekeeper) 역할을 강조하는 제공자 관점과 서비스 질의 향상에 초점을 두는 이용자 관점에서의 접근은 분명 차이가 있다. 제공자 중심의 접근은 주로 의료비용을 억제하기 위한 건강 분야에서 시작되었으며, 이용자 중심 관점은 사회복지 서비스나 정신건강 서비스 영역에서 추구되어 왔다. 제공자 중심 프로그램의 대표적 예는 미국의 Health Maintenance Organization(HMO)에서 운영되는 사례관리를 들 수 있다. 이 모델에서 사례관리자의 역할은 값비싼 의료 서비스 이용을 통제하는 문지기로서의 역할이다. 병원 내 사례관리자의 역할 또는 이와 유사한데, 비용을 통제하는 의료 시스템을 통해 환자의 이동을 관리하고 결과적으로 비용 효율성을 높인다. 비용통제는 궁극적으로 사례관리자가 배정하는 서비스의 양과 다양성에 영향을 미칠 수 있다(김미숙 외, 2011, pp. 38-39).

3) 사례관리의 기능에 따른 모델

Moore는 사례관리의 기능이 지역사회 내의 서비스 통합수준과 서비스 전
달체계 내의 자원수준에 따라 다양하게 결정될 수 있다고 보고 [그림 2-4]와
같은 모델을 제시하였다. 그 내용을 살펴보면 다음과 같다(Moore, 1992; 이근
홍, 2006).

(1) 할당 모델

이 모델은 서비스 전달체계 내의 자원은 불충분하지만 통합의 수준이 높을
때 사례관리자가 가장 효과적으로 자원을 배분하는 방법이다. 이 모델은 서비
스를 제공할 수 있는 법, 제도, 전달체계, 기관들이 잘 정비되어 있으나 클라이
언트에게 전달할 사회자원이 부족한 경우 효과적으로 자원을 할당하기 위한
모델이다. 이 모델의 경우 부족한 자원을 확보하려는 노력이 필요하다.

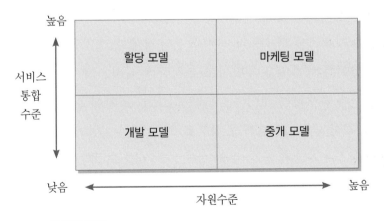

그림 2-4 자원과 서비스의 통합수준에 따른 사례관리 모델

(2) 마케팅 모델

이 모델은 서비스 통합수준과 전달체계 내의 자원수준이 동시에 높은 상황에서 사례관리자가 클라이언트의 욕구와 적합한 서비스를 결합시키면서 서비스를 조정하는 것이다. 여기서 마케팅은 서비스의 판매를 의미하는 것이 아니라 클라이언트의 욕구와 가장 적합한 서비스와의 연결에 초점을 두는 것을 의미한다. 서비스의 통합수준과 확보하고 있는 자원수준이 높음으로 클라이언트의 욕구를 명확히 파악하고, 그에 필요한 서비스를 연계하는 것에 초점을 두는 모델이다.

(3) 중개 모델

이 모델은 유용한 자원은 많으나 자원전달체계가 통합되어 있지 못한 경우 사례관리자가 다양한 서비스를 중개하며, 일괄 서비스를 개발하는 것이다. 여기서 사례관리자는 통합되지 않은 서비스 전달체계 보충하는 역할을 담당한다.

(4) 개발 모델

이 모델은 서비스 통합수준과 서비스 전달체계 내의 자원수준이 낮은 상황에서 사례관리자가 자원을 개발하고 조정하며 서비스의 통합수준을 높이는 역할을 동시에 수행하는 것이다. 사례관리 도입 초기에 직면할 수 있는 모델로, 특히 빈곤한 클라이언트를 표적으로 하는 많은 실천 영역에서 활용 가능한 모델이다.

4) 사례관리자의 역할을 기준으로 한 모델: Early와 Poertner의 모델

Early와 Poertner는 사례관리자의 역할을 치료자, 중개인, 기관 간 팀, 강점 관점으로 구분하여 네 가지 모델을 제시하였으며(Early & Poertner, 1995), 그 내용이 〈표 2-3〉에 제시되어 있다.

(1) 치료자 모델

이 모델은 기존의 사회복지 치료 모델에 자원연결 기능을 강화한 모델이다. 사정은 DSM에 근거하여 이루어지며 계획은 직접적인 치료가 우선시된다. 모니터링은 클라이언트와의 피드백을 통해 이루어지며, 다른 기관과의 연계는 수동적인 편이다. 치료가 우선이며 부가적인 서비스 제공을 위해 지역사회 내의 다른 기관과 수동적으로 연계하는 정도의 개입이 이루어진다.

(2) 중개인 모델

이 모델은 치료자 모델에서 한 걸음 더 나아가 서비스 기관들의 협력체계가 잘 구성되어 있지 않은 상태에서 보다 나은 서비스를 제공하기 위해 서비스에 대한 중개를 적극적으로 진행하는 모델이다. 프로그램의 자격요건으로 DSM이 사용되며, 모니터링은 주기적으로 이루어진다. 사례관리자가 클라이언트의 욕구에 부합하는 서비스를 찾아 적극적인 주선과 중개가 이루어진다.

(3) 기관 간 팀 모델

이 모델은 서비스 조정에 합의된 기관들이 적극적으로 협력하여 서비스를 제공하는 모델이다. 사정은 각각의 전문가에 의해 이루어지며, 서비스는 팀

⟨표 2-3⟩ Early와 Poertner의 모델별 사례관리 과정

기능	치료자	중개인	기관 간 팀	강점 관점
특징	기존치료에 사례관리 추가	서비스 체계가 잘 조정되어 있지 않으므로 클라이언트가 서비스를 잘 받도록 중개	클라이언트가 다양한 서비스 체계와 관련되어 있는 경우 다학제 간 전문팀이 조정하는 기능 수행	클라이언트와 그 체계가 갖는 강점에 주목
사정	DSM에 의거	기능적 사정에 의거하여 서비스 욕구를 결정하고 재정지원을 목적으로 프로그램 자격조건 사정	각각의 전문가에 의한 사정 후 팀이 만나 함께 종합적이고 임상적인 사정 실시	클라이언트와 가족의 능력과 자원, 즉 강점사정
계획	사회복지관의 치료 계획	사례관리자가 클라이언트의 욕구에 부합하는 서비스를 찾고 이를 주선	서비스에 대한 팀 계획과 주선	클라이언트와 가족이 필요한 자원과 기술을 획득하도록 계획(사례관리자에게 의존하지 않도록 함)
옹호	클라이언트와 가족을 위해 필요한 것으로 보이는 다른 서비스를 얻을 수 있도록 옹호	서비스 자격조건의 유동성을 얻기 위해 다른 서비스 제공자에게 초점	모든 기관의 서비스 제공자가 서비스 제공에 동의하고 있으므로 옹호 노력이 필요 없음	클라이언트와 가족이 자원을 획득하는 방법을 배울 수 있도록 하고 기관의 변화를 위해 노력
모니터링	클라이언트의 피드백을 통해 계획의 진행 정도를 모니터링	위기상황이 다가오면 계획은 수정됨, 주기적 점검, 타 기관 사회복지사가 모니터링하기도 함	정기적으로 팀이 모니터링	클라이언트와 가족의 지속적 모니터링
연계	부가적인 서비스를 위해 지역사회 내의 다른 기관에 수동적으로 연계	특정한 서비스에 대한 가족의 인지부터 재정적 보증을 포함한 능동적 의뢰	한 명의 주 사례관리자가 연계책임을 지기도 하고, 팀원으로 참여하고 있는 사례관리자가 각각의 기관 서비스와 연계. 가족이 초기 사례관리자의 역할을 하기도 함	클라이언트와 가족이 자원의 소비자가 되도록 하며, 연계책임은 사례관리자, 클라이언트, 가족이 지게 됨. 공식적 자원이 없을 경우에는 비공식적인 자원의 창출이 중요

출처: Early & Poertner(1995), pp. 44-45

계획에 의해 실시된다. 클라이언트가 다양한 서비스 체계와 관련되어 있을 경우 다직종 간의 조정이 강조되는 모델으로 서비스 계획을 각 전문가의 사정후 팀이 함께 종합적인 사정을 하며, 팀에 의해 정기적으로 모니터링이 이루어진다.

(4) 강점 관점 모델

이 모델은 클라이언트의 강점에 초점을 두고, 더 이상 사례관리자에게 의존하지 않아도 스스로 자원을 연결할 수 있는 능력을 강화하는 모델이다. 가족의 강점까지도 사정해야 하며, 클라이언트 중심 사례관리(client-focused case management)와 같은 맥락에서 이해된다. 클라이언트와 그를 둘러싼 체계의 강점에 주목하여 사정하고, 클라이언트와 가족이 자원을 획득하는 방법을 배울 수 있다.

강점 모델은 1980년대 캔자스 대학의 Charles Rapp에 의해 개발되었는데, 당시 클라이언트가 원하는 것을 성취하는 데 있어 사례관리가 비효과적이라는 인식에서 비롯되었다. 이 모델은 클라이언트의 병리나 결함에 기초하여 욕구를 사정하기보다, 전적으로 클라이언트 강점에 기초하여 사정하는 것을 강조한다. 또한 사례관리 과정에 클라이언트의 적극적 참여가 강조된다. 사례관리자는 단지 클라이언트의 자기결정과 클라이언트의 특정 목표를 달성할 수 있도록 클라이언트를 지원하는 데 주된 역할이 있다(김미숙 외, 2011, p. 41).

5) 아이오와 사례관리 모델(ICM모델)

Hall과 동료들(Hall et al., 2002)은 선행연구에 제시된 다양한 '사례관리의 유형(types)과 정의에 대한 검토 결과 모든 클라이언트 집단에 대해 적합하거나 적절한 것으로 간주되는 단일 모델이나 설명은 존재하지 않는다'는 전제하에 ICM 모델을 만들었다. "어떤 모델이 어떤 조건에서 어떤 클라이언트에게 가장 효과적인가?" "클라이언트에게 서비스를 직접 제공하지만 장기적으로 비용 효율성을 가지는 사례관리 프로그램이 개발될 수 있는가?" "클라이언트를 의사결정권자 및 문제해결자로 보는 최근의 사례관리 모델은 사례관리자를 의사결정권자로 가정하는 모델만큼 효과적일 수 있는가?"와 같은 질문들에 대해 ICM 모델이 상당부분 답을 줄 수 있다고 하고 있다. ICM 모델은 국립약물남용연구소(National Institute on Drug Abuse)로부터 5년 동안 재정 지원을 받아 개발되었다. 농촌 지역에 거주하는 약물남용 클라이언트 집단이 개입 대상인데, 이들은 치료 측면에서 취약하고 위험에 노출되어 있다. 이 모델은 〈표 2-4〉에서 제시된 바와 같이 열두 가지 차원에서 기존 모델과 차별화되었다(Hall et al., 2002). 그 내용을 소개하고자 한다.

ICM 모델은 기본적으로 Ridgely와 Willenbring(1992)이 11개의 변수로 구성한 연속적 차원의 모델에 '서비스 유형'을 추가하여 12개 변수로 확대한 것이다. 서비스 유형의 추가는 다양한 사례관리 모델이 제공하는 서비스를 연구한 문헌검토의 결과이다. Hall과 동료들은 이 차원을 추가함으로써 사례관리 모델들이 제공하는 특정 서비스를 기술할 수 있게 된다고 하고 있다.

ICM 모델을 설명하기에 앞서, 앞에서 살펴본 모델을 'Pole A'와 'Pole B'에 관련시켜 이해할 필요가 있다. '기간' 차원에서 'Pole A'는 앞에서 본 Maguire (2002)의 전통적 장기모델과 비슷한 속성을 가지지만, 'Pole B'는 기간 제한이 있다는 점에서 상대적으로 관리보호 단기모델과 관련성이 높다고 볼 수 있다. '서비스 집중'성 측면에서 보면 'Pole A'가 단기간에 집중적인 서비스를 제공하는 특징이 있는 관리보호 단기모델적 속성을 갖는다고 볼 수 있다. '접촉 빈도·강도'는 '인력별 사례 담당건수'와 매우 관련성이 높다. Harris와

Bergman(Ridgely & Willenbring, 1992에서 재인용)은 사례관리자와 클라이언트 비율이 1:20을 넘으면 클라이언트에 대한 긍정적 결과가 줄어든다고 하였고, 권진숙과 박지영(2009)도 30사례 이상이 되면 모든 사례와의 정기적인 만남은 한계가 있다고 하고 있다. 이러한 주장에 가장 부합하는 모델은 ICM 모델이다. 앞에서 보았듯이, Rose와 Moore(1995)는 사례관리의 초점을 클라이언트와 서비스 제공자 중 어디에 두느냐에 따라 클라이언트 중심 모델과 제공자 중심 모델로 구분하였는데, 'Pole A'는 클라이언트 중심 모델이고, 'Pole B'는 제공자 중심 모델이다. Ridgely와 Willenbring(1992)은 'Pole A'와 'Pole B'를 구분하는 차원의 하나로 옹호/비용통제를 제시하고 있다. 서비스에 대한 접근성을 향상시키는 것을 목표로 하는 촉진 모델(facilitator model)과 비용이 비싼 서비스보다는 비용 효과적인 대안이 보다 많이 이용될 수 있도록 서비스에 대한 접근통제 모델(gate-keeping model)로 구분하고 있다. 특히 촉진 모델은 공공 부분(휴먼서비스기관, 알코올 및 기타 약물치료기관, 정신건강기관)에서 주로 이용된다. 촉진 모델의 주된 목표는 개인에게 적합한 서비스를 적절한 순서에 따라 시기적절하게 제공받을 수 있도록 하는 것이다. 이와 같은 목표를 달성하기 위해 사례관리 담당자는 포괄적인 서비스 패키지를 계획하고 클라이언트가 필요한 서비스에 접근할 수 없도록 가로막고 있는 문제에 대해 협상해야 한다. 비용 절감을 위해 사례관리 담당자들이 접근 통제자 역할을 담당하는 경우는 의료 서비스 및 노인치료 분야, 그리고 다른 분야의 민영기관에서 주로 찾아볼 수 있다. 이와 같은 관리보호를 통해 비용을 절감시킨다. 이러한 통제자들은 서비스에 대한 접근을 무조건적으로 촉진시키기보다는 이용률과 비용을 통제하기 위해 서비스에 대한 접근을 통제해야 한다. 재가생활을 하면서 사례관리 서비스를 받던 노인이 쇠약해져서 더 많은 서비스를 받게 됨으로써 그 비용이 시설생활비용보다 많아지면 노인은 입소판정위원회에 명단이 올라

가고 위원회의 판정에 따라 시설에 입소해야 한다. 이러한 설명에서 촉진 모델은 'Pole A'에 해당되며 비용통제 모델은 'Pole B'에 속한다고 볼 수 있다.

이러한 이해를 바탕으로 ICM 모델을 살펴보고자 한다. Hall과 동료들(2002)은 ICM 모델을 차별화시키기 위해 Pole A, Pole B, PACT, 관리보호(managed care) 모델을 〈표 2-4〉와 같이 제시하고 비교하였다. Pole A와 Pole B는 Ridgely와 Willenbring(1992)이 설명한 두 개의 개념적 극(pole)을 의미한다. 이와 같은 기술적이고 비교 가능한 지표들을 이용하여 모델을 제시하고 있다. 예를 들어, 최소한의 접촉이 이루어지고 옹호수준이 낮은(low advocacy) 관리보호의 경우 Pole A와 비교할 때 개입 효과가 더 낮다고 가정할 수 있다. PACT는 의료 서비스 이용 기록이 많은 만성정신질환자에게 광범위하게 사용되는 사례관리 모델이다. 이 사례관리 모델은 여러 분야가 포괄된 개입팀이 클라이언트의 욕구에 대응하는 서비스를 제공한다. 또한 제공된 서비스의 강도가 높다는 면에서 Pole A와 유사하다. 관리보호 모델은 비용 억제 성향을 반영하여 PACT 모델과 반대되는 차원의 극단을 드러내는 경향이 있다(Pole B와 유사). ICM 모델은 이러한 차원 대부분에서 중간 수준을 취하고 있으며, PACT와 비교할 때 서비스의 강도 면에서 제한점이 더 있으며 비용 억제 전략이 없다(다시 말해, 재정 권한이 없음). ICM 접근법은 클라이언트와 직접 상담하고, 클라이언트를 지역사회 내에서 필요한 서비스로 안내한다. 또한 지역사회 내 기관과 협력관계를 유지하고, 클라이언트 중심적 접근이다.

사례관리의 구조와 권한 측면에서 각 모델의 차이를 이해해 보고자 한다. Pole A는 팀 접근이며, 팀의 참여자들이 전체 클라이언트를 함께 관리한다. Ridgely와 Willenbring은 사례관리의 본질을 다음과 같이 기술하고 있다. 즉, "복합적 개입이 요구된다는 것은 해당 클라이언트에게 여러 기관이 장기간에 걸쳐 서비스를 제공해야 한다는 의미이며, 따라서 가장 효과적이고 효율

〈표 2-4〉 다섯 가지 사례관리 모델

차원	Pole A	Pole B	PACT	관리 보호	ICM
기간	무기한	기간 제한	무기한	필요에 따라 (최소)	최대 1년
접촉 강도와 빈도	매일 접촉	분기별 접촉	빈번함	필요에 따라 (최소)	혼재됨(주 단위에서 월 단위)
인력별 담당 건수 비율	낮음(1:10)	높음(1:75)	낮음 (1:5에서 1:15)	매우 높음	중간 범위(집중 서비스의 경우 1:15, 최소 서비스의 경우 1:30)
서비스 초점	광범위, 포괄	협소, 배타적	광범위	협소(1분야)	광범위하게 규정됨
서비스 유형	모든 서비스 제공	타 기관이 제공하는 서비스 관리	대부분의 서비스를 치료팀으로 제공	타 기관이 제공 서비스 관리 및 통제	주로 타 기관이 제공한 서비스를 관리
이용 가능시간	24시간	업무 시간	24시간	24시간	주중 및 야간
사례관리 장소	지역사회	사무실로 제한	지역사회 및 사무실	전화	혼재됨(지역사회 및 사무실)
지향점	클라이언트 중심	전문가 중심	전문가 중심	(재정 지원 단체의 의한) 전문가 중심	클라이언트 중심 목표 설정, 계획, 달성
옹호/ 문지기	서비스 접근성을 높이기 위해 클라이언트 옹호	시스템 문지기(요구된 서비스에 대한 대안 찾기)	혼재됨	문지기	클라이언트 옹호
사례관리 훈련	고급 전문학위	사내 훈련	전문학위	전문학위	사회복지석사학위 또는 기타 휴먼서비스 직업 분야의 석사학위
사례관리 권한	광범위한 권한, 행정적 통제	권한 없음. 설득만 할 수 있음	PACT팀 내 범위 한정적 권한	재정 전권	권한 없음. 설득만 할 수 있음
팀 구조	완전한 팀형식: 전체 사례관리자들이 전체 클라이언트 공유	사례관리 책임자가 개별 업무 담당	전체 다학제치료팀 모드	개별 업무 담당	개별 업무 담당/팀 감독

출처: Hall et al.(2002), p. 135

적인 방식으로 서비스가 제공될 수 있도록 하기 위해서는 서비스를 제공하는 다수의 기관이 상호 협력해야 할 필요성이 요구된다는 의미이다"(Ridgely & Willenbring, 1992). 여기서 '다수의 기관이 상호 협력하는' 방식이 팀이다. 앞에서 보았듯이, 이것을 Early와 Poertner(1995)는 기관 간 팀 사례관리 모델이라고 하였다. 이 모델은 여러 개의 조직 혹은 기관이 클라이언트의 욕구충족과 임파워먼트라는 목표달성을 위하여 지역 단위에서 협력팀, 즉 조직 간 네트워크를 구성하여 수행하는 사례관리를 의미한다고 할 수 있다. Arnord(1992; 김용득, 1998)에 의하면, 이러한 기관 간 팀 협력은 여러 분야의 기관들이 동시에 한사람의 문제에 통합적으로 개입하게 됨으로써 제공자 중심의 서비스에서 클라이언트 중심의 서비스로 전환되게 한다.

ICM 모델의 철학, 목표, 기능을 소개하면 다음과 같다(Hall et al., 2002).

먼저, 이 모델은 전통적인 사회복지실천의 문제해결 철학에 기초하고 있으며, 강점 관점(strengths perspective)과 해결 중심 치료(solution-focused therapy: SFT)를 통합했다. 강점 관점과 SFT는 클라이언트가 문제를 해결할 수 있도록 자산, 능력, 자원을 형성하고 욕구를 명확히 하는 데 중점을 둔다. 또한 강점 관점과 SFT는 사례관리의 구체적인 절차와 수행활동에 있어서 클라이언트의 삶에 대한 자신의 사고방식 및 대응방법을 존중한다. SFT는 감정 또는 모호하거나 정의되지 않은 결과에 초점을 맞추기보다는 구체적인 행동과 명확하게 기술된 목표를 강조한다. 나아가 SFT는 구체적인 목표와 강점 사례를 이끌어내기 위한 행동적 기법을 제시하며, 치료 작업에 적절한 임상체계의 지침을 제공한다.

SFT의 경우, 문제상황에 대한 해결책의 모색 과정에서 클라이언트가 동반자가 된다. 클라이언트는 필수적인 정보를 치료 과정으로 가져온다. 즉, 자신의 강점에 대해 오랫동안 가져온 지식, 과거 문제에 대처해 왔던 방법, 임의로 처분할 수 있는 수많은 자원에 대한 인식, 사례관리자가 가지고 있는 제한된 정보를 넘어 각자의 생활상황에 대한 세부 정보, 각자 달성하고자 하는 지식 또는 일반적 개념, 자신들이 작업하고자 하는 방법에 대한 정보 및 선호도, 그리고 각자의 목표달성을 위해 노력하고자 하는 의도 등과 같은 정보이다. 사례관리자가 이러한 정보를 초기에는 거의 가지고 있지 못하며, 오직 클라이언트만이 자신에 관한 지식의 진정한 전문가로 간주될 수 있다는 점은 분명한 사실이다. 사례관리자는 더 이상 클라이언트가 무엇을 해야 하는지(목표) 또는 그러한 목표를 어떻게 달성해야 하는지(해결책)에 대한 전문가가 아니다. 이는 전형적인 강점기반 접근법과는 다른 관점이다. 사례관리자는 클라이언트와 공동으로 진행되는 사례관리 과정의 전문가이다. 정보를 평가하고, 목표를 설정하고, 설정된 목표달성을 위한 계획 수립에 집중한다. 사례관리자는 강점과 자원, 분명한 행위목표, 독창적인 계획 그리고 상황에 대처하는 클라이언트의 방식에 적합한 해결책에 관심을 집중시킨다. 따라서 그 역할은 옹호자이다.

　이러한 역할은 응집력 있는 협업 관계로 이어져 클라이언트와 사례관리자를 하나의 강력한 협력 작업팀으로 만들어지게 한다. 또한 사례관리자는 개입과정에서 클라이언트와 함께 작업하며, 클라이언트의 사고방식, 문제 대처 방식, 개인적 신념, 개인적 목표 및 의사결정능력을 존중해야 한다. 언어 사용에 특별히 조심해야 한다. 질문 시 신중한 용어 선택을 통해 대화의 방향을 문제나 실패가 아닌 바람직한 행동과 성공적 해결책을 지향해야 한다. "당신이 이것을 실행할 때 어떻게 하면 상황이 더 개선되겠습니까?"라는 질문이 하나의 예가 될 수 있다. 사례관리자는 조언을 하기보다는 질문을 선호한다. 예를 들면, 다음과 같은 질문이다. "약물을 사용하지(음주를 하지) 않았을 때를 말씀해 주십시오. 그렇게 오랫동안 약물을 사용하지 않을 수 있었던 비결이 무엇입니

까?" 음주가 재발하여 클라이언트가 와인 반 병을 마셨다고 이야기한 경우에
도, 사례관리자는 음주의 재발 위험성에 대해 강의를 늘어놓거나 재발을 초래
한 문제를 곱씹기보다는 "어떻게 반 병만 마시고 끝낼 수 있었습니까?"라는 질
문을 통해 클라이언트가 해결방법을 찾게 한다.

이러한 아이오와 사례관리 모델은 다음과 같이 여섯 가지 목표를 가지고 있다.

첫째, 클라이언트가 약물 사용을 줄이거나 중단하도록 하는 것이다.

둘째, 클라이언트가 육체적 · 정신적 건강, 법적 상태, 직업 상태, 기타 삶의
중요한 분야에서 나아지도록 하는 것이다.

셋째, 클라이언트가 삶에서 새로운 관심 영역을 개발하고 타인과의 관계를
발전시키는 것이다.

넷째, 클라이언트가 삶에서 보다 큰 성취감을 갖게 하며, 자존감을 학습하
게 하고 성장하도록 한다.

다섯째, 클라이언트가 긍정적인 목표를 세우고 사례관리자와 협력하여 이
러한 목표를 달성하기 위한 해결 계획을 수립할 수 있도록 한다.

여섯째, 클라이언트가 문제해결 및 해결계획 기법을 학습하여 향후 과업을
스스로 수행하도록 하게 한다.

ICM 모델은 다음과 같은 다섯 가지 사례관리 기능을 가지고 있다.

(1) 사정 및 모니터링(Assessment and Monitoring)

사례관리 과정상 클라이언트에 대한 최초의 정보수집을 의미한다. 아이오와
사례관리자가 수행하는 평가 및 모니터링을 위해 수집된 정보는 긍정적이고
실행 가능한 측면에 중점을 둔다. 예를 들어, "직장 경력에 대해 말해 주십시오.
귀하가 선호하는 직업이 다른 직업과 다른 점이 무엇인가요?" "귀하의 상황이

나아졌다는 사실을 어떻게 파악하셨습니까?" "귀하의 여자친구(아내, 아이, 부모, 상사 등)가 귀하의 상황이 나아졌다고 보게 된 이유는 무엇입니까?" 등이다.

(2) 협상과 계약(Negotiating and Contracting)

이것은 두 당사자가 아이디어를 논의하고 행동계획에 대한 합의에 도달하는 과정을 지칭한다. ICM 모델의 핵심 기능은 클라이언트와 사례관리자 간 상호작용 분위기를 만들어 가는 것이다. 클라이언트는 문제를 제시하고 사례관리자는 그 문제를 해결하는 일방적인 대화가 아니다. 사례관리자와 클라이언트가 상호작용하는 대화이며, 두 사람 사이에 진행되는 아이디어에 대한 토론이다.

(3) 해결 중심의 문제해결(Solution-based Problem Solving)

클라이언트와 함께 해결방법과 변화를 위한 계획을 만들어 내는 과정이다. 아이오와 사례관리자들은 사례관리의 모든 단계에서 클라이언트와 공동 작업을 위해 SFT 및 강점 모델에서 차용된 기법을 활용한다. 예를 들어, "이러한 것을 하는 데 있어서 문제가 되지 않은 시간이 언제인지 말씀해 주십시오." "지금 현재 다르게 행동하기 위해 필요한 것은 무엇입니까?" 등이다.

(4) 계획 및 의뢰(Planning and Referral)

이 기능은 사례관리 프로그램의 본질적인 구성요소이다. ICM 접근법에서 계획은 긍정적 목표를 설정하고 클라이언트가 선택한 문제에 대한 해결방법에 중점을 둔다. 의뢰 기능이란 클라이언트의 목표달성에 도움이 되는 지역사회의 자원, 대인 관계적 자원과 클라이언트를 연결하는 것이다.

(5) 과정 및 결과의 평가(Evaluation of process and Outcome)

이 기능은 문제가 해결되어 간다는 임상적 직감이라기보다는 지속적인 측정 결과를 내는 것이고 그 데이터를 신뢰하는 것을 의미한다. 사례관리자와 클라이언트는 변화 속에 나타나는 진전상황을 측정하고, 이에 근거해 추가적인 진전을 이룰 수 있도록 격려하는 혁신적 방법을 지속적으로 모색한다. 예를 들어, "지난번 세션에서 1부터 10까지 척도 중 5에 해당한다고 했지만, 이번엔 6에 해당한다고 말씀하셨습니다. 5와 6은 어떤 면에서 차이가 있는지 말씀해 주세요. 10은 어떠한 상황인지도 말씀해 주세요"와 같은 질문을 활용한다.

지금까지 살펴본 ICM 모델은 사회복지사 및 기타 복지 서비스 제공자들이 클라이언트의 강점과 해결방법에 집중하고 진정한 협업 관계를 통해 클라이언트의 행동, 감정, 사고를 변화시킬 수 있는 접근 방식이다.

6) 한국 사례관리 현장에 대한 사례관리 모델의 시사점

지금까지 다양한 사례관리 모델에 대해 살펴보았다. 이러한 모델들이 한국 사례관리 현장에 주는 시사점이 무엇인지를 생각해 보아야 한다.

먼저, 한국 사례관리 현장의 특징을 클라이언트 측면에서 보면, 의존인구, 위험인구의 급속한 증가로 규정지을 수 있다. 노인가구의 증가, 1인 독거가구의 급속한 증가는 복지사각지대라는 문제를 지속적으로 발생시키고 있다. 이러한 문제를 해결하기 위해서는 사례관리의 다양한 차원 중에 서비스 접근성을 향상시키는 촉진·옹호 모델(Pole A와 ICM 모델에서 강조됨)을 발전시켜야 한다. 읍·면·동 맞춤형 복지팀의 사례관리 담당자가 사례발굴체계인 읍·면·동 지역사회보장협의체를 강화해 가는 것도 촉진하는 행동이다.

둘째, 현장의 실천가들과 슈퍼비전 체계는 무어의 '개발 모델' '중개 모델' '할당 모델' '마케팅 모델' 중 자신의 활동 지역에 적합한 모델이 무엇인지에 대한 심사숙고가 필요하다고 본다. 자원도 적고 서비스 통합수준도 낮은 지역에서는 개발 모델이 필요할 것으로 보는데, 농촌 지역이 이에 해당된다 하겠다. 어쩌면 사례관리는 자원의 종속변수이다. Moore에 의하면, "적절한 자원 없이 혼란스러운 서비스 환경에서 사례관리를 실천하는 것은 거의 쓸모없다" (Moore, 1992). 도시지역에서 자원수준은 높은 반면, 서비스 통합수준이 낮다면 중개 모델의 활용이 필요할 것이다.

셋째, 서비스 제공자들 입장에서는 Early와 Poerther의 기관 간 팀 모델에 관심을 기울이는 것이 대단히 중요하다고 본다. 미국에서 사례관리의 효용성에 대한 인식이 높아지면서 다양한 종류의 표적집단에 대해 의무적으로 사례관리 프로그램을 도입하는 방안이 중앙 정부 및 주 정부 차원에서 고려되어 왔다. 그러한 표적집단에는 메디케어 및 메디케이드 수혜자 집단, 아동 부양 가족 지원금(Aid to Families With Dependent Children: AFDC) 수혜 고위험 집단, 에이즈(AIDS) 환자, 고령자 및 정신질환, 또는 지적 장애인 집단이 포함된다. 많은 지방자치단체가 이와 같이 위험에 노출되어 있는 집단에 대해 사례관리의 유용성을 평가하기 위해 정부 지원 자금을 받아 다양한 시범 사업을 진행했다(Ridgely & Willenbring, 1992). 그런데 이와 같은 다양한 집단은 경제적·사회적·정서적·의료적·치료적 등 다양한 복합적 욕구를 가지고 있으므로 다양한 전문기관의 협력적 팀 접근이 반드시 필요하다.

Ridgely와 Willenbring은 사례관리 모델을 구분하는 데 '팀 구성' '강도(사례 담당 건수의 많고 적음)' 그리고 '사례관리 교육(자격증명)' 세 가지가 중요하다고 말한다. 특히 "많은 수의 사례관리 프로그램은 팀 구조를 사용한다"고 설명했다. 하지만 팀 구조는 매우 다양하다. 일부 프로그램의 경우, 팀에 속해 있는 모든 사례관리 담당자가 상호 교환이 가능하며 전체 클라이언트 집단에게 서비스를 제공한다. 반면, 어떤 프로그램의 경우 다학제적 팀으로 구성되어 각 분야의 전문가들이 해당 팀에 배정된 클라이언트에 대해 특정한 서비스를 제공한다. 또 다른 팀의 경우, 개별 사례관리 담당자의 팀이 개별적으로 부여된 건을 처리하면서 동시에 다른 사례관리 담당자들에게 백업 지원을 제공하기도 한다. 모두 '팀'이라는 용어를 기술적으로 사용할 수는 있지만, 팀의 구체적인 구성 형식이야말로 프로그램의 성공 여부 및 복제 가능성(다른 분야에 적용 가능성)을 결정짓는 중요한 요소이다"(Ridgely & Willenbring, 1992). 요컨대, 기관 간 협력 팀에서 팀 구성 형식이 중요하다.

팀 구성에 대한 논의에 앞서, 민·관 협력 사례관리라는 한국 사례관리 환경을 상기할 필요가 있다. 2012년에 복지부가 통합사례관리를 도입하였고 2013년도부터 희망복지지원단이 지역사회복지협의체와 협력해서 통합사례관리를 하도록 하면서(복지부, 2013, p. 38), 민간과 공공이 협력하는 민·관 협력 사례관리 시스템이 자리 잡아 가고 있다고 볼 수 있다. 한 연구(김승권 외, 2013)에 따르면, 향후 공공 영역만이 또는 민간 영역만이 사례관리를 수행해야 한다고 응답한 경우보다 공공과 민간이 함께 수행하는 것이 적절하다는 응답이 압도적으로 높았다(시·군·구청 사례관리 담당자의 90.6%, 민간 영역 사례관리 담당자의 81.0%). 특정 지역에 대한 조사에서도 민간과 공공의 사례관리 수행자 100%가 민·관 협력이 필요하다고 응답했다(조현순, 2014).

지역사회 내의 여러 민간·공공 서비스 제공기관이 통합적 접근을 시도함으로써 사례관리 서비스의 질과 효과성에 중요한 영향을 미치게 되기(김상곤, 2013) 때문이라고 생각해서일 것이며, 다수의 선행연구가 지역 단위 통합사례관리 활성화를 위해 공공과 민간의 적절한 역할분담을 주장하고 있다(류애정, 2011; 김상곤, 2013; 김용득, 2015; 민소영, 2015; 함철호, 2016). 사례관리를 위한 민·관의 적절한 역할분담은 민간기관, 공공기관의 참여하는 기관 간 협력팀에 의해 이루어져야 한다. 기관 간 협력팀은 각 기관의 장·단점에 근거하여 구성되어야 효과적이다. 선행연구(함철호, 조현순, 2017)는 민간기관과 공공기관의 상대적 장점을 〈표 2-5〉와 같이 제시하고 있다.

　〈표 2-5〉와 같은 민간-공공기관의 장점이 반영될 수 있는 기관 간 협력팀이 구성되어야 양질의 사례관리 가능성이 높아진다. 지역 단위에서 '기관 간 협력팀'에 대한 이해가 필요하다. 팀은 두 사람 이상의 구성원이 있고, 달성해야 할 구체적인 과업이 존재하고, 목표달성을 위해서 팀 구성원들 사이의 조정이 필요한 경우에 일반적으로 적용되는 용어이다. Brill에 의하면, "팀 협력은 개별적인 숙련 분야를 가지고, 개별적인 결정을 할 책임이 있으며, 공통의 목적을 가지고 있고, 지식을 공유하고 의사소통하기 위하여 접촉하는 사람들의 집단에 의해 수행되는 일"이라고 하였다. 지역에는 '개별적인 숙련 분야'를 가지고 있는 정신보건기관, 지적 장애인 보호기관, 아동 보호기관 등 다양한 기관이 있는데, 이들은 각각 스스로 자신의 삶을 이끌어 갈 수 있는 힘이 부족

〈표 2-5〉 사례관리에 있어서 민간-공공기관의 상대적 우위

	민간기관	공공기관	비고
클라이언트 정보접근성		○	
라포형성 능력	○		
직접 서비스 능력	○		
물적 자원·공적 서비스 결정권		○	
인적 자원(사례관리 전담인력)		○	
전문적 서비스 능력 (기관특성에 따른)	○		
네트워크 구성 능력		○	

한 클라이언트들의 욕구를 충족시키고 자립역량을 강화시켜야 한다는 공동의 목표를 가지고 있다. 각각의 전문기관은 클라이언트 특성에 대한 정보와 지식을 가지고 있는데 클라이언트의 복합적 욕구를 충족시키기 위해서는 기관 간의 의사소통을 위한 팀이 필요하다. 우리의 현실에서 통합사례회의가 이 팀이 될 수 있다고 본다. 선행연구는 통합사례회의가 수행해야 하는 네 가지 과업을 제시하고 있다(함철호, 2016). 첫째, 내부 사례회의(민간기관이든 공공기관이든)에서 사정된 욕구를 검토하는 역할이다. 주지하다시피 사례관리는 복합적 욕구에 대한 대응이므로 정확한 욕구사정이 필수적이다. 내부 사례회의에서 사정된 욕구를 통합사례회의에 참여한 전문기관들이 다시 한 번 검토할 필요가 있다. 중증의 환자일수록 다양한 전공의 협진이 필요한 것과 마찬가지이다. 둘째, 서비스 계획을 수립하는 것이다. 서비스 계획은 사례관리의 핵심이다. 정밀한 사정의 다음 과정으로 클라이언트 욕구 충족과 관련된 기관들이 통합사례회의에 참여하여 명확한 역할분담을 논의하고 서비스 계획서를 작성하고 자신들의 역할을 명시해야 한다. 셋째, 통합사례회의는 의사결정기구로서, 클라이언트의 가장 핵심적 문제해결에 주도적 역할을 할 수 있는 기관에 대해 참여자 간의 활발한 의사소통을 통해 주 사례관리자 혹은 주 사례관리기관, 그리고 사후관리기관도 민주적으로 결정한다. 넷째, 이전에 통합사례관리회의에서 논의된 사례의 진행상황에 대해 주 사례관리기관의 보고를 듣고 점검하는 것이 꼭 필요한 통합사례회의의 중요한 역할이라고 본다. 이러한 과업을 수행해야 하는 통합사례회의 구성원들 간에 목표를 공유해야 하고, 원활한 의사소통을 통해 상호 간의 역할과 기대를 명확히 해야 하고, 팀으로 작동하기 위한 적절한 리더십이 필요하다. Brill에 의하면 목표 공유의 문제, 상호 전문 분야에 대한 이해의 부족, 역할혼란, 자기 전문 분야 중심주의 등과 같은 요인들이 팀 협력의 저해요인이다(Brill, 1976; 김용득, 1998).

끝으로 Ridgely와 Willenbring이 사례관리 모델의 중요한 변수라고 언급했던 '사례관리 교육'에 대해 언급하고자 한다. 사례관리 초심자들에게는 철저한 기본교육이 필요하다. 경력자에게 주기적인 보수교육이 필요하며, 일정한 기준을 갖춘 경력자들에게는 슈퍼바이저로서 활동할 수 있는 교육과정을 개설하고, 이수자에게 슈퍼바이저 자격을 부여하는 방안도 검토되어야 할 것이다.

[글상자 2-1]

사례 분석을 통해 본 나의 이론적 관점

중학교 2학년 OOO군(지적 장애 3급, 통합교육)은 수업시간에 선생님들의 통제 시에 전에는 없었던 벽에 머리를 박는 자해행동이 잦아지기 시작하였다고 한다. 심지어 최근에는 면도칼로 손목을 그어 대는 경우가 2번 있었고, 이에 놀란 담임 선생님이 학교사회복지사 선생님께 의뢰하였다고 한다.

* 논의할 사항

1. 여러분께 이 학생이 의뢰되었다고 가정합시다. 여러분이 이 학생을 돕기 위해서 더 알아야 할 정보(영역과 내용)는 무엇입니까?

2. 본인 생각에 이 사례에 대한 개입방향은 무엇이 되겠습니까? 세 가지 이상을 제시하여 주십시오.

참고문헌

강창현(2001), 사회복지서비스 공급네트워크에 관한 연구: 서울시 노인 지역보호서비스의 정부 · 시장 · NGO간 협력을 중심으로. 연세대학교 대학원 박사학위논문.

권진숙(2010). 한국 사례관리실천의 혼돈과 대안. 사례관리연구, 1(1), 1-22.

권진숙, 김상곤, 김성경, 김성천, 민소영, 박선영, 박지영, 백은령, 유명이, 유서구, 이기연, 조미숙, 조현순, 황성철(2013). 사례관리론. 서울: 학지사.

권진숙, 김상곤, 김성천, 박지영, 유명이, 유서구, 이기연, 조현순(2009). 인천광역시 사회복지관 사례관리 실천을 위한 매뉴얼 연구보고서. 인천광역시사회복지관협회, 사례관리연구회.

권진숙, 박지영(2008). 사례관리의 이론과 실제. 서울: 학지사.

권진숙, 박지영(2009). 사례관리의 이론과 실제(2판). 서울: 학지사.

김동배, 권중돈(2001). 인간행동과 사회환경. 서울: 학지사.

김미숙, 우국희, 양소남, 이주연, 이정현(2011). 선진국의 아동 사례관리체계 비교 연구: 영국, 미국, 뉴질랜드를 중심으로. 경기: 한국보건사회연구원.

김미옥, 김희성, 이민영(2005). 장애인의 임파워먼트 과정에 관한 연구: 성인기 이전의 경험을 중심으로. 한국사회복지학, 57(1), 31-60.

김상곤(2010). 통합사례관리네트워크 구축방안. 고양시 무한돌봄센터 세미나 자료집.

김상곤(2013). 민관협력을 위한 통합사례관리 운영체계 구축방안. 사례관리연구, 4(1), 51-87.

김성경(2017). 사회복지 사례관리론. 경기: 공동체.

김승권, 황성철, 김연우(2013). 한국형 통합사례관리모형에 대한 소고. 2013 한국사회복지행정학회 춘계학술대회자료집, 65-93.

김용득(2015). "지역사회사례관리체계에서 공공과 민간의 역할, 이대로 괜찮은가?-경직된 실천과 파편적 제도-". 한국사회복지행정학, 17(1), 241-266.

김용득(2015). 지역사회 사례관리체계에서 공공과 민간의 역할, 이대로 괜찮은가?: 경직된 실천과 파편적 제도. 한국사회복지행정학, 17(1), 241-266.

김용학(2004). 사회연결망이론. 서울: 박영사.

김준기(2006). 한국 사회복지 네트워크의 구성과 효과성: 지역종합사회복지관의 네트워크 구성과 조직 효과성을 중심으로. 서울: 서울대학교출판부.

노연희(2006). 성공적인 자원동원이란? 서울: EM커뮤니티.

노혜련, 김윤주(2014). 강점관점 해결중심 사례관리. 서울: 학지사.

류명원(2006). 사례관리에 대한 사회복지사의 인식과 활용에 관한 연구. 한국사회복지정책학회 2006년 추계학술대회 자료집, 287-312.

민소영(2015). 한국의 사례관리 전개 과정과 쟁점고찰. 한국사회복지행정학, 17(1). 213-239.

박우순(1996). 현대조직론. 경기: 법문사.

배응환(2003). 거버넌스의 실험: 네트워크조직의 이론과 실제-대청호 살리기운동 본부를 중심으로-. 한국행정학보, 37(3), 67-93.

보건복지부 한국보건사회연구원(2008). 사회복지서비스 공공전달체계 개선방안.

보건복지부(2011). 지역사회복지협의체 운영매뉴얼.

보건복지부(2012). 희망복지지원단 업무안내.

보건복지부(2015). 지역사회보장협의체 운영안내.

양옥경, 최명민(2006). 한국 사회복지에서 임파워먼트(Empowerment) 접근의 현황 및 과제. 한국사회복지교육, 2(2), 39-84.

엄명용, 김성천, 오혜경, 윤혜미(2015). 사회복지실천의 이해(4판). 서울: 학지사.

우국희, 김영숙, 임효연(2007). 지역사회복지관에서의 사례관리에 대한 사회복지사들의 주관적 경험과 인식. 사회복지정책, 30, 287-310.

유석춘, 장미혜, 정병은, 배영(2003). 사회자본: 이론과 쟁점. 서울: 그린.

이근홍(2006). 사회복지실천 개별관리. 경기: 공동체.

이기연(2009). 사례관리 총론. 경기도장애인복지관.

이원숙(1995). 사회적 망과 사회적 지지이론. 서울: 홍익재.

이은구, 원구환, 문병기, 최영출, 윤경준, 김겸훈, 이재은, 박상주, 이우권, 남기범(2003). 로컬 거버넌스. 경기: 법문사.

이준영(2007). 사회복지 네트워크의 이론과 과제. 춘계 학술대회 및 워크숍 자료집.

이혁구(2000). 권력의 장치로서 사회복지: 푸코의 권력이론에 입각한 권한부여 비판. 한국사회복지학, 43, 328-357.

정연정(2014). 한국 사례관리 실천의 딜레마. 한국사회복지행정학, 16(1), 55-88.

조현순(2014). 사례관리 활성화를 위한 민관협력방안 연구-인천광역시를 중심으로-. 미발표 자료.

최명민, 정병오(2015). 근대사회 사례관리의 계보학적 분석: 누구를 위한 사회복지실천인가? 한국사회복지학, 67, 79-105

최재성, 장신재(2010). 2010 위기가구 사례관리시범사업의 성과분석 및 개선방안연구. 연세대학교 사회복지연구소 밸틱컨설팅.

최지선(2010). 서비스통합전략으로서의 사례관리실천경험에 관한 연구. 한국사회복지행정학, 12(1), 57-88.

최지선(2018). 읍면동 통합사례관리실무 교육자료. 한국보건복지 인력개발원.

하경희, 김진숙, 정선욱(2014). 사회복지관에서의 사례관리 체계에 대한 탐색적 연구. 한국사회복지행정학, 16(2), 241-270.

한국보건복지인력개발원(2008). 지방자치단체 사례관리 업무 매뉴얼.

한국보건복지인력개발원(2017). 읍면동 맞춤형 복지팀 업무매뉴얼.

한국사례관리학회 편(2012). 사례관리론. 서울: 학지사.

한국사례관리학회(2016). 한국 사례관리 표준.

한혜경(2009). 재가노인대상 강점관점 사례관리의 효과성연구. 한국사회복지학, 61(4), 243-263.

함철호(2013). 공공전달체계 내 사례관리자의 사례관리 수행과 영향요인. 한국지역사회복지학, 44, 1-31.

함철호(2015). 지역사회복지 거버넌스: 네트워크 조직으로서 지역사회보장협의체의 발전방안. 한국지역사회복지학, 54(3), 213-243.

함철호(2016). 사례관리에 대한 권력 관점의 조망. 사례관리연구, 7, 43-70.

함철호, 윤원일(2010). 공공전달체계 내 사회복지직공무원의 사례관리 수행과 영향 요인. 한국지역사회복지학, 35, 231-262.

함철호, 이기연(2011). 공공영역 사례관리자들의 경험에 관한 연구. 한국지역사회복지학, 38, 161-200.

함철호, 조현순(2017). 사례관리 수행에 있어서 민-관기관의 장단점, 정보공유의 필요성과 협력 방안에 대한 탐색적 연구-A광역시를 중심으로-. 사례관리연구, 8, 69-98.

행정자치부, 보건복지부(2007). 주민생활지원 사례관리사업 안내(지방자치단체 시달공문).

홍현미라(2006). 지역사회관계망을 활용한 자원개발경험의 유형에 관한 근거이론 연구. 한국사회복지학, 58, 65-69.

홍현미라, 김가율, 민소영, 이은정, 심선경, 이민영, 윤민화(2010). 지역사회복지론. 서울: 학지사.

황성철(1995). 사례관리 실천을 위한 모형개발과 한국적 적용에 관한 연구. 한국사회복지학, 27, 275-304.

白澤政和(2000). 사례관리의 이론과 실제 (조추용, 권현주 공역). 서울: 유풍출판사.

Adams, R. (2003). *Social Work and Empowerment*. New York: Palgrave McMillan.

Ballew, J. R., & Mink, G. (1996). *Case management in social work: Developing the professional* (2nd ed.). Springfield, IL: Charles.

Beatrice, D. F. (1990). Inter-Agency Coordination: A Practitioner'Guide to a Strategy for Effective Social Policy, *Administration in Social Work*, 14(4), 45-59.

Compton, B., & Gallaway, B. (1989). *Social work processes*. Pacific Grove, CA: Brooks/cole.

Dept. of Health. (1991). SSI, *Care Management And Assessment: Practitioner'Guide*, London.

Early, T. J. & Poertner, J. (1995). Examining current approach to case management for families with children who have serious emotional disorders. In B. J. Friesen & J. Poertner (Eds.), *From case management to service coordination for children* with emotional, behavioral, or mental disorder (pp. 37-39). NY: Paul H. Brooks Publishing Co., Inc.

Frankel A. J., & Gelman S. R. (2004). 사례관리 개념과 기술 (권진숙 역). 서울: 학지사.

Germain, C. B., & Gitterman, A. (1995). Ecological perspective. In R. L. Edwards (Eds.), Encyclopedia of social work (Eds.), Washinton : NASW Press.

Gilbert, N., & Terrell, P. (2006). 사회복지정책론 (남찬섭, 유태균 역). 서울: 나눔의집.

Gursansky, D. I., Harvey, J., & Kennedy, R. (2003). Case Management: Policy, Practice and Professional Business. Columbia University Press. New York.

Hall, J. A., Carswell, C., Walsh, E., Huber, D. L., & Jampoler, J. S. (2002). Iowa case management: Innovative social casework. Social Work, 47(2), 132-141.

Hall, R. H.(1982), Orgnizations: Structure and Process(3rd), Englewood Cliffs. N. J.: Prentice-Hall.

Hasenfeld, Y. (1987). Power in social work practice. Social Service Review, 61, 469-483.

Hepworth, D. H., & Larsen, J. A., (1993). Direct social work practice: Theory and Skills (4th ed,). Belmont, CA: Brook/Cole.

Holosko M. J. (2018). Social Work Case management. SAGE Publication, Inc.

Intagliata, J. (1992). Improving the quality of community care for the chronically mentally disabled: The role of case management. In S. M. Rose (Ed.), Case management and social work practice (pp. 25-55). New York: Longman.

Jones, C., Hesterly, W. S., & Borgatti, S. P. (1997). A General Theory of Network Governance: Exchange Conditions And Social Mechanisms. Academy of Management Review, 22(4), 911-945.

Kumar, S. (2000). Multidisciplinary approach to rehabilitation. Oxford: Butterworth-Heinemann.

Magure, L. (2002). Clinical social work. Pacific Grove, CA: Books/Cole.

Minkman, M. M., Lihgthart, S. A., & Huijsman, R. (2009). Integrated dementia care in the Netherlands: A Multiple case study of case management programmes. *Health and Social Care in the Community, 17*(5), 485-494.

Moore, S. (1990). A social work practice model for case management: The case management model grid. *Social Work, 35*(4), 444-448.

Moore, S. (1992). Case Management and the Integration of Services: How Service Delivery Systems Shape Case management. *Social Work, 37*(2), 418-423.

Morris, R. (1977). Caring for vs. Caring about people. *Social Work, 22*(5), 353-359.

Moxley, D. P. (1993). 효과적인 복지서비스를 위한 사례관리실천론 (김만두 편역). 서울: 홍익재.

National Association of Social Workers. (1996). *NASW standards for social work case management.* Washington, DC: Author.

Norman, A. J. (1991). Applying Theory to Practice: The Impact of Organizational Structure on Programs and Providers. M. Weil, J. M. Karls, & Associates (Eds.), *Case Management in Human Service Practice.* Oxford: Jossey-Bass.

O'Connor, G. (1988). Case Management: System and Practice. *Social Casework, 69*, 97-106.

Pincus, A., & Minahan, A. (1973). *Social work practice: Model and method.* Itasca, IL : Peacock.

Ridgely, M. S., & Willenbring, M. (1992). Application of case management to drug abuse treatment: Overview of models and research issues. In R. Ashery (Ed.), *Progress and issues in case management* (Vol. 127, pp. 12-33). MD: Rockville.

Rose, S. M., & Moore, V. L. (1995). Case Management. In R. L. Edward et al. (Eds.), Encyclopedia of Social Work (19th ed., pp. 335-340). Washington DC: NASW Press.

Rothman, J. (1991). A Model of C ase Management: Towar d Empirically Based Practice. *Social Work, 36*(6), 520-529

Rothman, J. (1992). *Guidelines for Case Management*, IL: Peacock Publishers, Itasca.

Saleebey, D. (Ed.). (2002). *The strengths perspective in social work practice* (3th ed.). Boston: Pearson Education.

Saleebey, D. (Ed.). (2008). *The strengths perspective in social work practice* (5th ed.). Boston: Pearson Education.

Schneider, B. (1986). "Care Planning: The Core of Case management", *Generations*, *12*(5), pp. 16-18.

Selzer, M. & Mayer, J. B. (1988). Families as Case Managers: Team approach. *Generations*, *12*(5). 26-29.

Sheppard, M. (1995), *Care Management and the New Social Work*, Mcmxcv: Whiting and Birch.

Skidmore, R. A. (1993). 사회복지기관 행정론 (문인숙, 김미혜 역). 서울: 동인.

Steinberg, R., & Carter, G. W. (1983). *Case Management and elderly*, Lexington Books.

Weil, M. (1991). key Components in Providing Efficient and Effective Services. M. Weil, J. M. Karls, & Associates (Eds.), *Case Management in Human Service Practice*, Oxford: Jossey-Bass.

Woodside, M. & McClam, T. (2006). *Generalist case management: A method of human service delivery* (3rd ed.). Belmont, CA: Thomson Brooks/Cole.

제3장

사례관리 운영체계의 이해와 구조

권진숙

 사례관리 실천에서 운영체계의 구축과 효율적인 운영은 무엇보다도 중요하다. 왜냐하면 사례관리는 클라이언트에게 필요한 통합적 서비스를 전달하는 작동체계이며, 포괄적 프로그램이 확실히 이루어지게 하는 하나의 기제(mechanism)이기 때문이다(NASW, 1992; Frankel & Gelman, 2004, pp. 16-17에서 재인용). 아직 사례관리 실천의 초기 단계로 볼 수 있는 현재 한국의 상황을 고려할 때 운영체계의 개발, 구축 그리고 지속적이고 효율적인 운영은 사례관리 실천을 위해 필수적이지만 그에 관한 이해와 중요성에 대한 인식은 매우 낮은 수준에 머무르고 있다. 이로 인해 사례관리 실천의 기본이 되는 운영체계의 구축은 매우 느리게 진행되고 있을 뿐 아니라 실질적 운영 또한 매우 제한적인 상황이다.

 운영체계의 구축과 지속적 운영은 사례관리자의 전문성 향상뿐 아니라 클라이언트의 발굴, 의뢰 또는 연계 그리고 서비스 제공자 간의 협력 강화와 지역사회의 다양한 자원 활용을 통해 그동안 꾸준히 지적되어 왔던 사회복지 서비스의 단편성과 중복 서비스 해결, 체감도 향상, 더 나아가 전문적 수준의 사회복지 서비스를 제공할 수 있는 핵심기반이 될 수 있다. 이러한 측면에서 보면, 사례관리기관 내부뿐만 아니라 외부와 연계된 사례관리 운영체계는 현재 여러 가지로 혼란을 야기하고 있는 컨트롤타워 격인 기관을 명확하게 해 줄 뿐 아니라, 통합적 서비스 전달체계로서의 기능을 수행하게 된다. 따라서 사례관리 실천이 원활하게 이루어지기 위해서는 다양한 팀을 포함하는 사례관리 전담체계의 정비와 내·외부, 그리고 민과 관을 통합할 수 있는 조직을 하루속히 구성하고 지속적으로 운영할 필요가 있다.

사례관리 실천을 위한 운영체계는 크게 전담체계와 자원체계, 그리고 지원체계인 세 가지 체계로 나누어 구성된다. 첫째, 전담체계는 사례관리자·사례관리팀·사례회의로, 둘째, 자원체계는 지역사회 자원망·통합사례관리팀·통합사례회의로, 셋째, 지원체계는 전문 슈퍼바이저·솔루션 위원회·솔루션회의로 나누어 구성된다. 따라서 이 장에서는 각 체계의 구성, 조직 그리고 운영방법을 소개할 것이다.

1. 전담체계

1) 사례관리자

(1) 사례관리자의 자격

사례관리자(case manager)는 클라이언트와 가족을 대상으로 초기 정보수집 및 사정, 개입계획의 수립과 조정 및 점검, 평가, 종결 등 사례관리의 전 과정을 총괄하는 전문가이다. 사례관리자는 클라이언트와 그들 가족의 문제와 욕구해결에 필요한 직접 서비스와 간접 서비스를 제공 또는 연계한다. 그리고 사례관리자는 사례관리에 필요한 모든 정보를 기록하고, 보고하며 슈퍼바이저의 지도감독을 받는다.

사례관리자의 자격기준은 한국사례관리학회의 지침에 따르면 "사례관리자는 사회복지사 1급 자격증 취득 후 사회복지실천 경력 2년 이상인 자이거나 사회복지사 2급 자격증 취득 후 사회복지실천 경력 4년 이상 되어야 하며, 사례관리와 관련된 교육과 훈련을 받은 자이어야 한다."라고 규정하고 있다(한국사례관리학회 사례관리표준지침 5, 2016). 사례관리자는 인간 중심의 가치와 철학을 바탕으로 클라이언트에 대한 임상적 능력과 자원개발과 연계 및 네트워킹, 옹호적인 실천 기술 등의 행정적 능력을 겸비해야 한다.

사례관리 수요의 증가와 사례관리자의 업무량의 증가로 인해서 업무 부담이 가중될 경우, 사례관리를 전담하는 시간제 사례관리자를 고용하여 일정 부분의 사례를 담당하게 할 수 있다. 이로써 사례관리자의 업무량을 조절하고 기관의 사례관리 서비스 제공능력을 강화할 수 있다. 시간제 사례관리자의 경우, 사례관리자에 준하는 자격을 갖춘 자를 선발하도록 한다. 시간제 사례관리자는 사례관리 실천의 전문성과 서비스 질을 높이기 위하여 기관의 내부 슈퍼바이저와 전문 슈퍼바이저의 지도감독을 받아야 한다.

현재 우리나라는 사례관리를 위한 법적·정책적 지원이나 평가제도의 미흡으로 인하여 사례관리의 실천기반이 매우 취약한 실정이다. 이로 인해서 사례관리자의 과도한 사례량과 타 업무의 병행수행 등 업무 측면에서 부담이 크게 나타나고 있다. 이러한 상황에서는 아직 공식적이거나 구체적인 논의가 있었던 적은 없었지만 과도한 사례량을 감당하기 위하여 준사례관리자를 채용하여 저위험 사례나 행정적인 지원을 담당하게 할 수 있다. 준사례관리자는 사회복지 전문학사 이상을 취득하고 사회복지사 2급 자격을 가진 자를 고려해 볼 수 있다. 준사례관리자가 저위험 사례의 관리를 실시하게 되더라도 사례에 대한 개별화 서비스 계획(ISP)의 책임은 사례관리자가 갖게 되며, 사례관리자의 지도감독을 받아야 한다.

(2) 사례관리자의 역할

사례관리자의 역할은 크게 직접적 역할과 간접적 역할로 나뉜다. 사례관리자가 수행하는 직접 서비스 역할에는 이행자, 상담자, 교육자, 정보제공자, 조력자의 역할이 포함된다. 사례관리자는 직접 서비스 역할을 수행하면서 초기에는 사례관리자의 자기지향성(self-direction)이 높게 발휘되지만 시간이 지나면서 클라이언트의 자기지향성이 강화될 수 있도록 해야 한다. 클라이언트의 자기지향이란 클라이언트가 가지고 있는 잠재역량에 초점을 두고 클라이언트 자신이 자기욕구를 충족시킬 수 있는 능력, 기술, 자원을 획득하거나 자원을 활용함으로써 자신의 상황을 변화시킬 수 있도록 하는 것을 말한다.

사례관리자가 수행하는 간접적 역할에는 중개자, 연결자, 조정자, 옹호자의 역할이 포함된다. 사례관리의 핵심적인 요소는 자원을 개발, 조직화하고 연계하며 자원으로부터 소외된 계층을 대상으로 옹호자의 역할을 수행하는 것이므로 간접적 역할의 중요성이 매우 높다.

사례관리자의 역할은 클라이언트의 문제와 욕구의 종류 및 특성에 따라 직접적 실천과 간접적 실천의 비중이 달라진다. 사례관리자는 클라이언트의 문제와 욕구의 특성에 부합하는 역할을 수행하고 있는지 수시로 점검해야 한다. 예를 들면, 직접적 실천에서 클라이언트의 자기지향은 높아지고 있는데 이행자로서의 역할에만 초점을 두고 있거나, 클라이언트의 문제와 욕구를 해결하면서 지역사회 자원의 활용에 초점을 두어야 하는 상황인데도 직접적 서비스 역할에만 초점을 두고 있다면 사례관리자의 역할에 대한 조정이 필요하다.

기관의 특성에 따라서 사례관리자를 초기면접 사회복지사로 지정하여 초기면접만을 전담하도록 하는 경우가 있다. 사례관리 실천에서 전담 초기면접 사회복지사를 두는 것이 효과적인가에 대한 논란의 여지는 있으나, 사례관리를 도입한 초기에 신규로 초기면접을 실시해야 하는 경우 초기면접에 대한 전문성과 효율성을 높일 수 있다는 장점이 있다. 그러나 초기면접 사회복지사를 둘 경우, 초기면접 사회복지사와 사례관리자의 협력과 사례관리 과정의 흐름상 문제가 발생할 수 있으므로 슈퍼비전과 내부 사례회의를 통한 논의와 결정을 강화해 나가야 한다. 그리고 신규 초기면접 사례가 줄어들 경우 전담 사례관리자로 역할을 전환하는 것이 바람직하다.

2) 사례관리팀

사례관리팀은 사례관리 실천을 위한 운영체계 중 핵심체계로 전통적인 제공자 중심의 사회복지 서비스를 제공하는 사회복지사 혹은 기관과의 개별적 만남으로 발생하는 단편적, 중복적, 체감도 낮은 서비스를 소비자 욕구 중심의 통합적 접근이 가능하게 해 준다. 이 같은 팀활동이 가능한 경우 대상자에게 통합적인 서비스가 가능해져 체감도 역시 향상되는 효과를 기대할 수 있다.

(1) 구성

사례관리팀은 사례관리 슈퍼바이저와 사례관리자, 준사례관리자, 시간제 사례관리자 등으로 3인 이상 6인 이내로 구성하는 것이 바람직하다. 슈퍼바이저와 사례관리자 2인으로 개별적으로 진행되는 것이 원칙이나 2~3인의 사례관리자와 슈퍼바이저, 그리고 인턴을 포함하는 소규모 슈퍼비전팀 운영도 개별 슈퍼비전으로 간주할 수 있다. 슈퍼바이저는 사례관리 업무를 수행하면서 기관 내부에서 다른 부서와의 협력을 도모하며, 사례관리자에 대해 정기적인 슈퍼비전을 제공한다.

기관에 따라서는 사례관리 대상에 따라 사례관리자의 소속 부서가 달라지는 경우가 있는데, 사례관리의 기능을 통합하여 독립된 전담팀으로 사례관리팀을 구성·운영하는 것이 바람직하다. 현재 공공의 희망복지지원단과 민관기관인 종합사회복지관의 사례관리팀의 경우는 전담팀으로 볼 수 있으나 서울시 프로그램인 '찾아가는 동주민센터' 모델의 사례관리 프로그램이나 전담팀을 두지 않은 복지관이나 타 사회복지기관 경우 기초생활수급업무 등 지금까지 수행해 온 다양한 행정업무와 병행해 사례관리를 해야 하는 경우가 있다. 종합사회복지관의 경우 재가복지 업무를 담당하는 부서에서 사례관리를 담당하는 사례관리자가 있을 수 있으며, 가족복지 업무를 담당하는 부서에서 아동 또는 가족을 대상으로 사례관리 업무를 담당하는 사례관리자가 있을 수 있다. 이 경우 사례관리 업무의 분리 혹은 병행으로 인해서 혼란이 있을 수 있으며, 사례관리 슈퍼비전 체계의 부재 또는 분리, 통합사례관리팀 운영의 어려움 등으로 인해서 사례관리의 전문성에 어려움이 발생할 가능성이 높다. 따라서 기관 내에서 진행되는 사례관리 기능을 통합하여 운영하되, 큰 규모의 사례관리기관에서는 사례관리 대상과 영역별 특성에 따라 아동, 청소년, 노인, 장애인과 가족전문 사례관리자와 같은 방식으로 역할을 구분하여 각자의 전문성을 발휘하도록 하는 것도 한 가지 해결책이 될 수 있다.

(2) 기능

사례관리 실천에서 전문가로 구성된 팀과 정기적인 슈퍼비전이 제공되는 팀의 활동은 매우 중요하다. 왜냐하면 클라이언트의 문제와 욕구가 매우 복합적이고 다양한 전문성을 요구하기 때문이다. 더불어 슈퍼비전팀은 사례관리 대상자에게 제공되는 맞춤형 통합 서비스를 설계하고 실행, 점검 및 평가하는 임상적 역할과 종결까지 필요한 자원 연계 및 조정을 끝까지 일선에서 활동하는 행정적 역할을 위한 핵심체계이다. 그리고 내부적으로 사례관리가 효과적으로 운영될 수 있도록 하기 위해 사례관리의 내부 운영체계의 구축을 위한 기관정책 건의, 사례관리 관련 부서와의 협력, 기관 내부의 자원 조직화, 슈퍼비전 체계의 구축, 내부 사례회의 등을 주도한다. 뿐만 아니라 사례관리 운영체계를 확장하여 지역사회와 함께하는 통합사례관리팀을 조직하고, 통합사례회의를 개최하며, 지역사회 자원과 타 관련 기관들을 클라이언트의 욕구해결과 삶의 질 향상을 위해 맞춤형으로 조직화하는 데 협력적 역할을 수행한다. 슈퍼비전은 주 1회 제공되어야 하며 새로운 사례발생이나 위기상황 발생 시에는 수시로 이루어질 수 있다. 슈퍼비전에서 이루어지는 주요한 기능을 제시하면 다음과 같다.

- 클라이언트와 생태적 환경에 대한 자료수집과 사정 결과 검토
- 클라이언트의 욕구 및 강점의 사정 및 재사정 확인
- 클라이언트에 대한 개입방안 협의 및 확인
- 맞춤형 포괄적 서비스의 설계 및 개발
- 클라이언트에 대한 개입상황 및 대상자의 변화 점검
- 클라이언트에 대한 평가와 종결 여부 결정
- 사례관리 관련 행정적인 사항의 점검

〈표 3-1〉 사례관리팀의 구성과 기능

구성	기능
• 슈퍼바이저 • 사례관리자 • 시간제 사례관리자 • 준사례관리자 • 기타(실습생 혹은 인턴 등)	• 사례관리 전 과정 총괄 • 슈퍼비전 체계의 구축 및 정기적 운영 • 기관 내부 연관 부서 및 자원 조직화 • 통합사례관리팀의 구성과 운영 • 지역사회 네트워크 및 자원 조직화를 위한 협력 등

출처: 권진숙 외(2009), p. 110

(3) 슈퍼바이저

슈퍼바이저의 자격은 조직이나 지역에 따라 달라질 수 있으나, 통상적으로 학사졸업 후 5년의 사례관리 관련 업무에 종사한 자 또는 석사졸업 후 3년의 사례관리 관련 업무에 종사한 자로 규정하는 것이 바람직하다. 기관에 따라 선임 이상의 슈퍼바이지에 대한 슈퍼비전 체계를 갖추는 경우, 슈퍼바이저는 앞의 최소 자격기준 이상의 경험과 숙련성을 고려하여 배치해야 한다. 이들 자격기준에 대한 논의가 현재 시작 단계인 점을 감안하면 추가로 관련 협회나 단체에서 인정하는 사례관리 및 슈퍼비전 관련 자격과정 이수자나 관련 교육 경험이 있는 자를 고려하여 결정할 수 있을 것이다.

슈퍼바이저의 업무에서 슈퍼비전이 차지하는 비중에 따라 차이가 있겠지만, 슈퍼바이저 1인당 3인 이하의 사례관리자, 즉 슈퍼바이지를 배정하는 것이 바람직하다. 슈퍼바이저는 슈퍼바이지의 슈퍼비전에 대한 욕구와 직무역량, 개인적 학습 성향과 개인적 비전 등에 대한 정보수집 및 이에 대한 이해를 기반으로 슈퍼비전 계획을 일정 주기별로 수립하여야 한다. 이러한 슈퍼비전 계획이 실행될 수 있는 다양한 구조(개별 슈퍼비전, 집단 슈퍼비전, 교육이나 사례회의의 활용 등)를 마련하는 등 구체적인 슈퍼비전 설계에 대한 1차적인 책임을 갖는다. 이를 위해 슈퍼바이저 역시 자기개발이 필요하며, 특히 슈퍼비전 및 사례관리 관련 업무 지식 습득을 위해 노력해야 한다.

이러한 준비 및 자격기준을 토대로 슈퍼바이저는 사례 및 프로그램 운영체계 관련 교육과 훈련에 관한 피드백을 제공할 뿐 아니라 사례관리자인 슈퍼바이지의 업무 스트레스 관리 및 직무능력을 제고하기 위한 지지나 격려도 해야 한다. 아울러 이를 위해 업무조정이나 직무 재배치 등 행정적인 옹호도 중요한 방법으로 적극 활용한다.

(4) 슈퍼비전

① 슈퍼비전의 목적 및 필요성

슈퍼비전은 사회복지 사례관리의 서비스 질 향상, 클라이언트의 문제해결지원, 슈퍼바이지의 전문적 성장을 위한 인적 자원 개발방법이다. 사례관리 실천은 지금까지 사회복지실천에서 이루어져 왔던 형식적 혹은 행정적 슈퍼비전을 넘어서 정기적이고 통합적 슈퍼비전이 요구되는데, 그 이유는 제공자 중심의 서비스 제공과 책임기반 서비스가 아닌 소비자 중심의 책임기반 서비스를 위해서 반드시 실행되어야 하기 때문이다. 이는 환경 속의 자원과 장애물에 대한 통합적 사정과 팀과 네트워크 기반지원을 사례관리자가 혼자 감당한다는 것이 불가능하기 때문이다. 대상자와 가족을 위해 다양한 슈퍼비전이 강조되고 있으나, 슈퍼비전의 방식이나 강도 등은 사례관리자의 전문성에 대한 강조, 직접 서비스의 비중이나 중요도에 따라 차이를 보일 수 있다. 특히 사례관리자에게는 기본적으로 전문성에 기초한 권한과 자율성이 요구되어 높은 수준의 지속적인 슈퍼비전이 필요한 것으로 보고되고 있다. 따라서 사례관리체계를 구축하는 초기 과정에서 슈퍼비전의 중요성은 더욱 강조될 수밖에 없다.

② 조직기반

슈퍼비전의 중요성이 아무리 강조되어도 효율적인 슈퍼비전 체계가 구축되기 위해서는 조직 차원에서의 운영기반 마련을 위한 노력이 필요하다. 우선적으로 슈퍼비전에 대한 기관장의 이해와 적극적 관심이 표명되지 않는다면 슈퍼비전은 대개의 경우 '중요하지만 업무시간 내에 실천하기에는 부담스러운' 직무 이외의 과업으로 인식되기 쉽다. 또한 슈퍼비전에 대한 조직의 명문화된 규정과 절차의 마련이 필요하다. 더불어 인적 자원 개발이라는 측면에서 슈퍼비전 체계와 조직의 인사관리 체계의 연동방안을 마련하고 인사관리 체계 내에서 실행되어야 한다. 즉, 슈퍼바이저와 슈퍼바이지의 자격조건, 슈퍼비전의 목표 수립, 슈퍼비전의 빈도 및 기간, 슈퍼비전을 통해 다루어야 할 주요 내용 및 방법 등에 대한 내용이 잘 설계되어야 한다. 이러한 설계에 따라 수행된 결과는 기록을 통해 관리되어야 하며, 그 평가 등이 인사관리 체계 내에서 이루어져야 한다. 아울러 슈퍼비전은 슈퍼바이저와 슈퍼바이지 간의 상호작용뿐만 아니라 조직의 전반적 지원이 필요한 과정이므로 조직 내부의 슈퍼비전에 대한 협력적 분위기를 조성하는 것 등이 필요하다.

③ 슈퍼비전의 방법 및 내용

슈퍼비전의 유형은 크게 개별 슈퍼비전과 집단 슈퍼비전으로 나뉘고 개별 슈퍼비전은 바람직한 훈련을 위해 주 1회 정기적으로 이루어져야 한다. 일반적으로 1~3인 이하의 슈퍼바이지를 위한 지도감독이 적절하다. 이와 달리 4인 이상의 슈퍼바이지를 위한 지도감독일 경우 집단 슈퍼비전으로 간주할 수 있는데, 이 경우는 개인보다는 집단 전체를 위한 교육적 효과가 더 클 수 있다.

슈퍼비전의 내용은 클라이언트의 욕구 및 관심사에 대한 사정평가, 개입방법에 대한 사례 중심의 자문 및 슈퍼비전의 제공, 윤리적 딜레마, 클라이언트의 욕구와 대립되는 기관의 목적 등으로 인한 어려움에 대한 지원 등을 포함한다. 이 밖에 슈퍼비전의 내용은 슈퍼바이지의 담당 직무와 욕구를 토대로 구성되며, 대체로 훈련을 통한 일반적인 실천 지식과 기술 향상에 초점을 둔다.

3) 사례회의

사례회의(case conference)란 말 그대로 기관 내부에서 이루어지는 사례에 대한 회의를 하는 것을 말한다. 그러나 사례회의의 유형은 조직과 조직 내부의 기능에 따라 달라질 수 있으나 크게 두 가지로 최근 많이 활용되고 있는 첫째, 팀 사례회의 둘째, 팀 간 사례회의로 분류될 수 있다. 다음에서는 이들 각각의 유형에 관해 기술하려 한다.

(1) 팀 사례회의

의료세팅에서 주로 이루어지는 사례회의는 위에서 소개한 사례관리팀의 기능과 유사하나 회의의 초점은 훈련보다는 교육에 초점이 더 많이 있다고 볼 수 있다. 현재 보건복지부의 희망복지지원단, 서울시 찾아가는 동주민센터 모델 등에서 많이 활용되고 있다. 그러나 원래 의료세팅에서의 사례회의 기능과 현재 사례관리기관 등에서 활용되고 있는 내용을 비교하면 팀 사례회의는 위에서 언급한 사례관리팀의 경우와 유사하여 교육보다는 훈련의 기능이 더 우세한 것 같이 보인다. 참여자의 구성에 따라 교육과 훈련기능의 비율이 병행 가능할 수 있겠으나 이후 슈퍼비전과 사례관리팀 체계가 확립, 운영되면 보다 명확해지게 될 것으로 생각된다.

① 구성

팀 사례회의의 구성은 사례관리 팀장 혹은 슈퍼바이저, 사례관리자, 사례관리실천을 위한 훈련을 필요로 하는 신입직원 혹은 실습생으로 이루어진다.

② 기능

위에서 언급했듯이 이 회의는 사례관리팀과 유사하게 팀 내에서 이루어지고 응급상황에서의 회의는 물론 주 1회 정기적으로 운영되어야 한다. 그 기능은 사례보고 및 슈퍼비전 훈련, 사례판정 여부에 대한 논의 및 결정, 슈퍼바이저에 의한 참여자들의 교육 및 훈련이 중점 내용이 된다. 그 외에도 기관의 규모와 성격에 따라 간접실천 영역인 기관 내부 연관 부서 및 자원 조직화, 통합사례관리팀의 구성과 운영, 지역사회 네트워크 및 자원 조직화를 위한 협력 등의 기능이 요구될 수도 있다.

〈표 3-2〉 팀 사례회의

구성	기능
• 사례관리 팀장 혹은 슈퍼바이저 • 사례관리자 • 사례관리 실천을 위한 훈련을 필요로 하는 신입직원 혹은 실습생	• 사례보고 및 슈퍼비전 훈련 • 사례판정 여부에 대한 논의 및 결정 • 참여자들에 대한 교육 및 훈련 • 기관 내부 연관 부서 및 자원 조직화 • 통합사례관리팀의 구성과 운영 • 지역사회 네트워크 및 자원 조직화를 위한 협력 등

(2) 팀 간 사례회의

팀 간 사례회의는 말 그대로 기관 내부 조직에서 팀 사례회의를 넘어서 내부 조직 전체가 모인 가운데 사례가 일정 양식에 근거하여 발표자료를 통해 공식적으로 소개되고, 이를 통해 사례관련 직원 혹은 직원 전체가 모이는 회의로 교육까지 이루어지는 장이라 할 수 있다. 그러나 현재 사례관리기관들을 살펴보면 팀 사례회의처럼 사례관리 사례의 확정, 판정 등의 기능을 하는 것을 흔히 볼 수 있다. 위에서도 언급했지만, 예를 들어 의료세팅에서 이루어지는 정신보건 실천의 경우, 주로 대학병원규모의 의료기관에서 월 1회 정기적으로 이루어지는 활동으로 특별한 사례를 선정하여 한 명의 전담교수가 주치의 혹은 담당의를 비롯하여 다학문 전문가들의 진단과 개입계획을 청취한 후 정확한 진단명과 처방, 그리고 그에 따른 개입계획을 요약하여 이후 각 팀의 구체적 한계와 과업을 정리해 주는 모임을 의미한다. 이 경우 팀 간 사례회의는 단순한 의견을 나누고 논의를 하는 회의라기보다는 참여자들이 자신의 학문성을 기반한 사정 및 개입계획을 발표하는 기회를 갖고, 다음으로 가장 높은 권위를 가진 기관장 혹은 전문가가 요약 · 정리한 진단을 듣고 그에 근거하여 이후 각각의 개입계획을 세울 수 있는 교육적 장의 의미가 더 큰 회의라 할 수 있다. 이 같은 회의는 주로 기관 내부에서 이루어지고, 주 참석자는 실제 사례를 다루는 기관 내 다양한 전공 영역 전문가들과 교육과 훈련이 끝나지 않은 각 전문직의 인턴 수준의 훈련생들까지 구성원으로 포함시킨다.

① 구성

팀 간 사례회의의 구성원은 기관 내 일부 혹은 전체 조직이 포함되며 약 20명 내외의 직원이 참석하게 된다. 개최주기는 일반적으로 월 1회 정도이며 필요에 따라 그 구성원의 수도 달리할 수 있다. 참석자는 기관 내 사례관리조직 혹은 사례관리 관련 부서를 포함하여 전체 부서에서 최소한 1인 이상의 직원이 참석하게 된다. 팀 간 사례회의는 공공의 경우 부서의 팀장이, 민간의 경우 부장 혹은 사례관리팀 전담부서의 장도 사례회의를 주관할 수 있다. 이때, 주관자는 사례관리 실천에서 필요한 서비스를 설계할 때 복지관 내·외부적으로 활용할 수 있는 프로그램과 서비스에 대한 정보제공자의 역할을 수행함은 물론, 팀의 다양한 성격 중 동일학문(mono-disciplinary) 혹은 다학문적 성격(multi-disciplinary)을 가진 팀지도자로, 조직 내 다양한 부서의 의견을 경청하되 팀을 위해 권위와 경험을 토대로 최종적인 행정적, 임상적 결정과 더불어 교육과 훈련 역할을 수행해야 한다. 팀 간 사례회의 시 다른 참가자의 경우, 예를 들어 자신이 자원개발 업무담당자라면 최종 결정 전 기관 내부와 외부 자원관련 정보제공을 통해 개입의 방향과 자원의 활용에 대한 자문을 하며, 필요한 경우 사례관리에 필요한 자원의 개발지원을 약속한다. 이와 같이 자원개발 업무 담당자와 프로그램 운영 담당자가 팀 간 사례회의에 참여함으로써 기관 내 전체적인 조직이 사례관리 체계와 유기적으로 맞물려 돌아갈 수 있다.

② 기능

팀 간 사례회의는 개입 사례에 대한 사정, 계획 수립, 진행과정 점검, 재사정, 평가 및 종결을 내부적으로 다시 한 번 평가하고, 결정하는 활동으로서 기능도 하지만 더 중요한 기능은 팀 간 사례회의를 통해서 참석자의 개인의 역량이나 전문 분야의 한계를 극복하고 개입 사례에 대한 최적의 서비스를 제공할 수 있는 가능성을 극대화하여 참석자 모두를 위한 교육적 기능을 포함한다. 교육적 기능이 포함된 팀 간 사례회의가 행정적인 점검기능을 강조하거나 사례개입에서 실패한 부분을 강조하다 보면 사례관리자에 대한 비난과 질책의 분위기가 조성될 수 있다. 이러한 분위기는 각 부서 상호 간의 불신을 조장하며 팀워크를 깨뜨리는 결과를 초래하게 된다. 따라서 팀 간 사례회의는 사례관리자와 참석자들의 노력을 지지하고 클라이언트에게서 좋은 변화를 이끌어 내는 긍정적인 개입요소를 발견하여 활용하며 새로운 개입방법에 대한 교

〈표 3-3〉 팀 간 사례회의의 구성과 기능

구성	기능
• 기관장 혹은 사례관리 팀장 • 슈퍼바이저 • 사례관리자 • 기관 내 사례관리 관련 팀과 교육, 훈련을 필요로 하는 모든 직원	• 공식석상에서의 사례발표 훈련 • 사례에 대한 각 부서의 개입 여부 확인 • 사례판정 여부에 대한 논의 및 결정 • 전체 참여자들에 대한 교육 및 훈련

육과 자문을 제공하는 자리가 되어야 한다.

　팀 간 사례회의를 개최해야 하나 통합사례회의 일정 등으로 인해 개최가 곤란할 경우, 상정되는 사례와 직접적으로 관련된 직원들을 중심으로 임시적으로 팀 간 사례회의를 개최할 수 있다. 팀 간 사례회의에서 논의되는 모든 사항은 역시 기록하도록 한다. 이때 상정된 사례에 관한 기록은 담당 사례관리자가 맡아 회의록을 완성한다. 완성된 회의록은 적절한 절차를 거쳐 결재를 받고 개별 사례파일은 물론 팀 간 사례회의 문서철에 편철하여 보관한다.

　③ 팀 간 사례회의에서의 슈퍼비전 활용

　현재 우리나라의 상황처럼 독립적인 사례관리팀 체계가 잘 갖추어지지 않은 조직에서 실제로 슈퍼비전이 가장 활발히 이루어지는 상황은 팀 간 사례회의가 될 수도 있다. 그러나 사례회의의 우선적 기능인 교육적 목적과 일반적인 진행방식을 고려해 볼 때 효과적인 슈퍼비전에 장애가 되는 요인이 내재되어 있다. 즉, 기관의 사례관리 운영계획에 따라 차이가 있겠지만, 팀 간 사례회의는 사정평가나 개입계획의 수립과 관련하여 판정회의 등의 이름으로 주요 의사결정을 위한 시간으로 활용되는 경우가 많기 때문이다. 이러한 의사결정 경험은 사례관리자와 슈퍼바이저가 연합하여 클라이언트를 대상화하며, 자칫 슈퍼비전의 초점이 사례관리자인 슈퍼바이지가 아닌 클라이언트에게 맞춰질 가능성이 높다. 따라서 슈퍼비전을 위한 팀 간 사례회의 활용에서는 이러한 잠재적 위험을 염두에 두고 교육과 훈련의 초점을 잘 유지하도록 노력해야 한다. 슈퍼비전, 즉 훈련의 초점을 유지하기 위한 구체적인 방법은 사례관리 담당자가 자신을 위한 자문 내지는 슈퍼비전 요청내용을 명시한 보고서를 기반으로 발표하고, 팀 간 사례회의 주관자는 필요시 팀 간 사례회의를 통해 어떤 도움을 받길 원하는지, 사례관리 담당자가 다른 팀에서 어떤 지원을 한다면 사례를 좀 더 잘 진행할 수 있다고 보는지, 팀에서 함께 결정해야 할 원칙은 무엇인지 등에 대하여 질문을 할 필요가 있다.

2. 자원체계

1) 지역사회 자원망

사례관리의 핵심은 클라이언트의 문제와 욕구해결에 필요한 공적 · 사적 자원망을 연계하고 조정하는 활동이다. 따라서 사례관리 실천에서 공적 · 사적인 자원망의 조직화는 매우 중요한 요소이다. 사례관리기관은 내부자원에 대한 조직화는 물론 지역사회, 나아가 국가 단위에서 활용할 수 있는 공적 · 사적인 자원망을 조직화해야 한다. 지역사회 자원을 조직화할 때는 업무의 효율성을 위하여 기존에 조직화되어 있는 자원망을 최대한 활용한다. 예를 들면, 이미 가동되고 있는 동주민센터의 복지통장제도의 활용하거나, 지역사회복지협의체에서 조직화해 놓은 자원 목록, 주민생활지원과가 조직화해 놓은 8대 서비스 자원 목록, 그리고 행정안전부가 조직화해 놓은 복지로 서비스(http://

www.bokjiro.go.kr/mobile/main.do) 등과 같은 자료를 적극적으로 활용한다.

　지역사회를 중심으로 볼 때, 자원 조직화의 업무는 다른 기관과 중복되는 경향이 강하다. 따라서 개별 기관마다 독립적으로 자원을 조직화하는 것보다는, 특히 민간과 공공을 아울러 기관 간에 연합하여 자원을 조직화하는 것이 효율적이다. 또한 자원의 조직화는 자원 목록의 형태로 구체화되어야 하는데, 민간과 공공에 따라서 복지, 문화, 교육, 의료, 주택 등 다양한 영역의 자원이 포함되도록 한다. 자원 목록은 자원 풀(pool)의 기능을 하는데, 사례관리자는 자원의 수요가 발생했을 경우 자원 목록을 활용하여 신속하게 자원을 연계할 수 있다. 사례관리자는 자원개발 담당자와 협력하여 자원 목록을 수시로 보완함으로써 사례관리 실천에서 자원의 활용 가능성을 높인다.

　지역사회 자원망은 다음에서 소개될 통합사례관리팀과 유사한 면이 많다. 통합사례회의의 경우, 각 사례와 직접 연계된 기관 중심으로 구성되는 측면이 크고 이를 넘어서는 환경까지도 포괄하여 자원을 준비할 필요가 있는 활동까지를 포함할 경우 사례와 직접 연계된 자원이 아니더라도 일반 지역주민 혹은 지역사회 전체를 아우르는 발전을 위한 자원의 논의도 가능해질 것이다. 예를 들어, 풀뿌리 운동이나 마을 만들기 운동 등이 지역사회 자원망에 포함될 수 있을 것이다.

　이때 가장 중요한 점은 자원개발의 목표가 단순한 자원의 축적이 아닌 클라이언트나 대상 지역주민의 욕구에 기반한 자원개발 및 자원조직망이어야 한다는 것이다.

2) 통합사례관리팀[1]

(1) 구성

복합적인 욕구를 가지며, 다양한 서비스가 필요한 사례관리 대상자의 경우, 지역사회 내 다양한 서비스 조직과 연관되어 있는 경우가 대부분이다. 예를 들면, 사회복지관의 재가대상 노인의 경우 대부분 동주민센터로부터 공공 서비스를 받고 있으며, 보건소로부터도 방문간호 서비스를 받고 있을 가능성이 높다. 이러한 경우 사례관리 서비스가 필요한 클라이언트는 개별 기관의 사례일 뿐만 아니라 관여되어 있는 기관이 협력해야 하는 공동의 사례이다. 이러한 클라이언트를 효과적으로 돕기 위해서는 지역사회 기관이 협력적으로 활동하는 통합사례관리 체계의 구축과 운영이 필요하다.

통합사례관리 체계에는 사례관리조직 내부의 사례관리팀, 공공과 민간의 지역사회 서비스 제공기관, 클라이언트의 삶에 영향을 미치는 전문가 또는 관련 인물 등이 포함된다. 통합사례관리팀의 구성은 주 사례관리기관을 중심으로 사례관리 클라이언트의 삶에 영향을 미칠 수 있는 공공과 민간의 다양한 주체가 참여하는 것이 바람직하며, 다학제 전문가는 물론 지역사회의 다양한 지원체계들이 참여할 수 있도록 개방성을 높여야 한다. 단, 지나친 구성원 수는 각 대상자에게 초점을 맞춘 논의와 지원 내용을 흐릴 수 있어 주의해야 한다.

지역 여건에 따라서 달라지겠지만, 민간기관이 주 사례관리기관일 경우, 지

---

1) 통합사례관리팀은 클라이언트의 욕구 혹은 문제해결을 위해 지역사회의 다른 서비스 조직과 연관되어 있는 클라이언트를 대상으로 지역사회와 함께 공동사례관리를 실천해 나가는 운영체계를 의미한다. 통합사례관리팀은 클라이언트와 가족의 욕구와 어려움에 기반하여 지역적 특성이나 여건에 따라 통합사례관리 네트워크, 통합사례관리팀, 통합사례관리 위원회 등과 같은 체계가 횡적, 종적으로, 그리고 일시적 혹은 지속적으로 조직·운영될 수 있다.

역사회 서비스 제공자에는 동주민센터, 정신보건복지센터, 병원의료 사회복지팀, 아동 보호 전문기관, 종교기관장 등과 같이 클라이언트, 가족 그리고 지역사회 욕구와 밀접한 관련이 있는 조직에 근무하는 전문가가 포함된다. 통합사례관리 체계는 정형화된 체계가 아니다. 필요와 상황에 따라 다양한 지역사회 전문기관 또는 사람들이 유연하게 통합사례관리 체계에 합류할 수 있도록 한다. 통합사례관리 체계에 참여한 구성원은 클라이언트와 가족의 변화를 사정하고, 평가하는 변화매개체계(agent system)로서의 역할뿐 아니라 지원하는 행동체계(action system)[2]로서의 역할을 하기도 하고 자원이나 서비스를 제공하는 역할을 수행하기도 한다.

통합사례관리 체계에 참여하는 기관은 상호 협약을 체결함으로써 기관 간의 협력을 강화하고 협력이 지속될 수 있도록 한다. 협약의 내용에는 협약의 목적, 상호 간의 의무와 역할 및 권리 등을 명시하도록 한다. 기관 간에 협약이 체결되었다 하더라도 통합사례관리 업무를 담당하는 실무자가 지정되지 않을 경우 명목적인 협약에 머무를 수가 있다. 따라서 기관 간의 협약이 실제적으로 운영될 수 있도록 사례관리 업무를 담당하는 실무자를 지정하고 네트워크 업무를 공식 업무로 인정하면 기관 간 협력뿐만 아니라 실무자 간 협력이 촉진될 수 있다.

초기 단계에는 통합사례회의 참여를 촉진하기 위한 인센티브의 활용이 필요하다. 통합사례회의에서 활용할 수 있는 인센티브에는 통합사례회의 참석

---

2) 행동체계(acting system)는 1980년대 Pincus와 Minahan의 통합방법론에서 제시하고 있는 문제해결을 위한 개입의 필수적인 네 가지 체계(system)인 클라이언트 체계(client system), 변화매개체계(agent system), 표적체계(target system) 그리고 행동체계를 의미하는 것으로 변화매개체계는 사회복지사 혹은 전문가 집단을 의미하고, 행동체계는 이들을 도와서 클라이언트 체계의 변화를 이끌어 낼 수 있도록 변화매개체계와 함께 일하는 체계를 말한다.

자에 대한 직·간접 교육·훈련 기회 제공, 식사와 교제 등이 있을 수 있다. 무엇보다도 중요한 것은 통합사례팀회의를 통해 전문성이 신장되고, 다양한 전문가와 팀으로 활동하면서 새롭고, 폭넓은 시각 확보와 접근을 통해 클라이언트의 문제를 효과적으로 사정하고 해결하는 체험이 가장 중요한 인센티브일 것이다.

그러나 서로 다른 조직에 속해 있거나 다른 학문적 배경을 가지고 있는 기관 또는 전문가가 함께 일한다는 것은 매우 어려운 일이다. 업무 방식, 사례관리 클라이언트에 대한 책임소재, 사례관리 클라이언트를 바라보는 관점, 각각의 전문성 등으로 인해 협력적으로 일하는 데 어려움이 발생할 수 있다. 통합사례관리팀 체계를 구축하고자 하는 조직이나 지역은 인내와 끈기를 가지고 협력적인 구조를 만들기 위한 상호 노력을 기울여야 한다. 한편, 초반에는 통합사례관리 체계에 전문 슈퍼바이저를 위촉함으로써 통합사례관리 체계를 구축하고 운영하는 과정에서 나타날 수 있는 갈등을 조정·중재하며 통합사례관리팀의 성공적인 경험을 지원하도록 해야 한다.

통합사례관리팀 체계의 구성과 운영에서 무엇보다도 중요한 것은 통합사례관리의 필요성에 대한 인식이다. 복합적인 욕구를 가지고 있는 사례관리 클라이언트를 한 조직 또는 한 전문직이 충족시킨다는 것은 현실적으로 불가능한 일이다. 그리고 개별 조직이나 전문직이 분절화된 서비스를 제공함으로써 클라이언트의 삶의 질을 향상시키는 데에는 한계가 있을 수밖에 없다. 따라서 통합사례관리팀 체계는 체계에 포함된 조직 모두가 소유하는 체계이면서 동시에 누구도 소유하지 않는 체계라 할 수 있다. 이를 통해 통합사례관리 체계에 참여하는 체계 모두가 대등한 권위를 기반으로 공정한 위치를 점할 수 있고, 이를 통해 개별 기관이나 조직이 아니라 궁극적으로 사례관리 클라이언트가 이득을 얻는 좋은 방안이 될 것이다.

(2) 기능

통합사례관리팀에 참여하는 기관과 담당자는 정기적인 통합사례회의에 참석하여 사례에 대한 정보 공유, 사정에 대한 자문, 개입방안과 자원의 활용, 사례개입을 위한 역할분담, 주 사례관리기관의 조정 등에 대한 의견을 공유하고 필요시 의결하도록 한다. 뿐만 아니라 통합사례회의에 상정된 사례에 대한 정기적인 점검과 재사정, 평가 결과의 공유, 종결 여부의 결정 등의 기능을 수행한다. 통합사례관리 체계에 참여하는 기관은 특정 사례관리조직의 사례에 대한 자문을 제공하는 역할뿐만 아니라 자신들이 담당하거나 발굴한 클라이언트를 팀에 상정하고 필요한 경우 통합사례팀회의를 통하여 주 사례관리기관을 조정하도록 한다.

〈표 3-4〉 통합사례관리팀의 구성과 기능

구성	기능
• 사례관리자 • 슈퍼바이저 혹은 운영자(facilitator) • 연계된 지역사회 제공기관의 실무자 • 전문 슈퍼바이저(초기 최장 2년간) • 클라이언트의 욕구와 문제해결에 도움이 되는 조직이나 인력 (예: 종교인, 지역유지 등)	• 사례에 대한 정보 공유 • 임상적, 행정적 협의 및 의결 • 자원의 공유 • 주 사례관리기관 관련 논의 및 조정 • 사례개입을 위한 주 사례관리기관 중심의 역할분담 • 전문적 실천을 위한 상호자문

출처: 권진숙 외(2009), p. 113

3) 통합사례회의

(1) 통합사례회의 참석자

통합사례회의는 지역을 기반으로 조직된 통합사례관리팀에서 실시하는 사레회의를 말한다. 통합사례회의에는 각 기관의 사례관리팀, 연계된 지역사회 제공기관의 실무자, 기관 내부의 지원체계, 지역사회 전문가, 전문 슈퍼바이저가 참석한다. 앞에서 언급한 것처럼 기관 내부의 지원체계에는 프로그램과 서비스 지원팀의 전문가와 자원개발을 담당하는 전문가가 포함된다. 지역사회 전문가란 통합사례관리팀으로 지정된 지역사회기관에 속한 전문가로서 클라이언트와 가족에게 사회복지 서비스를 제공하고 있거나 제공할 가능성이 있는 전문가들을 말한다. 통합사례관리팀은 경직된 것이 아니라 유연하게 운영되는 것이 바람직하다. 통합사례관리팀으로 지정되어 있다 하더라도 필요한 경우에만 참석할 수도 있으며, 통합사례관리팀으로 지정되지 않았다 하더라도 클라이언트를 돕는 데 필요한 경우 통합사례회의에 초대될 수도 있다. 정신보건복지센터, 의료기관, 주거복지센터 등의 경우 구 단위에 설치되어 있는 경우가 많은데, 현재 한국적 상황에서는 통합사례회의에 매번 참석할 경우 회의참석으로 인한 고유 업무의 수행에 어려움이 있을 수 있으므로 정신장애 문제를 가진 클라이언트를 다룰 때 선별적으로 참여하도록 한다.

(2) 통합사례회의 운영

통합사례회의는 사례관리기관 혹은 조직의 사례관리 팀장이 주관하며, 월 1회(1회 2시간) 실시하는 것을 원칙으로 한다. 안정적인 통합사례회의를 위하여 회의를 실시하는 요일과 시간을 고정시키도록 하며, 사례관리 팀장은 통합사례회의에 상정될 사례와 안건을 사전에 조정한다.

통합사례회의 실시할 경우 참석자에 대한 소개와 회의안건에 대한 소개를 실시한 후 본격적인 사례협의를 실시한다. 사례를 상정한 사례관리자가 사례에 대해 설명하도록 하고, 사례에 대한 정보를 공유한 후 문제와 욕구에 대한 사정 결과, 개입계획 및 자원 활용 방안에 대해 발표한다. 기관 내부 사례회의와 마찬가지로 본 회의는 사례보고서와 기타 행정적 내용을 자료화한 것을 기반하여 운영되는데, 이때 참석자들에게 제공되는 자료에는 자문 혹은 자원요청 내용 등을 명시하여 도움을 받아야 하고, 회의 참석자와 팀은 기타 명시되지 않았지만 필요한 권유 내용을 제시할 수도 있다.

이때 통합사례회의에서 전문 슈퍼바이저의 역할은 매우 중요하다. 왜냐하면 통합사례회의에 참여하는 위원들의 전문성의 수준과 관점이나 방법이 상이할 수 있기 때문이다. 따라서 전문 슈퍼바이저는 사례에 대한 임상적인 자문과 행정적인 자문, 그리고 자원의 활용 등에 관한 자문을 통해 전문적인 개입방안을 모색하도록 도우며, 다양한 서비스 제공자 간의 이견이나 관점의 차이를 조정해 줄 수 있는 역할을 수행하도록 한다.

이 회의에서 사례에 대한 기본적인 판단은 사례관리팀에서 이루어졌으나 통합사례회의에서 이견이 있을 경우 내부 사례회의에서의 교육적 결정과는 달리 민주적 방식으로 이루어지는 것이 일반적이다. 그 이유는 통합사례관리팀은 학제 간 팀(inter-disciplinary team)으로 구성되고, 따라서 통합사례회의 참석자들에게 주어지는 전문적 권위는 학문적 권위 혹은 훈련배경과는 상관없이 다양한 배경과 그들 각각의 영역에서의 전문성을 대변하는 동일한 권위를 부여받은 전문가들로 구성되어 있기 때문이다. 사례관리 팀장은 서기를 지정하여 통합사례회의에서 논의되는 회의 내용을 기록하도록 하는데, 사례에 관한 사항은 담당 사례관리자가 기록하도록 하고 서기에게 제공하여 회의록을 완성하도록 한다. 제공된 사례관련 보고서 외 논의 내용으로 작성된 회의록은 1주일 이내에 기관의 내부결재를 거쳐 통합사례관리팀의 구성원들과 공유하도록 한다.

3. 지원체계

1) 전문 슈퍼바이저[3]

사례관리 실천에서 사례에 대한 임상적인 자문과 행정적인 판단 그리고 지역사회 자원의 활용과 관련하여 슈퍼비전 체계를 갖추는 것은 매우 중요하다. 특히 사례관리와 관련된 실천 경험과 전문성이 부족한 경우 슈퍼비전 체계는 더욱 중요하고 필수적이다.

사례관리 실천의 전문성을 강화하기 위하여 1인 이상의 전문 슈퍼바이저를 두도록 한다. 전문 슈퍼바이저는 사례관리에 대한 이론적·실천적 전문성을 가진 대학교수나 현장전문가로 기관장이 위촉한다. 경우에 따라서는 인접한 기관을 하나로 묶어서 전문 슈퍼바이저를 임명할 수도 있다. 전문 슈퍼바이저는 임상적인 자문과 행정적인 지도, 사례관리 실천에 필요한 교육·훈련, 사례관리자의 소진 예방 및 극복을 위한 지원 등의 역할을 수행한다. 전문 슈퍼바이저는 1년 단위로 위촉하여 자문의 안정성을 유지하도록 한다.

전문 슈퍼바이저는 통합사례회의에 참석하여 최소 월 1회의 정기 자문을 제공하는 것이 바람직하며, 필요한 경우 수시로 자문을 제공한다. 구체적인 자문방법과 횟수는 위촉된 기관과 협의하여 결정한다. 사례관리자는 전문 슈퍼바이저에게서 제공받은 슈퍼비전 내용을 슈퍼비전 일지에 기록하고 사례관리

---

3) 기관의 장이나 팀장, 슈퍼바이저로서도 충분한 역할을 수행할 수 있다. 그러나 전문적이고 안정적인 사례관리 실천을 위해서는 전문적 수준의 외부 슈퍼바이저를 활용하는 것이 필요한데, 이를 기관 내부의 슈퍼바이저와 구분하기 위해 전문 슈퍼바이저라는 용어를 사용한다.

〈표 3-5〉 전문 슈퍼바이저의 자격과 역할

구성	기능
사례관리에 대한 이론적 · 실천적 전문성을 자진 자로서 대학교수나 현장전문가	• 임상적 훈련과 자문 • 행정적 지도와 자문 • 사례관리 실천에 필요한 교육과 훈련 • 사례관리기관의 체계구성과 운영관련 자문 • 사례관리기관의 조정과 중재 • 사례관리자의 소진 예방과 극복을 위한 지원

출처: 권진숙 외(2009), p. 114

팀 또는 기관 내부에 공유하여 슈퍼비전의 효과를 극대화한다.

전문 슈퍼바이저는 각 기관의 사례관리팀과 통합사례회의 구성과 운영이 정기적이고 효율적으로 이루어지게 되면 더 이상 지속적으로 초대될 필요는 없게 된다.

2) 솔루션 위원회[4]

(1) 구성

사례관리 실천 시 심리사회적 문제뿐만 아니라 폭력, 심각한 의료 및 알코올과 수집증 등의 정신과적인 문제 등으로 매우 복합적인 문제를 표출하거나 만

---

[4] 솔루션 위원회는 슈퍼비전팀과 통합사례관리팀 체계가 풀어 나가기 힘든 고도의 전문적 자문이 필요한 복잡한 사례에 대해 자문을 제공하는 전문적 지원체계를 의미한다. 일반적으로 솔루션 위원회라는 용어로 활용되고 있으며, 기관이나 지역에 따라 솔루션 체계를 다양하게 구성할 수 있다. 예를 들면, '위원회' '자문위원회' '솔루션팀' 등이다. 그리고 통합사례관리팀 체계도 솔루션 기능을 가지고 있으나 공동사례관리를 수행하는 것에 초점을 두고 있으며, 솔루션 위원회는 자문의 기능에 초점을 두어 운영체계를 구축하는 것이 적절할 것이다.

성적인 문제상황에 빠져 해결의 실마리가 보이지 않는 고위험 사례가 자주 발생한다. 이러한 사례를 개별 기관 또는 사례관리팀이나 통합사례회의에서조차 단독으로 사례에 대한 이해와 사정, 개입계획의 수립, 실천 등 사례관리를 실천하는 데는 많은 어려움이 있다. 이러한 어려움에 자주 노출될수록 사례관리자와 사례관리팀은 무력감에 빠지기 쉬우며, 결국 사례관리자가 소진에 이르는 부정적인 결과가 초래된다.

이러한 어려움에 효과적으로 대처하기 위하여 솔루션 위원회를 두도록 한다. 솔루션 위원회는 구 단위로 설치하는 것이 바람직하나 업무의 효율성이나 재정상황을 고려하여 개별 기관 또는 기관 연합으로 설치할 수 있다. 솔루션 위원회는 관련 분야 교수, 사회복지 현장전문가, 의사, 사례관리 전문가, 상담 관련 전문가, 변호사, 지자체 의원, 지역복지 대표협의체의 위원 등 지역을 기반으로 한 통합사례관리에 필요한 인사로 구성하는 것이 바람직하다. 사례관리조직 또는 지역의 특성에 따라 위원의 종류와 수는 자율적으로 결정한다. 중요한 것은 솔루션 위원회에 소속된 위원의 권위를 누가 부여할 것인가 하는 것이다. 현재 대부분의 개별 사회복지조직의 대표가 솔루션 위원을 위촉하고 위원회를 구성하는 형태를 지니고 있으나, 솔루션 위원과 위원회의 기능을 강화하기 위해서는 공공부문(구 또는 시)에서 공식적으로 권위를 부여하는 것이 바람직하다.

(2) 기능

솔루션 위원회는 사례에 대한 임상적인 자문과 행정적인 심의와 판정, 나아가 관련 제도의 변화를 위한 정책 제언 등의 기능을 수행한다. 솔루션 위원회의 운영에 관한 업무는 공공부문에서 담당하는 것이 바람직하지만, 현실적인 여건을 고려하여 특정 지역의 솔루션 체계에 소속된 기관 가운데 간사단체를 선정하고 간사단체가 솔루션 체계의 운영에 관한 업무를 담당하도록 한다. 간사단체에 속한 사례관리 팀장은 솔루션 회의의 개최, 안건의 상정, 회의 기록 등의 업무를 담당하며, 간사단체는 연 단위로 순환하도록 할 수 있다.

솔루션 위원회의 원활한 운영을 위하여 위원장, 부위원장, 서기를 둔다. 솔루션 위원회의 위원장은 호선하도록 하며, 솔루션 회의를 주재한다. 만약 위원장이 유고 시에는 부위원장이 그 역할을 담당한다. 솔루션 위원회는 연간 2회 이상의 정기적인 회의를 개최하도록 하되, 긴급 사례 또는 심의나 판정 사안이 발생할 경우 신속하게 소집해 사례에 대한 임상적인 자문, 사례에 대한 행정적 판단, 사례관리 실천을 위한 정책적 건의 등을 통해 사례관리 실천을 지원한다. 이때, 해당 기관의 사례관리자와 사례관리 팀장은 솔루션 위원회에 참석하여 사례에 대한 보고를 실시한다. 솔루션 위원회 운영에서 가장 중요한 초점은 사례관리에 도움을 제공하는 것이다. 많은 위원회가 업무에 도움을 주는 방식보다는 위원회 개최 실적을 맞추는 것에 급급한 경우가 있다. 정기적인 솔루션 회의도 필요하다. 그러나 더욱 중요한 것은 통합사례관리팀이나 사례관리팀에서

〈표 3-6〉 솔루션 위원회의 구성과 기능

구성	기능
• 사회복지 현장전문가 • 사례관리 전문가 혹은 관련 분야 교수 • 의사 • 정신과의사 • 상담전문가 • 변호사 • 지자체 의원 • 지역복지 대표협의체 위원 등	• 사례에 대한 임상적 자문 • 사례에 대한 행정적 판단 • 사례관리를 위한 정책적 건의 • 사례에 대한 자원제공 및 정보제공

출처: 권진숙 외(2009), p. 116

필요할 경우 개별 접촉을 통해서 실질적인 자문을 받도록 하는 것이다. 예를 들면, 법률적인 욕구를 가진 사례관리 클라이언트가 있을 경우, 법률전문가로 위촉된 솔루션 위원과의 개별 접촉을 통해 사례에 대한 자문을 구할 수 있다. 정기 솔루션 회의 시 서기는 회의 내용을 기록하며, 개별적으로 자문을 받은 경우 사례관리자는 자문 내용을 기록하여 차기 솔루션 회의에서 보고한다.

3) 솔루션 회의

(1) 솔루션 회의 참석자

솔루션 회의에는 솔루션 위원으로 위촉된 위원과 사례를 상정하는 기관의 사례관리 팀장 및 사례관리자가 참석한다. 클라이언트와 가족의 문제와 욕구를 지원하는 데 필요한 공공 또는 민간전문가가 참고인으로 참석할 수도 있다.

(2) 솔루션 회의의 운영

솔루션 체계의 업무를 담당하는 간사단체의 사례관리 팀장은 솔루션 회의 개최 1개월 전에 위원장의 지휘하에 회의 일정, 회의 일시 및 장소 등을 공지하고, 회의 개최 이전에 회의안건을 조정하여 솔루션 회의에 상정하도록 한다.

솔루션 회의는 위원장이 주재하도록 하며, 분기별 1회 이상 개최하도록 한다. 간사단체의 사례관리 팀장 또는 안건 상정 사례관리자는 상정된 안건에 대해 부연 설명하고 솔루션 위원들로부터 임상적 · 행정적 자문을 받도록 한다. 솔루션 회의 서기는 솔루션 회의에서 제공된 자문 내용을 기록하도록 하며, 위원장의 승인을 거쳐 솔루션 위원들과 공유하도록 한다. 자문 내용에 대한 승인과 기록의 공유는 메일을 통해서 실시하도록 한다. 솔루션 회의에 참석한 위원들에게는 예산의 범위 내에서 수당을 지급할 수 있다.

참고문헌

경기복지재단(2009a). 2009년 제1차 경기복지포럼 자료집.

경기복지재단(2009b). 경기복지네트워크 강화를 위한 토론회. 경기복지재단.

경기복지재단(2009c). 내부문서.

경기복지재단(2009d). 무한돌봄센터 운영 매뉴얼. 경기복지재단.

경기복지재단(2010). 무한돌봄센터 사례관리 교육교재I. 경기복지재단 연구보고 시리즈, 2010-5-1. 경기복지재단.

권진숙, 김상곤, 김성천, 박지영, 유명이, 유서구, 이기연, 조현순(2009). 인천광역시 사회복지관 사례관리실천을 위한 매뉴얼 연구보고서. 인천광역시사회복지관협회 사례관리연구회.

김상곤(2010). 통합사례관리네트워크 구축방안. 고양시 무한돌봄센터 세미나 자료집.

보건복지부 희망복지지원단(2013-2015). 내/외부 자료.

서울복지재단 찾아가는동주민센터(2015). 내/외부 자료.

성은미, 김상곤, 최승희(2009). 경기도의 효율적인 복지서비스 전달체계 구축방안 연구. 경기복지재단 연구보고 시리즈, 2009-3. 경기복지재단.

인천광역시 사회복지관협회, 사례관리연구회(2010). 인천광역시 사회복지관 사례관리 실천을 위한 매뉴얼 연구보고서.

한국사례관리학회(2016). 사례관리 표준지침.

Frankel, A. J., & Gelman, S. R. (2004). 사례관리 개념과 기술 (권진숙 역). 서울: 학지사.

Moxley, D. P. (1993). 효과적인 복지서비스를 위한 사례관리실천론 (김만두 편역). 서울: 홍익재.

제2부

과정론

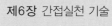

제4장

사례관리 과정의 이해 및 적용

이기연
유명이

사례관리는 일반적인 사회복지실천의 과정과 어떤 차이가 있는가?

사례관리는 서비스의 통합성 확보에 초점을 두는 것으로, 만약 그렇지 않다면 일반적 사회복지 실천의 과정과 차이가 난다고 할 수 없을 것이다. 따라서 서비스의 통합성이 필요한 적절한 클라이언트의 선정, 사례관리의 전 과정에 클라이언트의 참여와 협력, 서비스 등 실행계획에 대한 클라이언트의 동의 확보, 그리고 서비스에 대한 점검 및 조정 등의 과업이 강조되어야 한다. 이 장에서는 사례관리 도입 전 준비작업으로서 사회복지 서비스 클라이언트 유형 이해, 클라이언트별 서비스 제공방식의 이해를 토대로 사례관리의 각 과정에 대한 설명, 과정별 핵심과업에 대해 살펴보고자 한다.

1. 사례관리 도입 전 준비작업

1) 사회복지 서비스 클라이언트 유형 이해

사례관리 클라이언트는 사회복지 서비스 이용자 중의 일부이며, 사례선정은 사례관리라는 접근방법이 필요한 클라이언트 혹은 가구를 선별하는 과정을 의미한다. 사례관리의 도입배경이 복합적이고 다양한 문제상황에 직면하고 있어서 한두 가지 단편적인 서비스의 연결만으로는 해당 가구의 삶의 온전성이나 삶의 질을 향상시키기 어려운 경우, 그리고 해당 가구에 필요한 다양한 서비스의 통합성 확보가 최우선인 경우가 사례선정의 주요 기준이 된다. 또한 서비스의 통합성을 확보한다는 것은 서비스의 단순한 연결을 통해 다양한 서비스를 제공하는 것이 아니라 서비스 간의 충돌이나 분절 등의 문제가 발생하는 것에 초점을 두고 그것을 조정하기 위한 노력을 기울여야 함을 의미한다. 따라서 기존의 서비스 이용자와는 다른 접근이 필요하며, 제공자가 마련한 서비스의 이용 적격 여부에 의해 서비스를 결정하는 것과의 차이를 이해해야 한다. 따라서 사례관리와 함께 제공자 중심이 아닌 '이용자 중심 서비스' '맞춤 서비스'라는 용어가 혼용되는 배경에 대한 이해가 필요하다.

2) 클라이언트별 서비스 제공방식

클라이언트의 유형에 따라 그들이 필요로 하는 도움의 유형은 단순한 정보제공에서 서비스의 종합적 제공 및 관리의 전 과정에 관여해야 하는 경우 등 매우 다양하다. 각각의 클라이언트의 유형에 따라 서비스 제공자가 서비스를

〈표 4-1〉 사회복지 서비스 대상 구분

구분	정의	주요 개입방법 및 목표
정보 이용자	• 사회복지 관련 정보 부족으로 당면한 문제해결이나 욕구충족에 어려움을 겪고 있는 클라이언트	• 1회성 상담을 통해 직접적이고 구체적인 정보제공 • 획득한 정보를 활용하여 필요한 자원을 스스로 획득할 수 있도록 함
서비스 이용자	• 개인과 가족의 특정 영역의 기능 향상이나 복지수준 향상을 위해 기관의 단위 서비스를 필요로 하는 클라이언트	• 서비스별 이용자 기준에 따라 적정한 대상자에 대한 서비스 제공 • 각 서비스 목표에 따른 개인과 가족의 기능 향상 도모
잠재적 사례관리 대상자	• 포괄적이고 만성적인 욕구 미충족 상태를 경험하고 있어서 지속적인 사회적 지원을 통해 개인과 가족의 삶의 회복, 복지수준 향상이 요구되는 클라이언트	• 지속적인 모니터링을 통해 적절한 수준의 개입을 할 수 있는 구조 마련
사례관리 대상자	• 잠재적 사례관리 대상자 중 기관의 사례관리 운영지침에 의한 선정기준에 부합되는 클라이언트 • 이들 중 개인과 가족의 복지수준 향상을 위해 사례관리의 주요 절차와 업무수행방식에 동의하고 필요한 서비스 계약을 수립한 클라이언트	• (필요시) 사례관리 유형구분(기본형-일반형-통합형? 단순형-일반형-전문형? 일시관리-유지관리-집중관리?)에 따른 서비스 제공방식 결정 또는 사례관리자의 업무 관리
위기관리 대상자	• 긴급한 사회적 지원이 없다면 개인과 가족의 물리적 안전이나 심리 정서적 안전을 확보하기 어려운 클라이언트	• 모든 서비스 이용기준을 적용하지 않고 최대 3일 이내에 개인과 가족의 최소한의 안전 확보를 위해 필요한 직·간접 서비스 제공 • 물질·물리적 보호 및 심리·정서적 지원 통해 개인과 가족의 위기안정화 및 일시적 안전 확보 • 총 개입기간은 1개월이 넘지 않도록 하며, 위기안정화 이후 필요시 사례관리 대상자로 등록가능

주: 주요 개입방법 및 목표는 기관의 특성 및 사례관리 운영방안에 따라 달라질 수 있음

제공하기 위해 어떠한 절차를 거치며 서비스 내용을 어떻게 구성할 것인가를 토대로 구분해 보면 〈표 4-1〉과 같이 나타낼 수 있다.

즉, 정보나 서비스의 이용자는 기존의 서비스 제공자에 대한 정보나 서비스 내용 및 이용방법, 절차 등에 대한 정보를 안내받고 필요한 서비스를 통해 당면한 문제를 해결하는 데 초점을 둔다. 따라서 그들에게 서비스를 제공하기 위해서 서비스 제공자는 서비스의 이용과 관련한 적격성을 평가하여 서비스 제공 여부를 결정하게 될 것이다. 그 결과로 제공되는 서비스의 내용은 클라이언트의 욕구를 근거로 개발된 서비스가 아닌, 기관에서 이미 개발한 서비스를 제공한다는 측면에서 정형화된 서비스의 제공이라고 볼 수 있다. 이는 일반적인 사회복지 서비스 제공방식이기도 하다.

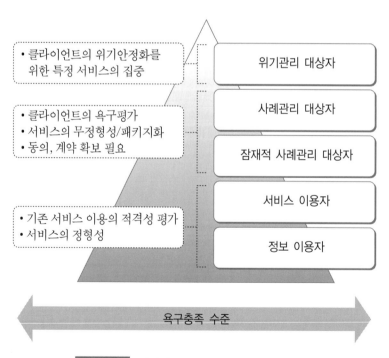

그림 4-1 대상별 주요 접근방법 및 서비스 특성

한편, 위기관리나 사례관리 대상자 등 복합적 욕구를 가진 클라이언트에게는 대개 다른 접근방법이 필요하다. 즉, 위험성을 포함하여 클라이언트의 욕구를 중심으로 서비스를 연결하거나 혹은 신규 서비스 개발, 사례관리자의 적극적인 서비스 제공 노력 등을 통해 욕구를 충족하는 데 초점을 둔다. 따라서 사례관리자의 과업은 클라이언트의 욕구평가를 중시하며, 이를 충족하기 위한 개별화된 서비스 체계를 마련하는 것이다. 그 결과 클라이언트의 욕구에 따라 다양한 형태 혹은 내용의 서비스가 제공될 수 있다는 차원에서 서비스는 무정형적이며 욕구에 맞는 서비스의 패키지화가 강조될 것이다. 클라이언트별 주요 접근방법 및 서비스 특성을 요약하여 제시하면 [그림 4-1]과 같다.

3) 서비스 선택권과 자율성의 범위

서비스의 선택권과 자율성은 어디까지 보장되어야 하는가?

이는 많은 사례관리자가 하는 주요 질문 중 하나이다. 이러한 질문은 대개 지나치게 고위험군을 사례관리 클라이언트로 선정하면서 생긴다. 자해나 타해의 위험이 있거나 지역사회에 고립·방치되어 있는 위기가구에 대한 사례관리를 시작하면서 서비스 거부, 사례관리자의 안전 확보가 이루어지지 않았어도 접근방법을 모색해야 하는 경우이다. 이러한 사례는 과연 이들에게 자기결정권을 얼마나 존중해야 하는지에 대한 고민을 제기한다. 즉, 고위험군의 사례는 자해와 타해의 위험이 있고, 서비스 거부로 인해 더 이상의 개입이 어려우며, 삶이 더욱 열악해지거나 문제가 심화될 가능성이 높다. 그러다 보니 사례관리자는 사례관리의 주요 원칙을 적용하는 데 어려움을 느끼고, 심지어 윤리적 딜레마로 인식하게 된다.

그러나 사회복지 서비스 대상의 유형 및 접근방법의 차이를 고려한다면, 이렇듯 고위험군에 대한 자기결정권이나 자율성을 존중한다는 것이 최선이 아님을 알 수 있다. 자기결정권은 그것을 행사하는 것이 자신에게 궁극적으로 해를 끼치지 않아야 하며, 특히 자해나 타해의 위험을 가중하는 자기결정권을 존중한다는 의미가 아니기 때문이다. 즉, 대개의 고위험군은 자해나 타해의 위험을 줄이고 안전을 확보하는 것이 1차적인 목적이며, 이를 위해서는 서비스의 통합성보다는 위기안정화를 위한 특정 서비스나 특정 개입(예: 강제 혹은 긴급 입원, 즉각적 분리 등)이 집중적으로 제공되어야 한다. 따라서 이 경우 클라이언트의 서비스에 대한 선택권을 확보하거나 자기결정권 등 자율적인 서비스에의 참여보다는 전문가의 판단에 의한 보호가 우선시될 수밖에 없다. 그러나 자신의 판단과 서비스에 대한 선택권이 강조되는 대다수의 클라이언트

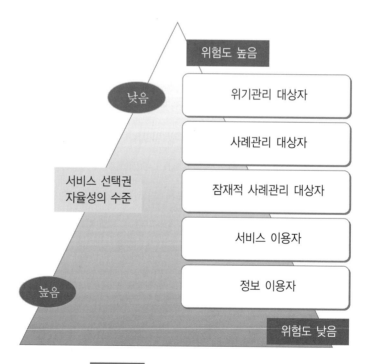

그림 4-2 서비스 대상별 자율성 수준

에 대해서는 기존 서비스 이용자로서의 권리를 보장하기 위한 노력을 지속해야 한다. 즉, 클라이언트의 위험도에 따라 서비스 선택권의 보장, 자율성의 수준이 달라질 수 있음을 도식화하면 [그림 4-2]와 같다.

2. 초기면접

1) 초기면접의 의미 및 중요성

초기면접 과정에서는 초기면접을 포함하여 사례관리의 의미 및 주요 단계를 설명하는 과정, 사례관리자와의 관계형성 과정, 좀 더 세부적인 삶의 상황을 이해하는 데 필요한 정보의 수집을 위한 과정을 모두 포함한다.

초기면접을 포함한 모든 상담의 과정에는 효과적인 의사소통이 필요하다. 이에 효과적인 의사소통 방법뿐만 아니라 의사소통의 기본 한계에 대한 인식도 중요하다. 즉, 훌륭한 의사소통 기술인 경청과 면접의 기술은 사회복지실천에서 필수적이다. 하지만 민감하고 목적이 분명해야 하는 동시에 타인의 세계를 보는 일이 본질적으로 불확실할 수밖에 없다는 사실을 이해하여야 한다.

초기면접을 통해 이해하게 된 클라이언트의 삶의 모습은 새로운 정보에 의해 끊임없이 다른 모습으로 그려질 가능성이 높기 때문에 새로운 정보를 유연하게 받아들이며 자신은 다만 지금 파악한 정보의 범위 안에서 제한적으로 클라이언트를 인식하고 있을 뿐임을 인정해야 한다. 그렇지 않을 경우 사례관리자는 클라이언트에 대한 제한적인 정보로 클라이언트의 삶을 규정하고 진단하게 됨으로써 새로운 정보를 받아들이지 못하거나 제대로 활용하지 못할 수 있다. 특히 사례관리의 과정이 초기면접-사정 등의 순으로 진행되지만 매회의 접촉을 통해서 주요 과정은 순환적이고 통합적으로 전개된다는 측면에서 초기면접 과정에서 확보한 제한된 정보로 형성된 클라이언트에 대한 인식이나 평가에 매몰되지 않도록 노력해야 한다.

2) 동의 및 계약

잠재적 사례관리 클라이언트로 선정한 후에는 실제 접촉을 통해 사례관리 서비스가 있다는 사실을 알리고, 이러한 작업 과정에 동참할 것을 권유하며 필요한 동의 및 계약절차를 수행한다.

사례관리 과정에서 동의 및 계약의 절차를 중요하게 여기는 이유는 다음과 같다. 우선 사례관리 클라이언트의 문제해결이나 변화, 욕구충족 과정은 장기적인 접근이 필요한 경우가 많기 때문이다. 즉, 이 긴 과정에서 클라이언트의 자발적 참여나 변화를 위한 노력 없이 서비스 제공기관의 일방적인 자원연결이나 변화목표를 달성하는 데 기여하지 못하는 자원의 반복적인 제공은 실제적 변화를 이끌어 내지 못한다. 심지어 클라이언트의 의존성을 심화시킬 위험성도 있다. 따라서 사례관리 클라이언트가 선정되면 사례관리의 의미, 사례관리의 주요 진행방식 등에 대한 구체적인 설명과 함께 이러한 과정에 협력적인 노력을 기울이는 것의 중요성 등을 함께 설명해 주어야 한다.

사례관리 과정을 개시하기 전에 동의 및 계약절차가 필요한 또 다른 이유는 사례관리 과정에는 사례관리자의 자원연결을 위한 노력은 물론, 사례관리 클라이언트가 제공되는 자원을 이용하는 데에도 많은 에너지와 노력이 투입되기 때문이다. 일반적으로 서비스 제공자는 국가 혹은 사회가 클라이언트의 문제해결을 위해 노력하고 또 다양한 서비스 제공을 하고 있음에도 사례관리 클라이언트가 '주는 서비스도 적절히, 혹은 성실히 이용하지 못하는 것'에 대해 비판적 시각을 가지는 경우가 많다. 하지만 아무리 무료 서비스라 하더라도 사례관리 클라이언트의 입장에서는 서비스 제공계획을 따르는 것에 많은 에너지가 필요하며, 제공되는 서비스를 받기 위해서는 시간을 들여야 하므로 계획대로 움직이는 것이 쉽지 않다.

더군다나 사례관리 서비스의 의미, 방향, 주요 목적에 대한 충분한 이해가 없다면 단순히 국가나 사회복지기관이 일방적으로 제공하는 것을 소극적으로 받는 과정으로만 이해하게 될 것이다. 그렇게 되면 사례관리라는 과정을 통해 제공되는 서비스를 부적절하게 이용하거나 서비스의 효과를 담보할 수 없게 된다. 따라서 사례관리의 과정은 국가나 복지기관이 일방적으로 서비스를 제공하는 과정이 아닌 사례관리 대상가구의 어려움이나 문제상황을 해결하기 위해 함께 노력하고, 클라이언트의 노력을 지원하기 위한 과정임을 분명히 해야 한다.

3) 초기면접 과정의 기록

사례관리자는 초기면접 과정에서 〈초기면접지〉와 〈사례관리 이용 동의서〉를 작성하게 된다.

- 초기면접자의 과업은 서비스 요청에 대한 정보를 수집하여 클라이언트가 본 복지기관의 사례관리 서비스 대상으로 적합한지 그렇지 않은지를 판정하는 것이다.
- 〈초기면접지〉는 클라이언트의 인구학적 정보, 도움요청 내용 그리고 사례관리 클라이언트 선정 여부와 관련한 면접자의 종합의견으로 구성된다.
- 초기면접은 클라이언트를 직접 면접하여 작성하는 것을 원칙으로 하며

가능한 한 가족 및 의뢰인 역시 면접하도록 한다.

- 〈초기면접지〉는 먼저 클라이언트가 직접 작성하도록 안내하는 것도 좋은 방법이다. 즉, 인구학적 정보뿐만 아니라 도움요청 내용 역시 클라이언트가 직접 작성하게 한 후 그 내용을 바탕으로 면접을 진행하면서 정보를 수정·보완하며 기록을 완성해 나갈 수 있다.

- 의뢰인의 요구를 기록하는 것은 빼놓을 수 없다. 의뢰인의 의뢰 사유는 클라이언트가 진술하지 않는 주요한 과제를 포함할 수도 있고 때로 클라이언트가 지역사회와의 관계에서 풀어 나가야 할 문제를 제시해 줄 수 있다. 예를 들어, 동 협의체 위원이 의뢰한 사례가 마을주민들과 오랜 갈등이 있어서 이웃들이 떠나기를 간절히 바라는 가정일 수 있다. 이러한 상황을 클라이언트가 인정하지 않더라도 주민들과의 갈등을 해결하는 것이 클라이언트에게 주요한 과제임을 알 수 있고 나아가 의뢰인을 사례관리 실행 과정에 자원으로 참여하도록 요청할 수 있다.

- 초기면접에 참여한 클라이언트의 도움요청 내용은 진술자의 표현을 원형 그대로 기록하는 것이 좋다. 클라이언트의 표현에 대해 사정할 경우 표면적으로 드러난 '요구(want)' 이면에 숨겨진 '욕구(need)'를 발견하는 데 도움이 된다. 또한 초기면접에서 나눴던 질문과 대답을 사정 상담에서 반복하는 수고를 덜 수도 있어 전문가들의 일관성 있는 서비스 제공에 대한 신뢰를 얻는 데 도움이 된다.

- 면접자는 초기면접을 통해 사례관리 클라이언트로 판단되는 경우 클라이언트에게 사례관리 과정 참여에 대한 〈사례관리 이용 동의서〉를 설명하고 작성을 요청한다.

- 초기면접자는 〈초기면접지〉와 〈사례관리 이용 동의서〉를 기반으로 사례회의에 상정하여 사례관리 등록 여부를 결정한다. 이 결정 과정은 기관의

운영방식에 따라 다를 수 있다.

- 대상으로 판정되면 사례관리자가 배정되어 사정 단계로 진행한다. 비대상으로 판정한 경우 필요한 정보제공 또는 적절한 서비스로 연계한다. 초기 단계에서 실행되는 연계는 '서비스 의뢰서'를 사용하지 않아도 되지만 구체적인 대상기관과 담당자에게 직접 연결하여 서비스가 지속되도록 하여야 한다.

(1) 초기면접지 작성법

- **면접자**: 사례관리자 또는 기관 내 초기면접을 담당하는 직원에 의해 작성될 수도 있다.
- **면접 참여자**: 클라이언트와 초기면접에 참여하여 정보를 제공한 사람들을 모두 포함한다. 클라이언트, 가족원, 이웃, 의뢰인 등
- **장소**: 초기면접이 실시된 장소를 기록한다.
- **의뢰경로**: 의뢰경로와 의뢰인의 이름, 기관명, 연락처를 기록한다.
- **장애 유형/등급**: 법적 장애인으로 등록된 경우 유형과 등급을 표시한다.
- **가족사항**: 클라이언트를 포함한 가족과 현재 동거인을 모두 기록한다.
- **도움요청**: 클라이언트와 가족이 진술하는 어려움과 도움을 요청하는 내용을, 진술한 원형인 구어체로, 진술한 순서에 따라 기록하도록 한다. 주관적인 도움요청 내용을 기술한 후에 그와 관련하여 면접자가 추가로 확인한, 즉 가정방문을 통해 관찰하거나 의뢰자 등 기타 정보원으로부터 수집된 객관적인 정보를 추가로 기록한다. 의뢰인을 포함한 기타 유의미한 타인이 제시한 요청 또는 사례관리자가 초기면접 과정에서 관찰한 내용을 기록한다. 각각의 정보는 출처가 누구인지 함께 기록하여야 한다.
- **면접자 종합의견**: 면접자는 클라이언트의 진술과 조사된 정보 및 클라이언

초기면접지

접수번호		일시	
면접자		장소	□가정　□내방
면접 참여자			□지역사회기관(　　　　　　　　　) □기타(　　　　　　　　　)

의뢰경로	□본인 요청(　　　　　　　　)　　　□사례관리자의 발굴 □기관 내부 의뢰(　　　　　)　　　□타 기관 의뢰(　　　　　) □주민 의뢰(　　　　　　　)　　　□기타(　　　　　　)

클라이언트	(남/여)	생년월일	
주소		전화번호	
장애 유형/급		건강상태	□양호 □질환(　　　　　　　)

보호 유형	□수급 □저소득/차상위 □한부모지원가정 □기타(영유아보육료지원, 보훈 등) □의료급여 1종, □의료급여 2종 □건강보험 □기타
주거 유형	□자가 □전세(보증금_____만원) □월세(보증금 ____만원/월____만원) □임대주택 □기타(　　　　　)
가구 유형	□소년소녀가구 □청장년1인가구 □독거노인가구 □한부모가구 □부부중심가구 □노인부부가구 □장애인가구　□조손가구　　□새터민가구 □공동체가구 □기타(　　　　　)

가족사항	관계	성명	출생 연도	결혼 상태	동거 여부	학력	연락처	장애 여부	건강 상태	기타

도움 요청	클라이언트	
	가족	
	의뢰인 및 기타	

면접자 종합의견		
	대상판정	□대상(□긴급/□일반) □비대상(□정보제공/□연계:　　　)

트의 문제해결 기능을 요약하고 사례관리 서비스 제공의 필요성 및 위험
성에 대한 분석을 기반으로 사례관리 제공 필요성에 대해 논리적으로 기
록한다.

- 대상판정: 본 기관의 사례관리 서비스 대상으로 적합한지 그렇지 않은지
를 판정한다. 이 양식에서는 먼저 대상과 비대상으로 사례 유형을 분류하
였다. 사례관리 서비스 대상으로 판정된 경우 클라이언트의 도움요청 내
용에 따라 긴급 개입 및 일반 개입 여부를 판정한다. 비대상으로 판정된
경우에는 타 기관 및 서비스에 대한 정보를 제공하거나 연계하며 연계된
기관/부서를 기록한다.

(2) 사례관리 이용 동의서 작성법

- 초기면접을 통해 사례관리 클라이언트로 판단되는 경우 면접자는 본 기
관에서 실행되는 사례관리 서비스의 과정 및 내용에 관해 다시 구체적으
로 설명하고 〈사례관리 이용 동의서〉를 함께 작성한다.
- 면접자는 서비스 소개를 위해서 기관안내문과 사례관리 안내문 및 그에
준하는 문건을 사용하여 최대한 자세하고 쉬운 말로 설명하여야 한다. 설
명 후에는 문건을 클라이언트에게 제공한다.
- 〈사례관리 이용 동의서〉에는 이후 진행될 사례관리 과정이 사례관리자
및 기관과 클라이언트가 상호 협력하는 과정이라는 점이 강조되며, 특히
사례관리기관의 전문 서비스 제공 및 비밀보장에 대한 책임과, 클라이언
트의 정보제공 및 적극적 참여의 책임에 대한 상호 동의가 포함된다.
- 면접자는 클라이언트 또는 후견인에게 동의서의 내용을 설명하고 충분히
이해하였다고 생각되면 이름을 기록하고 직접 서명하도록 안내한다.
- 동의서는 두 장을 서명하여 사례관리자와 클라이언트가 각각 한 부씩 보

사례관리 이용 동의서

성 명	(남/여)	생년월일	
주소		전화번호	

□ 본 사회복지관의 사업 및 사례관리 서비스에 대해 설명해 드리겠습니다.

□ 본 사회복지관은 귀하의 사회복지 요구를 해결하기 위해 최선의 사례관리 서비스를 제공하도록 노력하겠습니다.

□ 아래의 목적 이외에 귀하의 개인적인 정보가 노출되지 않도록 하겠습니다.

○○종합사회복지관장   (인)

□ 본인은 귀 종합사회복지관에 관한 소개와 사례관리 서비스의 과정 및 내용에 대한 설명을 충분히 듣고 이해했습니다(필수) ········ ( )

□ 본 동의서 작성일로부터 귀 복지관에서 제공하는 사례관리 서비스를 제공받는 것에 동의합니다(필수) ········ ( )

□ 사례관리 서비스를 위해 필요한 정보를 제공하는 등 제반 활동에 함께 참여하겠습니다(필수) ········ ( )

□ 본인과 관련된 정보가 서비스의 질적 향상과 전문가 양성을 위한 교육 및 학문적 목적을 위해서 사용되는 것에 동의합니다(선택) ········ ( )

20_____ 년 ___ 월 ___ 일

성명 :   (인)

☑ 개인정보 활용 동의서 예시

통합사례관리 서비스 제공을 위한 개인정보 수집 · 이용, 제공 동의서

본인은 통합사례관리 서비스 제공을 위하여 아래와 같이 개인정보를 수집 · 이용 및 제공하고자 합니다. 내용을 자세히 읽으신 후 동의 여부를 결정하여 주십시오.

☐ 개인정보 수집 · 이용 내역

항목	수집목적	보유기간
성명, 성별, 전화번호, 주소, 개인이력, 생활상 문제점, 가족구성원과의 관계 등	통합사례관리 서비스 제공	년

※ 위의 개인정보 수집 · 이용에 대한 동의를 거부할 권리가 있습니다.

　그러나 동의를 거부할 경우 원활한 서비스 제공에 일부 제한을 받을 수 있습니다.

☞ **위와 같이 개인정보를 수집 · 이용하는 데 동의하십니까?** (예, 아니오)

☐ 개인정보 제3자 제공 내역

제공받는 기관	제공목적	제공하는 항목	보유기간
사례회의 참석자(기관) 또는 서비스 제공기관	통합사례관리 서비스 제공	성명, 성별, 전화번호, 주소, 개인이력, 생활상 문제점, 가족구성원과의 관계 등	년

※ 위의 개인정보제공에 대한 동의를 거부할 권리가 있습니다.

　그러나 동의를 거부할 경우 원활한 서비스 제공에 일부 제한을 받을 수 있습니다.

☞ **위와 같이 개인정보를 제3자 제공하는 데 동의하십니까?** (예, 아니오)

년　월　일

본인　　　성명　　　　　　　(서명 또는 인)

법정대리인　성명　　　　　　　(서명 또는 인)

○○○시 · 군 · 구청장, 사회보장정보원장 귀하

출처: 희망복지지원단 양식

관한다.

- 「개인정보 보호법」에 의거하여 〈개인정보활용 동의서〉를 별도로 작성한
  다. 이 문서는 초기면접 이후 전체 과정에서 제공된 정보의 활용에 대한
  동의를 취득하기 위한 것이다.

3. 사정

1) 사정의 개념

사정(assessment)이란 사례관리자와 클라이언트가 함께 클라이언트의 욕구
에 관한 정보를 수집하고, 분석하고, 우선순위를 정하고, 종합화하는 과정이
다. 즉, 사정은 클라이언트의 욕구를 확인하고, 그 욕구를 충족시키기 위한 방
법이나 전략을 개발하고, 구체적으로 제공할 서비스를 결정하기 위해 필요한
정보를 얻고 분석하는 과정이다. 다양한 정보원에게서 얻은 정보를 클라이언
트가 경험하는 어려움의 원인과 해결방안, 과거-현재-미래의 연관성 등으로
분석하여 일종의 가설을 수립하기 위한 과정으로서, 이는 모든 원조 과정의
근본이며 사례관리의 핵심과정이다.

클라이언트의 삶을 더 객관적이고 밀착적으로 이해하기 위해 사례관리자는
정보의 양뿐만 아니라 정보의 다각화도 고려해야 한다. 즉, 클라이언트나 주변
인물, 서비스 제공자가 제시하는 진술정보뿐 아니라 서면화된 정보(심리검사기
록, 건강진단기록, 재산증명, 서비스 제공기록 등), 클라이언트의 행동이나 대인관
계, 가정상황 등에 대한 관찰정보 등 다각화된 정보를 수집해야 한다. 특히 정
보원 간의 정보 내용이 불일치할 경우, 이것이 무엇을 의미하는지를 파악하는

것은 사정 과정에서 사례관리자가 파악해야 하는 핵심 과업이기도 하다.

이러한 정보를 종합하여 클라이언트가 어떠한 삶을 살아왔는지, 현재와 같은 어려움을 겪게 된 계기와 이러한 어려움을 극복하기 위해 어떤 노력을 기울여 왔는지, 그리고 그 노력의 결과인 현재 삶의 모습은 어떠한지를 종합적으로 조망하는 과정이 필요하다. 즉, 사정은 현재 클라이언트의 문제를 확인하고 그것을 해결하기 위한 도움이나 서비스의 내용을 결정하는 것에 국한된 것이 아니라 클라이언트의 삶을 종합적으로 이해하기 위한 과정임에 좀 더 초점을 두어야 한다.

2) 욕구

욕구(need)란 사전적 의미로는 필요, 곤란, 빈곤, 결핍 등을 의미한다. 특히 사회복지적 정의를 내린다면, 욕구는 개인이 수용할 수 있는 수준의 사회적 독립 또는 삶의 질을 달성하고 유지하고 비축할 수 있도록 하는 데 필요한 것(Social Service Inspectorate, 1991)이다. 또한 욕구란 특정 프로그램이나 서비스를 제공해야 할 필요성, 즉 개입의 필요성이며, 개입을 통해 변화를 도모해야 할 클라이언트의 상황에 대한 가설을 수립하는 과정이라고 정의할 수 있다. 따라서 욕구는 변화목표, 성과와 직접적인 관련을 가지며, 서비스 자체에 대한 요구(demand, want)와는 구분되어야 하는 개념이다.

그러나 현실은 어떠한가? 자신의 욕구를 직접적으로 표현하는 클라이언트는 거의 없다. 대개의 경우 자신의 고통이나 어려움에 대한 진술에서 출발하며, 경우에 따라서는 이마저도 제대로 진술하지 못하고 심지어 감추기도 한다. 따라서 다양한 정보를 종합하여 클라이언트가 겪는 어려움의 해결방안으로 클라이언트가 제시하는 요구사항의 의미를 탐색해야 한다. 그 과정에서 사

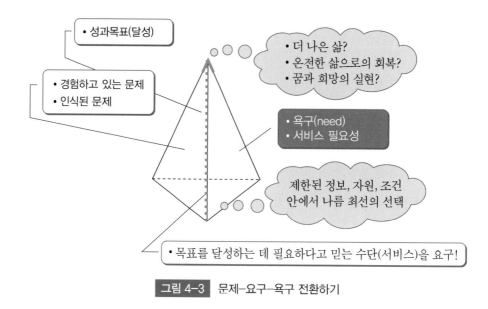

• 성과목표(달성)

• 더 나은 삶?
• 온전한 삶으로의 회복?
• 꿈과 희망의 실현?

• 경험하고 있는 문제
• 인식된 문제

• 욕구(need)
• 서비스 필요성

제한된 정보, 자원, 조건
안에서 나름 최선의 선택

• 목표를 달성하는 데 필요하다고 믿는 수단(서비스)을 요구!

그림 4–3   문제–요구–욕구 전환하기

례관리를 통해 해결해 나가야 할 개입의 결과목표이자 클라이언트의 욕구충족 상태를 만들기 위한 방안을 찾기 위한 노력이 이어지게 된다.

이를 도식화하면 [그림 4–3]과 같다. 클라이언트가 제시하는 문제나 직접적으로 요구하는 서비스 자체에만 초점을 두는 것이 아니라 도형의 또 다른 면인 문제나 서비스 요구의 이면에 있는 욕구를 탐색할 필요가 있다. 또한 클라이언트의 서비스 요구는 제한된 정보나 자원을 가진 사람이 선택할 수 있는 최선의 방법일 수 있음에 주목해야 한다. 따라서 사례관리자는 클라이언트의 요구나 희망을 그대로 들어주는 역할이 아니라 그 의미를 이해하고 더 나은 대안을 찾아 주는 데서 전문성을 발휘해야 한다. 비록 클라이언트의 요구나 희망사항이 물질적 자원이나 특정 서비스에 국한되어 있더라도 궁극적으로 더 나은 삶, 온전한 삶의 회복을 지향하는 쪽으로 나아가도록 이끌어야 한다.

3) 욕구사정의 기능

사정은 구체적인 서비스 계획에 대한 정당성을 확보하는 데 중요하며, 정당성의 근거가 된다. 따라서 사정은 전 과정에서 클라이언트의 적극적 참여를 기반으로 협력적, 상호의존적 관계하에서 이루어져야 할 뿐만 아니라, 이를 객관화하고 분석적으로 종합·정리하기 위해 사례관리자의 전문성에 기초한 독립적, 성찰적 반성(reflection)이 필요하다.

또한 전문적이고 포괄적인 사정의 과정은 클라이언트의 상황이나 자원에 대한 가능성의 탐색과 재인식, 변화에의 동기화 수준 등을 탐색하는 과정 그 자체로 개입이 되기도 하며, 나아가 변화목표를 달성하도록 이끄는 힘이 될 정도로 중요하다. 따라서 사정의 과정에는 상호 신뢰를 발달시키고 협력관계를 촉진하기 위한 기술이 필요하다.

욕구사정의 주요 기능은 문제 혹은 서비스에 대한 요구를 욕구로 전환시키는 것이다. 즉, 사정을 통해 분석된 정보는 욕구를 중심으로 정리된다. 그렇다면 욕구사정이란 어떤 서비스가 필요한가를 결정하는 전 단계로, 클라이언트가 경험하고 있는 문제나 일반적으로 문제라고 인식되는 상황에 대한 정밀한 분석을 통해 변화의 방향이나 변화의 목표를 설정하기 위한 단계라 할 수 있다. 〈표 4-2〉는 욕구사정이 변화목표의 설정 및 실행계획으로 연결되는 체계적인 수행 과정을 정리한 내용이다.

이와 같이 사정은 복잡한 과정이기 때문에 전문 훈련이 필요하다. 사회복지 서비스가 필요한 취약한 사람들의 사회적 기능수준에 대한 사정은 단순한 측정도구만으로는 확인하기 어려운 복잡성을 띠고 있으며, 이와 관련해 다양한 도전적 과제가 발생한다. 즉, 사정의 영역이나 활용해야 할 정보원, 사정 과정에 참여시킬 대상, 참여가 필요한 관련 전문가의 지속적인 참여 확보 가능성

〈표 4-2〉 문제-요구-욕구-사정-개입목표-서비스 계획

	(제시된) 문제(problem)	요구(demand)/바람(wish)	욕구(need)
정의	• (클라이언트가 언어적으로 표현/표현하지 않더라도, 또한 부정/왜곡된 인식을 하고 있더라도)물질적, 정신적, 사회적, 제도적 결함 혹은 결핍으로 인해 나타나는 생활상의 어려움	• 클라이언트가 자신의 문제해결 혹은 욕구를 충족하는 데 도움이 된다고 믿고 있거나 가능한 방법이라고 알고 있어서 도움을 요청하는 내용(자원이나 서비스의 형태)	• 상식적 혹은 사회적 삶의 기대수준과 현재 상태의 차이로 나타난 결핍 혹은 부족한 상황을 내외적 자원이나 서비스를 통해 해결 혹은 충족되어야 할 필요가 있는 상태(필요성) • 욕구는 서비스가 아닌 결과목표와 밀접한 관련을 가짐

	사정평가
	• 사정평가는 면접 및 다각적인 정보원을 통한 정보를 분석하여 종합화하고 각각의 정보가 갖는 의미와 정보와 정보 간의 관계에 대한 분석적 이해를 해 가는 과정임 • 클라이언트의 어려움/문제와 관련한 정보(원인, 문제가 드러나는 형식과 관련한 정보, 문제의 결과로 야기된 현 상황과 관련한 정보 등), 클라이언트의 특성과 클라이언트를 둘러싼 생태체계적 환경의 특성과 관련한 정보(내적인 수준의 강점과 외부적 자원, 목표달성을 위한 방법에 접근하는 데 부정적인 영향을 주는 내·외부적 장애물에 대한 정보) 등을 종합적으로 분석하여 하나의 논리적 설명이나 가설을 만들어 가는 과정임

(합의된 개입) 목적 ☞ 목표	서비스 계획
• 다양한 차원의 욕구 중에서 계획된 일정 안에 충족/달성할 수 있으며, 클라이언트가 우선시하는 욕구 영역을 중심으로 개입목적 및 목표를 수립함 • 도출된 욕구가 전부 개입목표로 선정될 수도 있고 일부만 채택하게 될 수도 있음 • 목적: (일정 기간 동안의 노력을 통해) 욕구가 충족되어 기대해 볼 수 있는 추상적인 수준의 변화 상태 • 목표: 계획된 기간에 달성할 수 있는 변화 상태의 구체적인 수준	• 목적 및 목표를 달성하는 데 효과적인 방법이나 수단으로서의 자원이나 서비스 제공계획을 수립함 • 목표달성에 방해가 되는 장애물을 제거하는 데 필요한 노력도 투입 • 목표달성을 위한 투입 노력을 설계할 때 사례관리자의 역량+지역사회 자원+클라이언트의 역량을 모두 포함시켜 활용할 수 있는 방안을 마련함 • 필요시 클라이언트, 사례관리자, 지역사회의 역량을 강화하기 위한 노력도 계획안에 포함시킬 수 있음

	(제시된) 문제(problem)	요구(demand)/바람(wish)	욕구(need)
예시 1	• ("우리 아이가 잔병치례가 너무 많아서 걱정이에요.") 아이의 건강 상태가 심각하게 나빠 보임	• ("집에서 해결할 일이 아니라 병원에서 치료받아야 한다고 믿고 있기 때문에/주변에서 이런 상태의 아이를 집에서 방치하면 큰일 난다고 조언해 주었기 때문에 병원치료를 받고 싶어요. 그런데 병원비가 없어요.") "병원비 좀 지원해 주세요."	• 건강 회복의 욕구 • 정상 발달의 욕구

	사정평가
	• 현 상황이 병적 상태인지 확인하기 위한 의료적 검사가 필요한 것인지, 병적 상태가 아니라면 균형 잡힌 식사를 제공할 필요가 있는 상황인지, 치료가 필요한 경우라면 어떤 치료를 어떠한 방식으로 치료 서비스를 제공/연결할 수 있는 것인지, 치료를 위한 장애물로서의 경제적 어려움을 해결하기 위해 치료비 지원이 필요한 상황인지에 대해 다각적으로 검토하여 최적의 대안을 마련하기 위한 작업을 함

(합의된 개입) 목적 ☞ 목표	서비스 계획
• 목적: 자녀의 건강 회복 ☞ 목표: 6개월 내에 현 수준보다 병원치료 일수 30% 감소 • 목적: 정상 발달 수준의 달성 ☞ 목표: 1년 내에 정상 발달 기준표의 정상 발달 범주 안에 들기	• (6개월 이내에 현 수준보다 병원치료 일수를 감소시키는 데 적절한 건강 회복을 위한 방법이나 수단이라고 판단되고, 현실적으로 제공 가능한) ○병원의 ○치료 • (발달 촉진을 위한) ○○ 아동발달 클리닉의 ○○ 프로그램 연결/(일상생활에서 발달을 촉진할 수 있는) 부모교육/훈련 실시

	(제시된) 문제(problem)	요구(demand)/바람(wish)	욕구(need)
예 시 2	• ("우리 아이가 공부를 못해서 큰일이에요.") 학교성적 하위권임	• ("공부에 뒤처지지 않았으면 좋겠어요. 나처럼 살지 않기 위해서는 성적을 더 올려야 해요."/ "공부를 못하니 아이가 위축되는 것이 마음 아파요."/ "아이가 정서적으로 불안정해서 공부에 집중을 못해요. 도움이 필요해요." "내가 직접 가르칠 수는 없고 지역아동센터의 서비스만으로는 부족해요.") "학원비 좀 지원해 주세요."	• 자존감 회복의 욕구 • 학업능력 향상의 욕구

사정평가
• 정서적 불안의 원인 파악 및 분석된 원인에 걸맞게 정서적 안정이나 자존감 회복을 도모하기 위한 방안을 모색하는 전체 과정에 이르는 다양한 정보를 조직화하여 현 상황 및 장기전망을 위한 가설적 설명을 해 나가는 작업을 함 • 성적이 나쁜 원인에 대한 정밀한 분석을 함 • 정서적 안정 혹은 자존감 회복이 된다면 파생효과로서 학업능력 향상을 기대해 볼 수 있는지, 기초학습능력이 부족한 경우라면 기초학습능력을 키우기 위한 개별화된 접근이 필요한 것인지에 대한 분석적 설명을 도출함

(합의된 개입) 목적 ☞ 목표	서비스 계획
• 목적: 자존감 회복 ☞ 목표: 9개월 내에 (자존감 척도를 활용하여) 30% 이상의 자존감 향상됨 • 목적: 학업능력 향상 ☞ 목표: 6개월 내에 현재 평균성적보다 30% 향상	(심리상담 서비스를 누가 제공하는 것이 현 상황에서 가장 적절할 것인가에 대한 검토 통해 해당 서비스 제공자/제공기관 결정) ○ 심리상담 서비스 제공 (사정평가의 결과에 따라) ○ 학습진단 검사의뢰 혹은 사례관리자가 시행함 → (검사 결과 학원을 통해 학습관리가 필요한 경우) 학원비 지원 → (더 개별화된 접근을 위해서) 대학생 자원봉사자 연결

(제시된) 문제(problem)	요구(demand)/바람(wish)	욕구(need)
• ("남편이 술을 너무 많이 마시고 나와 아이들을 때려서 무서워요.") 가정폭력으로 신고된 적 있으며 학대의 증거 있음	• ("이러다가 무서운 일이 벌어질 것 같아요." "아이들과 제가 맞지 않게 해 주세요." "남편이 술을 안마시면 우울해하고 잠도 못 자요." "그런데 남편의 버릇이 안 고쳐질 것 같아요.") "이혼할 수 있게 도와주세요." 또는 "친정(예: 베트남)으로 아이를 보내게 해 주세요."	• (남편의) 건강 회복의 욕구 • (자녀의) 안전 확보의 욕구 • 안정적 결혼생활의 욕구

사정평가
• 불면증의 원인 및 치료방법을 모색하고, 치료방법에 대한 부정적 정서가 장애물로 작용하고 있음을 확인함 • 폭력의 수준에 따라 심하지 않은 경우 남편의 정서적 문제해결 통해 폭력완화 효과를 기대해 볼 수 있는 것인지, 이 방법이 여의치 않을 경우 안전하고도 안정적 결혼생활을 목표로 하기에는 장애물이 너무 많다면 물리적 분리를 위한 방안을 모색할 필요가 있는 것인지에 대해 종합적으로 분석함

(예시 3)

(합의된 개입) 목적 ☞ 목표	서비스 계획
• 목적: (남편의) 건강 회복 ☞ 목표: 6개월 내에 남편의 불면증이 해소됨 • 목적: (자녀의) 안전 확보 ☞ 목표: 3개월 내에 자녀폭력 빈도가 70% 이상 감소됨 • 목적: 안정적 결혼생활 ☞ 목표: 6개월 이내에 가족폭력이 일어나지 않음. 폭력 없는 생활이 3개월 이상 지속됨	• (불면증의 원인 및 치료방법 모색을 위한) ○○ 정신과 상담 • (정신과에 대한 남편의 부정적 정서가 많아) ○○ 복지관의 상담 서비스 연결 • (접근금지 명령을 통해 안전 확보하기 위한) 법적 지원 • (남편의 정서적 문제해결 통해 폭력완화 효과를 기대해 보거나 이 방법이 통하지 않을 경우 안정적 결혼생활이라는 목표수정 필요) 이혼을 위한 법적 지원

(제시된) 문제(problem)	요구(demand)/바람(wish)	욕구(need)
• ("남편이 생활비를 안 줘요." "돈을 벌어야 해요.") 그러나 실제 기초적인 생활은 해결되고 있음	• ("가정 경제관리 권한이 없는 삶이 불안해요." "이러다 버림받으면 난 어떻게 해요?" "내가 힘을 갖기 위해서는 경제적으로 독립하는 수밖에 없을 것 같아요.") "일자리 좀 소개해 주세요."	• 부부간 신뢰관계 회복의 욕구 • 평등한 부부관계 회복의 욕구 • 안정적 결혼생활의 욕구

예시 4

사정평가

• 남편이 부인에게 생활비를 맡기면 가출 등 결혼생활이 깨질 것을 염려하여 경제력을 가지지 못하게 한 경우였음. 즉, 서로가 안정적 결혼관계를 유지하고 싶은 욕구에 의한 것임을 알 수 있도록 하기 위한 작업이 필요한 것으로 분석됨

(합의된 개입) 목적 ☞ 목표	서비스 계획
• 목적: 평등한 부부관계 회복 ☞ 목표: 3개월 이내에 남편이 가정사, 특히 경제상황에 대한 정보 공유 및 생활비 중심의 경제권을 줌	○○ 상담센터에서 부부상담 실시

등 예측하거나 통제하기 어려운 요소가 많이 내포되어 있다. 그중에서도 가장 중요한 것은 결국 클라이언트와 사례관리자의 협력관계라 할 수 있다. 즉, 심리정서적 혹은 사회적 기능이 취약한 클라이언트는 사정에 필요한 최소한의 신뢰나 자기노출이 어렵고, 자신의 고통스러운 경험을 회상(recall)하는 데서 오는 스트레스 등을 감당하기 어려울 수 있다. 이러한 이유에서 사정 과정에서 신뢰관계 형성이 중요하며, 관계를 형성하고 유지하는 데 전문적 기술과 시간을 투자해야 한다.

대개의 경우 사정은 이러한 중요성이 간과되고 실제적 개입이라는 본론으로 들어가기 위해 거쳐야 하는 형식적이고 기계적인 과정으로 간주되기 쉽다.

사정이라는 것이 개입의 전 단계로 종료되는 것이 아닌 지속적인 과정이며 실제적인 개입에도 막대한 영향을 미친다는 점에서, 사정은 '서론'이 아니라 '본론'으로 간주되어야 한다. 더불어 클라이언트의 특성에 따라 사정의 기간이나 중요도, 비중이 차별적으로 다루어져야 함을 명확히 인식해야 한다.

4) 욕구사정하기

(1) 욕구사정 영역

욕구 영역에 대한 구분은 학자별로 차이는 있지만 대체로 삶을 살아가는 데 필요한 혹은 확보되어야 할 다양한 영역이 포괄적으로 제시된다. 욕구 영역이란 서비스 제공계획을 위해 유용한 것일 뿐, 개인의 삶에서는 구분하기 어려울 정도로 영역 간에 서로 밀접한 관련을 가진다. 그럼에도 욕구의 영역을 구분하여 영역별로 어떠한 어려움을 겪고 있는지, 이러한 어려움을 극복할 수 있도록 어떤 노력을 기울일 것인지를 계획하는 데는 욕구 영역별 사정이 필수적이다.

욕구 영역 구분의 이러한 특성을 고려하여 욕구는 포괄적이고 통합적으로 사정되어야 한다. 이는 마치 의료적으로 전인적 치료, 인간 삶의 질 향상과 온전한 삶의 회복 측면을 고려하지 않고 신체 부위별 임상각과를 구분하여 접근하는 것의 한계로 비유할 수 있다. 따라서 욕구의 영역을 구분하고 영역별로 면밀하게 사정하는 것도 중요하지만 각각의 영역을 분절적으로 보지 않고 인간 삶의 전체성을 보기 위한 노력도 병행해야 한다.

(2) 욕구사정 방법

욕구사정은 사례관리의 목적에 충실해야 한다. 즉, 모든 사람의 삶의 질을 향상시키기 위해 개인과 사회가 서로 도움이 될 수 있도록 상호작용 방식을 개선하거나 향상시키는 것이 사례관리의 목적이라면, 사회복지사는 이러한 목적을 위해 개인-환경의 상호작용에 초점을 맞춘 생태체계적 사정을 해야한다. 즉, 클라이언트뿐만 아니라 비공식적 지지체계, 나아가 지역사회 환경에 이르는 다양한 차원에 대한 포괄적이고도 세밀한 사정이 요구된다. 그러므로 사례관리자는 사정 단계에서 다음과 같은 것을 포함하는 포괄적 사정활동에 집중한다(Moxley, 1993).

- 클라이언트의 능력과 대인 서비스 욕구에 대한 사정
- 클라이언트의 사회적 네트워크와 이러한 네트워크 구성원이 클라이언트의 욕구에 부응하는 능력에 대한 사정
- 대인 서비스 제공자에 대한 사정과 이러한 제공자가 클라이언트의 요구에 부응하는 능력에 대한 사정

사정은 〈사례관리 사정 결과표〉를 활용하여 사례관리 클라이언트의 욕구영역별 주요 문제점, 원인과 해결방안, 욕구충족에 활용 가능한 내외적 자원의 파악을 위해 심층적으로 조사·상담을 실시하는 과정이다. 사정은 현 상황에 대한 명확한 분석, 이후의 개입구조 및 구체적인 개입방안의 기본틀과 투입 자원을 추정하기 위한 과정으로서의 의미를 가진다.

사례관리자는 사례관리 클라이언트와 함께 클라이언트 및 그 가족의 안녕과 삶의 질 향상에 초점을 둔 강점 관점 사정이 이루어지도록 하며, 클라이언트와 그 가족에 대한 문화적 민감성을 가지고 상담에 임하여야 한다. 또한 클라이언트와 가족의 자발성 및 주관적 욕구에 기초하되, 사례관리자의 객관적·전문적 판단이 더해진 종합적·포괄적 사정이 이루어지도록 한다.

　사정은 1회적인 과정이 아니며 클라이언트와 가족의 욕구 및 상황 변화에 따라 정기적으로 재사정해야 한다. 정기적 사정은 기관이 설정한 기준에 따라 그 주기를 설정하되, 클라이언트와 가족의 욕구 및 상황 변화에 대한 서비스 계획의 수정이 요구되는 때는 수시로 수행한다.

　사정 내용을 토대로 보호계획이 수립되므로 현실적인 계획을 수립하기 위해서는 클라이언트와 가족의 의견에 기초하여야 하며, 가정방문을 통한 면접 상담을 1회 이상 실시하도록 한다. 또한 사례관리 클라이언트와 그 가족의 진술뿐만 아니라 클라이언트(혹은 대상 가구)의 이웃, 주변인, 친구, 친척, 지역사회 안의 사회복지 관련 기관이나 단체의 다양한 의견 및 관점을 종합해 현 상황을 객관적으로 파악한다.

5) 사정 과정의 기록

- 사정 단계에서는 욕구사정, 자원사정, 장애물 사정을 실시하여 〈사례관리 사정 결과표〉에 기록한다.
- 사례관리자는 사정 과정에서 수집한 정보를 클라이언트와 함께 분석한 결과를 목록형태로 〈사례관리 사정 결과표〉에 기록한다. 사정 과정에서 수집한 개인력, 가족력, 사회력 등의 정보는 〈사례보고서〉에 기록할 수 있다.
- 사정 단계에서부터 클라이언트와의 공식적인 사례관리 활동이 시작된다고 볼 수 있다. 따라서 사정을 위한 상담 및 방문과 관련한 내용을 〈사례관리 과정기록지〉에 함께 기록한다.
- 사정 목적의 가정방문을 위해서는 클라이언트와 가족에게 사전에 동의를 구하고 이 내용을 〈사례관리 과정기록지〉에 기록한다.
- 사정면담 과정에서 녹음을 하고자 할 경우 반드시 사전에 면담 참여자의

서면동의를 얻어야 한다. 이때 과도한 필기나 녹음기 등의 기구가 면담에 방해되지 않도록 주의한다.

- 초기면접이 이루어진 후 3주 이내에 사례관리 사정 및 계획이 완료되고, 사례회의 또는 통합사례회의를 거쳐 늦어도 1개월 이내에 목표에 입각한 개입이 이루어져야 한다.

- 사례관리 사정은 6개월을 주기로 재사정을 실시하는 것이 바람직하다. 단, 사례관리자는 클라이언트 또는 환경의 새로운 요구(변화)가 있을 경우에는 수시로 재사정을 실시한다.

- 재사정 단계에서도 동일하게 〈사례관리 사정 결과표〉를 사용한다.

(1) 사례관리 사정 결과표 작성법

- **정보제공자**: 사정 단계에 참여한 정보제공자를 모두 기록한다.

- **우선순위**: 모든 사정 결과표의 욕구 목록이 완성된 후 클라이언트의 호소 정도(클라이언트가 우선적으로 해결하고 싶어 하는가?), 객관적 긴급성(긴급하게 해결이 필요한가?), 해결 가능성(단시간 내 해결 가능한가?), 현실 관련성(이 요구의 해결이 단계적으로 다른 욕구의 해결에 영향을 줄 수 있는가?) 등을 고려하여 전체 욕구를 대상으로 개입의 우선순위를 결정한다. 우선순위를 최종적으로 결정하는 것은 클라이언트이다.

- **제시된 요구**: 상담 과정에서 클라이언트들이 표현하는 것은 클라이언트가 체감하고 인지하고 있는 문제상황과 스스로 고민하고 기대하는 해결책들이다. 클라이언트는 이것들에 관해 자신이 이해하는 의미를 담아 자신만의 방식과 언어로 표현한다. 사례관리자는 다차원적인 사정과 반복적인 재사정을 통해 클라이언트의 상황에 대한 주관적인 인식이 가득 담긴 표현을 보다 정확한 욕구로 정제하게 된다. 따라서 클라이언트의 요구표현

을 서비스 제공자의 말로 전환하여 기록하게 될 경우 그 의미가 왜곡되거나 누락되어 정확하게 전달되지 않을 수 있으므로 클라이언트의 요구는 문장 그대로 살려서 기록하는 것이 바람직하다("남편이 술이나 먹지 않으면 살겠어요"). 제시된 요구는 푸념이나 불만 호소를 넘어서 해결되기를 바라는 상황이나 조건에 대한 진술을 하도록 유도하는 것이 좋다("~(하)게 되면 좋죠"). 클라이언트 이외의 사람(가족, 의뢰인, 기타)이 제시한 요구라면 누가 제시했는지, 누구의 요구인지를 기록한다. 제시된 요구에 관해 사례관리자가 수집한 객관적인 정보를 추가하여 기록한다.

- **욕구**: 상식적 혹은 사회적 삶의 기대기준과 현재 상태의 차이로 나타난 결핍 혹은 부족한 상황을 내외적 자원이나 서비스를 통해 해결 혹은 충족되어야 할 필요가 있는 상태나 필요성에 대해 정의한다. 욕구는 서비스가 아닌 결과목표와 밀접한 관련을 가진다.

- **강점 및 자원**: 욕구를 해결하기 위한 자원으로서 클라이언트의 내적인 강점과 환경적인 자원을 기술한다. 이용하고 있는 공식적 자원과 비공식적 자원 및 이전에 클라이언트나 가족이 이용한 경험이 있는 자원, 사정 과정에서 사례관리자와 함께 찾아낸 자원, 장차 이용 가능성이 있다고 판단되는 자원 역시 기록한다. 이용 가능한 자원은 클라이언트의 내적인 강점(외모, 사회적 기술, 능력, 경험, 의지, 성향 등)과 비공식적 자원을 우선적으로 사정하여 기록하려는 노력이 필요하다. 자원은 기관명이나 사람의 이름이 아닌 자원의 속성과 내용을 구체적으로 기록하는 것이 좋다(예: 막내이모가 월 1회 반찬을 가져오면서 청소도 해 줌, 주민센터 ○○ 주사가 자주 방문하여 안부를 확인함).

- **장애물**: 욕구해결에 방해가 되는 장애요인에 대해 내부 장애물과 외부 장애물로 나누어 사정한다. 장애물의 유형은 클라이언트와 가족의 신체적,

정신적, 외부 환경적 장애물로 구별된다. 신체적, 정신적 건강문제가 있을 경우 반드시 객관적 근거가 동시에 명시되어야 한다. 예를 들어, 우울증이 있다고 진술할 경우 병원치료 근거(처방전이나 영수증) 또는 진단서를 통해 질병 사실과 정확한 진단명을 확인하거나 치료병원에 직접 확인한 내용을 기록한다.

- **척도를 이용한 사정**: 객관적인 사정을 위해 생태도, 가계도 및 기타 표준화를 거쳐 보급되고 있는 척도를 사용하여 사정하고 그 결과를 기록한다. 척도를 사용할 경우 측정 일시, 측정자, 결과 그리고 측정자의 소견을 요약하여 기록하며 검사지 또는 구체적인 측정 결과서는 별지로 첨부한다.

⊙ 가계도-세대 간 가족체계 사정(종단적) 또는 가족력 사정

⊙ 생태도-환경체계 사정(횡단적) 또는 환경사정

⊙ 사회관계망 척도

⊙ 표준화된 측정도구-자존감, 일상생활 수행능력, 우울감 척도, 자살사고, 알코올 및 중독 관련 척도 등. [참고: 사회복지척도집(반포종합사회복지관 외, 2003), 전국광역정신건강증진센터 홈페이지]

⊙ 주관적 척도를 활용한 사정

- **사정 종합의견**: 사례관리자는 사정 결과를 요약하고 이론적 및 경험적 근거를 기반으로 분석하여 사례관리 서비스의 필요성 및 사례관리의 방향성을 기술한다. 수집된 정보를 바탕으로 위의 사정에 이르게 된 경위에 대해 전문적 설명을 제시하며 사례관리 수준판정의 근거를 설명한다. 종합의견은 욕구에 근거한 계획 수립을 위하여 문제해결에 대한 가설을 제공하기 위한 것으로 구체적인 실행방법이나 자원을 기록하지 않는다. SOAP 기록법을 참조하는 것도 도움이 된다.

사례관리 사정 결과표

등록번호			클라이언트			사례관리자	
작성일	20 ． ． ．		유형	□신규 □재사정		정보제공자	

우선 순위	제시된 요구	욕구	강점 및 자원	장애물

척도를 이용한 사정	가계도	생태도
	기타 척도	

사정 종합의견	

4. 계획 수립

1) 계획 수립의 의미

계획 수립은 사정을 통해 밝혀진 내용에 기초하여 달성하고자 하는 변화목표를 분명히 하고, 그 목표를 달성하는 데 필요한 전략, 방법으로서의 서비스 패키지를 구성해 가는 논리적인 과정이다. 따라서 이전 단계에서 적절한 사정이 이루어져야 적절한 목표, 적절한 수행방법, 구체적인 활동계획을 수립할 수 있다.

사례관리에서의 계획 수립이란 클라이언트의 삶의 문제해결을 위해 어떠한 방법으로 서비스를 제공하면 문제가 해결될 수 있을 것인지에 대한 논리적 · 실천적인 근거가 확보된 개별화된 서비스 제공계획(Individualized Service Plan: ISP)을 말한다. 예컨대 의료 영역에서 본다면 특정 질환으로 인한 증상을 줄이고 건강을 회복하는 데 필요한 약물 등의 처방을 하는 과정으로 비유할 수 있다. 물론 사회복지를 증진하기 위해서는 약물이 아닌 적절한 사회 서비스를 처방해야 한다.

따라서 훌륭한 의사가 효과적인 약물 처방으로 환자의 증상 개선이나 질병 치료에 기여하여야 하는 것과 마찬가지로, 개별화된 서비스 계획은 단순히 많은 서비스 자원을 연계하거나 해당 서비스 제공기관 간 역할분담을 하는 의미 이상이어야 하며, 아무런 우선순위 없이 서비스를 제공해서는 안 된다. 각각의 서비스는 분명한 변화목표를 달성하는 데 기여하는 근거를 가지고 적절하게 설계되어야 한다.

2) 계획 수립의 기능

계획 수립은 클라이언트와의 협력을 통해 변화의 목적을 분명히 하고 그것을 달성하도록 이끄는 적절한 활동의 선정, 주요 활동의 우선순위 결정, 서비스 제공자, 서비스 제공시기, 제공기간 등의 구체적 내용을 통해 실제적 수행과정의 밑그림 혹은 설계도로서의 기능을 한다. 따라서 사례관리자는 사례관리를 통해 클라이언트의 삶에 변화를 가져오기 위한 주요 전략을 구성하는 데 필요한 다양한 요인에 대한 충분한 검토와 함께 제한된 시간과 자원의 활용 가능성, 효율성을 극대화하기 위해 노력한다.

3) 계획 수립의 과정

(1) 욕구사정 내용에 대한 숙고

개별화 서비스 계획을 수립하기 위해서는 전 단계의 욕구사정 내용에 대한 종합·정리 및 분석을 통해서 욕구사정 내용의 적절성에 대한 최종 검토가 이루어져야 한다. 이 작업은 사례관리자 자신의 숙고 과정일 수도 있고 사례관리팀 내의 협력적 작업이 될 수도 있다. 클라이언트와 그 가족이 현재까지 살아온 삶의 방식을 이해하고 자신이 앞으로 어떤 노력을 더 기울여야 할지, 사회적으로는 그 노력을 어떻게 지원할 것인지 등에 대한 검토를 하며, 향후 그들이 살아가야 할 바람직한 상(象)이나 지향점에 대한 밑그림을 그리는 작업이다.

사례관리자가 클라이언트의 삶에 대한 다양한 정보를 종합하고 클라이언트의 삶을 충분히 이해하기 위한 숙고의 과정을 거치지 않는다면 단순히 서비스를 연결하는 알선자의 기능에서 벗어나지 못한다. 또한 이렇게 연결된 서비스

는 대개의 경우 클라이언트가 지닌 삶의 의지를 더욱 북돋거나 자립심을 고양
하는 것이 아닌 자원에 대한 의존성을 심화할 위험이 크다.

(2) 중장기적 변화목표 수립

사례관리자와 사례관리팀 내에서 욕구사정 내용을 숙고하여 클라이언트와
그 가족의 바람직한 삶의 변화 방향에 대한 잠정적인 밑그림을 그렸다면, 좀
더 분명한 변화 지점을 확정하기 위한 작업을 해야 한다. 이는 욕구사정 내용
에 대한 숙고의 과정과 동시에 일어나거나, 순차적 혹은 순환적으로 이루어질
수 있다.

해당 가정의 전반적인 변화목표가 가구주의 경제적 자립인지, 경제적 자립
은 어렵지만 지금보다는 좀 더 인간적인 삶의 수준을 확보하는 것인지 등의
큰 방향을 설정한 후, 이와 관련한 구체적이고 측정 가능한 변화목표를 수립
한다.

이때의 변화목표 수립은 사례관리자의 일방적인 작업에 따른 것이 아닌 클
라이언트와의 충분한 상담을 통해 합의된 것이어야 하며, 또 클라이언트의 자
율성과 참여가 충분히 보장된 것이어야 한다. 이러한 작업은 비록 더디고 비
효율적인 것처럼 보일지라도, 궁극적으로는 더욱 견고한 관계형성 및 협력적
노력을 가능케 한다.

한편, 변화목표에 대해 합의한다는 것은 사례관리자의 의견과 클라이언트의
의견에 대해 단순히 중간 지점을 선택하는 것이 아니다. 클라이언트가 자신의
삶에 대해 긍정적으로 전망하는 부분을 발견하고 이를 실현할 수 있는 현실적
인 부분에 초점을 두고 도전하도록 하는 의도적이고 적극적인 과정이다.

장기적 변화목표는 사례관리라는 서비스 제공 과정이 종결되는 시점에서
어떤 변화가 이루어질 것인지에 대한 현실적 목표 상태나 수준을 반영한다.

클라이언트의 상황에 따라 기간은 달라지겠지만 대개 6개월 이상의 기간이 소요되며, 경우에 따라서는 수년이 필요할 수 있다.

한편, 단기목표는 3개월 이내에 달성 가능한 목표이다. 단기목표는 장기목표와 무관한 별도의 과정이 아니며, 장기목표를 지향하고 그 달성에 기여하고 장기목표 달성을 위한 과도적 목표의 의미를 갖는다. 즉, 단기목표를 지속적으로 추구하고 달성하면 장기목표를 달성하게 된다는 전망이 반영되어야 한다. 이와 함께 욕구 영역별로 구체적인 목표 및 과업이 제시되어야 한다.

(3) 서비스 제공자/기관의 선정

사례관리자의 아이디어와 숙고를 통해 수립한 계획을 누가 어떤 방식으로 수행할 때 가장 효과적인가에 초점을 두고 서비스 제공기관을 탐색한다. 이때 모든 활동을 제공기관에 연계하는 것이 아니라 누가 제공하는 것이 효과적인가에 초점을 둔 탐색이 이루어져야 한다. 클라이언트 자신이나 가족, 친인척, 이웃 등 지역사회의 비공식 지지체계도 1차적인 고려대상이 되어야 하며, 이들 체계를 적극적으로 참여시키고 관계성을 회복하는 데 1차적인 초점을 두어야 한다.

만약 이러한 비공식적 지지체계의 협력을 기대할 수 없는 경우나 전문적인 서비스 제공기관을 통한 지원이 더욱 효과적인 경우에 다양한 지역사회 자원에 대한 탐색이 필요하다. 같은 효과를 기대할 수 있는 서비스 제공기관이 많다면 클라이언트가 선호하는 기관을 선택할 수 있도록 한다.

잠정적인 서비스 제공주체나 기관이 선정된다면 그 주체나 기관에 접촉하여 가능성을 타진하고 협력을 촉구하며 서비스 제공에 대한 동의를 확보한다. 이러한 작업은 개별 기관과의 접촉이나 지역 내 통합사례회의를 통해서 이루어질 수 있다. 이 밖에 그 지역사회의 특성에 맞는 가장 효과적이고 순발력 있는 통로를 마련하여 이를 적극 활용한다.

(4) 시간계획 수립

욕구 영역별로 서비스 제공주체 및 기관에 대한 확정과 함께 그 서비스를 어떤 주기로 어느 정도의 기간 동안 제공할 것인지에 대한 계획도 구체적으로 수립해야 한다. 서비스 제공 빈도 및 기간은 해당 기관의 정책이나 지침에 의해서가 아니라 클라이언트의 변화목표 달성에 충분한지에 따라서 계획되어야 하며, 서비스의 충분성이 확보되도록 해당 기관에 대한 설득이나 협조요청 등의 조정 작업이 선행되어야 한다. 그러나 시간계획은 클라이언트의 상황 변화에 따라 유동적일 수 있으므로 진행상황에 따라 지속적으로 수정·보완해야 한다.

(5) 계약 수립

이상과 같은 내용이 확정되면 클라이언트와의 계약이 필요하다. 계약의 내용에는 서비스 제공기관, 제공방식, 빈도, 관련 기관에 대한 정보 공유에 대한 내용 등이 포함된다. 특히 계약은 클라이언트의 적극적인 참여, 협력적 공동노력의 과정에 의미를 두고 수립되어야 한다.

계약 수립의 실제적인 결과는 계약에 대한 클라이언트의 서명을 확보하는 것이지만, 단순히 서명을 확보하는 것에 초점을 두는 것이 아니라 클라이언트에게 자신의 삶의 문제를 해결·개선하는 데는 자신의 참여와 노력이 필요한 과정임을 이해시키는 것에 초점을 둔다.

(6) 서비스 제공계획서의 공유

완성된 서비스 제공계획서는 사례관리자만 보유하는 것이 아니라 클라이언트, 서비스 제공기관이 사본을 공유함으로써 각각의 책임과 역할, 전체 진행과 정에 대한 로드맵을 갖도록 한다. 이를 통하여 각각의 역할을 좀 더 적극적으로 수행할 수 있으며 변화목표를 지향하기 위한 노력을 촉구할 수 있게 된다.

4) 계획 수립 과정의 기록

- 계획 수립 단계에서는 〈사례관리 사정 결과표〉를 기반으로 개별화된 사례관리 계획을 수립하고 〈사례관리 계획 및 평가표〉를 작성한다.
- 욕구사정 결과에서 우선순위 상위 3순위까지의 욕구를 선택하여 단계적으로 계획을 수립하고 실행하는 것이 효과적이다. 이로써 클라이언트는 자신의 문제해결 과정에 대해 집중하고 인지함으로써 문제해결 과정에 관여하고 학습할 수 있다.
- 목표의 기록은 긍정적이고 행동적이며 생산적인 용어를 사용하면 클라이언트가 내용을 이해하고 변화에 대해 기대감을 갖게 될 수 있을 뿐 아니라 실행경과를 점검하기에 유리하다.
- 사례관리자는 〈사례관리 계획 및 평가표〉를 작성한 후 클라이언트에게 내용을 다시 설명하여 이해와 동의가 있으면 계약서를 작성하도록 안내한다. 클라이언트에게 사본을 전달하면 사례관리자와 함께 실행과업을 수행하고 점검하기에 유용하다.
- 〈사례관리 계획 및 평가표〉는 사례관리 실천계획에서부터 실행 및 점검 도구로 활용될 수 있다. 이 양식은 논리 모델에 근거한 평가자료로 활용할 수 있도록 개발하였다.

(1) 사례관리 계획 및 평가표 작성법

- **목적**: 목적은 클라이언트가 가장 기대하고 또 클라이언트 가족의 바람직한 변화발전을 위해 추구하는 방향과 상황에 대한 기술이다. 전체 사례관리 실행기간 동안 클라이언트와 사례관리자가 도달하고자 하는 궁극적으로 기대하는 변화상황에 대해 기술한다. 사례관리자는 클라이언트에게 "우리가 이 사례관리를 실행하는 목적은 무엇인가?" "우리가 예측하는 종결상황은 어떠한가?" 등의 질문으로 목적을 얻어 낼 수 있다. 목적의 기술은 추상적이거나 개념적일 수 있지만 현실을 반영한 내용이어야 한다.
- **우선순위**: 〈사례관리 사정 결과표〉에서 우선순위화한 욕구를 순서대로 정렬하여 기록한다.
- **대상**: 제시된 욕구가 누구와 관련된 욕구인지를 기록한다.
- **장기목표**: 사례관리를 통해 클라이언트와 가족의 삶에 어떤 변화가 나타날 것에 대한 기대를 담은 상황에 대한 표현이다. 장기목표는 6개월 이상 1년 이내 달성이 가능한 목표로 설정하는 것이 바람직하다. 목표설정은 구체적이고 설정된 기간 동안 달성 가능하며 실행에 옮길 수 있도록 행동적인 용어로 기술하고 관찰 가능하여 성공 여부를 측정할 수 있어야 한다. 목표는 클라이언트의 변화상황에 대한 기술로서 사용할 자원 목록을 기록하거나 서비스 제공자의 업무수행 목표를 기록하지 않도록 주의한다.
- **단기목표**: 단기목표는 장기목표를 단계적으로 수행해 나가는 세부적인 목표이다. 즉, 단기목표의 실행과 달성은 장기목표의 달성을 의미하는 것이어야 하고 궁극적으로 사례관리 목적에 부합되는 것이어야 한다. 사례관리자는 목적-장기목표-단기목표의 연관성을 염두에 두고 설정하여야 한다. 단기목표는 1~3개월 이내 달성 가능한 목표를 설정하는 것이 좋다.
- **실행방법**: 단기목표를 달성하기 위한 실천방법으로서 계획의 내용, 장소,

사례관리 계획 및 평가표

등록번호		클라이언트		사례관리자		작성일	20 . . .	유형	□ 신 규 □ 재사정	사례관리수준	□ 긴급 □ 집중 □ 일반

목 적	

우선순위	대상	장기목표	단기목표	실행방법	빈도 (회/주)	담당 (기관, 부서/이름)	개입기간	평가
								□ 달성(정도:) □ 연장 □ 재사정
								□ 달성(정도:) □ 연장 □ 재사정
								□ 달성(정도:) □ 연장 □ 재사정
								□ 달성(정도:) □ 연장 □ 재사정
								□ 달성(정도:) □ 연장 □ 재사정
								□ 달성(정도:) □ 연장 □ 재사정

상기와 같은 서비스 제공 및 이용에 동의하며, 계획된 목표를 성취하기 위해 적극적으로 참여하고 협력할 것을 상호 약속합니다.

20＿＿＿년 ＿＿월 ＿＿일

성명: ＿＿＿＿＿＿＿(인)　　사례관리자: ＿＿＿＿＿＿＿(인)

담당자, 수행기간 등을 구체적으로 기술한다. 클라이언트가 실행계획에 담당자로 역할을 할 수 있는 계획을 명시적으로 기록함으로써 변화계획에 당사자의 적극적인 참여를 촉진하도록 한다.

- 빈도: 실천계획에 의한 주당 서비스 제공 횟수 또는 실행 빈도를 기록한다.
- 담당: 실천계획을 실행할 사람(기관)으로서 기관 내부에서 담당할 경우 부서와 담당자의 이름, 외부 기관에 의해 제공될 경우 기관명과 담당자의 이름을 기록한다. 클라이언트 또는 가족 역시 담당자가 될 수 있다. 내부와 외부의 기관이 공동으로 담당할 경우에는 모두 기록하며 주 담당자를 표시한다(예: (주)○○사회복지사).
- 개입기간: 해당 실천방법이 단기목표를 달성하기에 적절한 실행기간이다.
- 평가: 기관이 설정한 정기적인 점검일이나 실천계획의 종료일에 목표달성 여부에 관해서 평가한다. 평가 결과는 '달성' '연장' '재사정'으로 구분하여 표시한다. '달성'으로 평가된 경우 클라이언트가 목표달성 수준을 10점 척도로 평가하여 기록한다(달성하였으나 매우 미약 1점 → 충분히 달성됨 10점).
- 확인 및 계약: 전체적인 실천계획을 수립한 후에는 클라이언트 및 후견인에게 내용을 설명하고 서비스 실행과 참여에 관한 계약서를 작성한다. 계약 과정에서는 사례관리자와 클라이언트 및 후견인의 역할에 관해서 구체적으로 합의한다. 합의된 계약서는 사례관리자와 클라이언트가 한 장씩 나누어 가지며 이 계획표를 사례관리 점검을 위한 자료로 사용하면 효율적이다.

5. 계획 실행

1) 계획 실행의 개념

계획 실행의 과정은 사례관리의 전 과정에서 가장 가시적인 과정(visible phase)이며(Sheafor & Horejsi, 2003), 사례관리의 중심기능인 서비스의 조정이 강조되는 단계이다(Murer & Brick, 1997). 이 과정은 클라이언트의 상황에 변화를 가져오기 위한 방향으로 초점화되어야 한다. 이를 위해 계획 내에 포함되어 있는 다양한 서비스 제공자와의 협력관계를 바탕으로 서비스가 연결되도록 노력하며, 서비스의 이용 가능성을 높이기 위한 옹호활동(Walsh, 1999)과 변화의 지속성을 보장하기 위한 다양한 활동을 전개한다.

사례관리자는 필요한 서비스의 제공자로서 직접적인 개입활동을 수행하기도 한다. 뿐만 아니라 사례관리자는 간접 서비스 제공자로서 클라이언트의 욕구에 적합한 서비스를 연결·조정하는 기능을 수행하며, 서비스의 분절이나 중복문제가 발생할 때 그것을 적절히 관리하고 조정하는 능력을 갖추어야 한다.

2) 계획 실행의 기능

(1) 자원개발

계획을 실행하는 데 가장 도전적 이슈는 바로 자원을 발견하고 개발하는 것이다. 사례관리 클라이언트는 사례관리기관이나 사례관리자의 직접 개입 이외의 다양한 자원이 필요한 경우가 대부분이므로 사례관리자의 직접 서비스만으로 클라이언트의 욕구를 충족시키기는 어렵다. 따라서 지역사회의 다양한 자원을 확인하고 이를 개발하기 위한 노력을 해야 한다. 그러나 이러한 활동은 대개 임상적인 실천과는 거리가 멀거나 사례별로 적용되는 개별화된 작업이라고 생각하여 사례관리자 간에 자원 공유가 충분히 이루어지지 않는 부작용을 낳기도 한다. 따라서 확인 혹은 개발된 자원에 대한 정보관리를 통해 자원 활용도를 높이려는 노력이 필요하다.

(2) 점검 및 조정

① 점검 및 조정의 목적

사례관리자는 점검 및 조정 단계에서 서비스의 흐름과 클라이언트, 그리고 사례관리에 함께 참여하고 있는 서비스 제공기관, 비공식적 지지체계의 기능에 민감성을 가지고 각 단계별로 진행되는 과업을 잘 관리해 나가야 한다. 즉, 클라이언트와 사례관리자, 그리고 서비스 제공기관이 초반에 상호 합의한 목적을 여전히 공유하고 있는지, 초기의 약속대로 잘 협조하고 있는지, 협력관계 속에 갈등 혹은 위기가 잠재되어 있지는 않은지, 그리고 현 상황에 적절한 수준의 서비스와 협력 범위를 확보하고 있는지 등을 확인하여 조정해야 한다.

② 점검 및 조정의 기능

사례관리 점검은 일반적인 사회복지실천 과정에서 중요한 단계이며, 특히 사례관리 과정에서의 점검은 개입계획서(ISP)에 충실한 실천을 하고 있는지, 실천과정을 통해 변화목표를 잘 달성해 가고 있는지, 클라이언트의 상황이나 서비스 환경에 변화가 없는지를 종합적으로 확인하는 과정이다. 점검을 위한 준거틀은 사정 내용이고, 점검 내용은 개입계획서와 서비스 계약서가 될 것이다. 이때 주의해야 할 점은 점검활동은 충분한 지원이나 적절한 서비스를 제공하기 위한 것에 초점이 있으며, 상대 기관의 활동을 감시하거나 평가하는 것이 아니라는 점을 분명히 하는 것이다. 즉, 상대 기관의 전문성과 역량이 충분히 발휘될 수 있도록 돕는다는 것에 중점을 두고 이루어져야 한다.

　조정이란 수립된 계획이 수행되는 과정에서 각각의 서비스가 클라이언트의 삶에 변화를 가져오기 위한 방향을 향해 잘 정렬되도록 전체를 지휘하는 활동(orchestration)에 비유할 수 있다. 각 기관의 서비스 제공 방침의 범위 내에 있는 서비스를 기계적으로 연결·연계하는 활동의 의미를 넘어서서 각 기관이 새로운 수요를 적극적으로 수용하도록 한다는 의미에서 사례관리자는 조정과정에서 경계확장자로서의 기능을 수행한다.

3) 실행 단계의 기록

- 실행 단계에서는 〈사례관리 계획 및 점검표〉를 실행에 옮기는 과정으로 클라이언트 자신을 포함한 다양한 자원의 참여 내용을 기록한다.
- 사례관리자는 각 자원들이 설정된 목표성취에 합당하게 진행하고 있는지 점검하고 서로 간의 역할과 기능을 조정하는 소통의 허브로서 기능하고 그 과정을 면밀하게 기록하여야 한다.
- 실행 단계에서는 〈사례관리 과정기록지〉〈서비스 의뢰서〉의 양식을 중심으로 기록을 한다. 이 밖에 사례관리팀회의, 통합사례회의, 솔루션 회의 등에서 〈사례회의록〉이 자주 사용되는데, 기존 회의록 양식을 사용하는 데 무리가 없으므로 이 책에서 별도로 제시하지는 않는다. 다만 〈사례관리 점검표〉〈사례보고서〉〈슈퍼비전 일지〉를 선택적으로 사용할 수 있도록 양식을 제시하였다.

(1) 사례관리 과정기록지의 활용

- 〈사례관리 과정기록지〉에는 시간 진행순서에 따른 사례관리 서비스 제공 결과를 기록한다. 이 기록양식의 사용은 사례관리 클라이언트로 등록한 시점에서 시작하여 사후관리가 종결되는 시점에 종료된다.

- 사례관리자는 클라이언트가 이용하고 있는 자원을 모두 파악하고 조정할 수 있어야 하기 때문에 사례관리자에 의해 제공되는 서비스와 연계된 기관 내·외부 조직에서 제공되는 서비스를 가능한 한 모두 기록하는 것이 좋다.

- 상담일지 또는 프로그램 일지에 제공된 서비스에 대한 구체적인 내용을 기록할 경우, 과정기록지에는 실행된 서비스의 제목 정도라도 기록하여 과정기록지를 통해 사례관리의 진행 과정을 한눈에 파악할 수 있도록 한다.

- 과정기록지에서 자원개발 및 연계 과정에 관한 기록은 점검의 기능을 동반한다. 타 기관에 의뢰된 이후에 정기적인 점검사항을 과정기록지에 간략하게 기록으로 남기는 것이 좋다.

- 서비스의 종결 이후에 실행되는 사후관리도 과정기록지에 기록한다.

- 대개의 기관들이 사용하고 있는 컴퓨터 정보 시스템에서 상담일지, 서비스 제공일지 등을 활용할 수 있는데 전산정보 시스템이 구비되지 않은 기관은 한글이나 엑셀 프로그램을 이용해 기록하면 활용과 관리에서 편리하다. 전산화된 기록방식은 가정방문이나 지역사회 자원기관 방문 후 스마트폰의 워드 어플을 통해 즉시 기록할 수 있다는 점에서 기록자의 부담을 줄여 줄 수 있다.

- 수시로 일어나는 서비스 실행 과정을 빠짐없이 기록하는 것은 사례관리자에게 행정업무의 부담을 가중시킬 수 있다. 따라서 기관에서는 기록의 전산화를 포함한 업무의 부담을 최소화하고 효율적으로 기록할 수 있는 방안을 마련하여야 한다.

사례관리 과정기록지

등록번호				클라이언트		사례관리자	

일시	구분	접촉 방법	접촉 대상	내용	소요시간 (분)

■ 사례관리 과정기록지의 작성법

- **구분**: 사례관리자가 직접 실행한 서비스(D: 목표달성을 위한 사례관리자의 직접 행동이 투입된 서비스, 즉 상담, 자원 제공, 자원조사, 연계, 의뢰활동 등), 자원들의 서비스 제공(R: 사례관리자가 동행하지 않은 기관 내 사례관리팀 이외의 부서, 타 기관이나 조직 등이 제공한 서비스, 즉 미술치료, 방과 후 교실, 병원진료, 자원봉사자의 방문 등이 실행되고 있다는 정보)으로 구분하여 기록한다.

- **접촉방법**: 내방, 방문, 전화, 기타(메일 등)

- **내용**: 사례관리 계획표에 의한 서비스의 제공, 각종 회의(사례회의, 통합사례회의, 솔루션 회의) 및 슈퍼비전에 논제로 상정된 경우 평가, 재사정, 서비스 조정, 기타 클라이언트와 관련된 정보를 기록한다. 기록은 SOAP 형식 기록방법으로 간결한 문장으로 작성하는 연습을 하는 것이 좋다. 각 과정에 대한 기록 하단에 다음 과정에 대한 계획(P)의 명시는 SOAP 기록방식의 적용 유무에 상관없이 반드시 기록되어야 한다. 육하원칙에 따라 구체적인 내용이 드러나도록(예: 언제 몇 시에 어디에서 클라이언트와 면담 예정/과제 확인 및 의뢰 서비스 제공 유무 확인 요함 등) 기록한다. 정기적으로 반복되는 서비스는 서비스명만 기록한다.

- **소요시간**: 서비스 구분에서 D로 분류된, 사례관리자가 기록된 서비스를 수행하는 데 직접 소요한 시간을 '분' 단위로 기록한다.

(2) 서비스 의뢰서의 활용

- 〈서비스 의뢰서〉는 사례관리자가 서비스 계획을 수립한 내용 중에서 내부 기관의 타 부서나 외부 기관으로 서비스 연계가 필요한 경우에 활용한다.

- 의뢰서는 클라이언트에 대한 사정 및 계획과 연계하고자 하는 서비스의

요소를 분명히 밝힘으로써 불필요한 사정의 반복을 피하고 설정된 목표를 공유하는 것을 목적으로 한다.

- 사례관리자는 클라이언트와 계획에 포함된 서비스를 의뢰할 기관을 찾아 담당자와 직접 또는 전화상으로 의뢰에 관한 조율을 하고 합의한 후 의뢰서를 작성하여 전달한다.
- 의뢰서에 클라이언트에 대한 정보를 공유하기 위해 〈사례관리 사정 결과표〉와 〈사례관리 계획 및 평가표〉를 첨부하게 될 경우 클라이언트에게 이러한 사항을 공지하고 동의를 받는다.
- 주 사례관리기관이 의뢰기관에 〈사례관리 의뢰서〉를 전달하면 의뢰기관은 의뢰 내용에 대한 의견과 서비스 개시 여부를 〈서비스 의뢰 회신서〉를 통해 전달한다.
- 가능하면 기관의 행정규정에 따른 공문형식으로 상호 전달하도록 한다.
- 의뢰서 전달에 관한 사항은 〈사례관리 과정기록지〉에 기록한다.

■ 서비스 의뢰서 작성법

- 사례 요약: 클라이언트의 사례관리 서비스 욕구와 목표, 서비스 실행 내용 및 과정 등 전반적인 사례관리 계획에 대해 기록한다. 의뢰받은 서비스 제공자가 참고해야 할 클라이언트의 개인적·상황적 특성을 기록한다.
- 의뢰 내용: 서비스 의뢰와 관련해 욕구와 목표를 기술하며, 구체적으로 의뢰하는 서비스의 내용과 빈도에 대해서 기록한다. 주 사례관리자가 지속적으로 서비스 제공 과정을 모니터링할 계획이라면 그 빈도와 방법도 기록한다.
- 첨부 내용: 정보 공유의 필요성에 따라 〈사례관리 사정 결과표〉 〈사례관리 계획 및 평가표〉 등을 첨부한다. 이때 클라이언트에게 타 기관에 어떠

서비스 의뢰서

수신: 기관 _____　　담당자: _____ 귀하

등록번호		클라이언트		성별/나이	
주소				전화번호	

사례 요약	
의뢰 내용	
점검계획	**방법** □방문　□전화　□이메일　□문서　□기타 _____
	빈도 월 _____회
첨부	□사례관리 계획 및 평가표　□기타 _____

본 기관의 사례관리 클라이언트에게 전문적 서비스 제공을 통해 효과적인 문제해결을 지원하고자 위와 같이 의뢰하오니 협조하여 주시기 바랍니다.

20____ 년 ___ 월 ___ 일

기관명: _____ 사례관리자: _____ 연락처: _____

서비스 의뢰 회신서

수신: 기관 ＿＿＿＿＿＿＿＿＿＿＿　　사례관리자: ＿＿＿＿＿＿＿＿＿＿ 귀하

귀 기관에서 의뢰하신 사례에 대하여 아래와 같이 서비스를 제공하고
사례관리 실행을 위해 협력하고자 합니다.

등록번호		클라이언트		성별/나이	
주소				전화번호	

서비스 계획		
점검합의	방법	□방문　□전화　□이메일　□문서　□기타 ＿＿＿＿＿＿
	빈도	월 ＿＿＿회
기타 의견		

20＿＿＿년 ＿＿월 ＿＿일

기관명: ＿＿＿＿＿＿＿　　담당자: ＿＿＿＿＿＿＿　　연락처: ＿＿＿＿＿＿＿

한 정보를 어떤 방법으로 공유할 것인지 고지하여 동의를 받아 기록해야
한다.

(3) 사례관리 점검표 활용

- 사례관리 점검은 〈사례관리 계획표〉 및 〈사례관리 과정기록지〉에 의거
하여 서비스 진행 과정을 정기적으로 또는 점검하는 활동이다.
- 사례관리 서비스의 점검활동을 위해서 별도의 양식을 사용하기보다 〈사
례관리 계획 및 평가표〉와 〈사례관리 과정기록지〉를 활용하는 것이 더
효율적이다. 점검은 정기적으로 실행하기도 하지만 상황의 변화가 있을
경우 점검을 수시로 실시하게 되므로 점검표를 별도로 사용하는 것이 오
히려 효과적인 점검을 방해할 수 있다.
- 대개 〈사례관리 점검표〉는 체크 표시하도록 되어 있어 점검 결과를 충분
히 기록하지 못하므로 점검 내용을 기술하는 방식을 병행하여야 한다.
- 첨부하는 양식은 별도의 점검표를 사용하고자 하는 경우 참고하기 위한
것이다.
- 〈사례관리 점검표〉는 클라이언트가 직접 작성하도록 하거나 사례관리자
와 클라이언트가 함께 작성하도록 한다.

■ 사례관리 점검표 작성법

- 클라이언트의 제시된 욕구 및 목표, 계획된 서비스와 실행 내용을 기록
한다.
- 서비스 이행 및 목표성취 정도: 사례관리자와 클라이언트는 서비스 이행
정도, 목표성취도, 이용자 만족도를 통합한 서비스 성취 정도를 4점 척도
로 평가한다.

- 점검자 의견: 점검자는 점검정보를 요약하고 이후 추진방안에 대한 의견을 간략히 기록한다.

(4) 사례보고서 활용 및 작성법

- 사례관리자는 사례관리 서비스의 조정 및 점검을 위해 전문가 및 기관 사례회의를 정기적으로 실시하며 클라이언트에 대한 구체적인 정보와 논제를 설명하기 위해 〈사례보고서〉를 사용한다. 대개 사례등록 여부를 결정하는 사례관리팀회의에서부터 사용한다.
- 〈사례보고서 I〉 양식은 같은 회의에서 최초 보고할 때 사용한다. 다음 회의에서 이전 회의 권고사항의 실행경과에 대해서 보고하거나 동일 사례에 대해 다른 논의사항이 있을 경우 〈사례보고서 II〉 양식을 사용한다.
- 사례관리자는 회의 종료 후 사례회의에서 논의된 결과(팀 권고사항)와 재평가일을 기록하고 사례보고서에 첨부하여 보관한다.
- 사례관리자는 사례회의록에 회의 결과를 기록하고, 〈사례관리 과정기록지〉에 사례회의에서 논의된 논제와 권고사항을 요약하여 기록한다.

(5) 슈퍼비전 일지 활용 및 작성법

- 〈슈퍼비전 일지〉의 사용 유무는 기본적으로 사례관리자와 기관 간 합의에 기초해 결정한다.
- 별도의 일지를 사용하기보다 사례보고서 및 회의록을 활용하는 것이 더 적절할 수도 있다.
- 집단 슈퍼비전, 사례관리자의 교육이나 연구 등 사례관리자와 슈퍼바이저가 별도의 기록이 필요하다고 합의한 경우에 슈퍼비전 일지를 사용하기를 권한다.

사례관리 점검표

등록번호		클라이언트		사례관리자	
사례관리 기간		점검일시		점검자	
목적					

장기목표	단기목표	실행방법	담당	기간	서비스 이행 및 목표성취 정도	점검자 의견
					① ② ③ ④	
					① ② ③ ④	
					① ② ③ ④	
					① ② ③ ④	
					① ② ③ ④	
					① ② ③ ④	
					① ② ③ ④	
					① ② ③ ④	
					① ② ③ ④	
					① ② ③ ④	

사례보고서 I

클라이언트		성별/나이		주 소	
사례보고일		회의 유형	□ 사례관리팀회의 □ 통합사례회의 □ 솔루션 회의	사례관리자	
장기목표					

1. 사례 요약
   1) 의뢰과정 및 내용의 요약
   2) 기본정보
       ① 인구통계학적 정보   ② 가족상황 및 가계도
   3) 욕구
       ① 제시된 요구   ② 욕구
   4) 자원/장애물 사정
       ① 강점사정   ② 사회적 자원   ③ 장애물
2. 사례관리 목표 및 계획
3. 개입경과
4. 논의요청 내용
5. 회의의 권고(슈퍼비전) 내용
6. 재평가일

사례보고서 II (최초 사례보고 이후)

클라이언트		성별/나이		주 소	
사례보고일		회의 유형	□ 사례관리팀회의 □ 통합사례회의 □ 솔루션 회의	사례관리자	
장기목표					

1. 사례 요약
   1) 인구학적 개요   2) 사례관리 목표 및 계획
2. 지난 회의 권고(슈퍼비전) 내용
3. 회의 이후 경과보고
4. 사례관리 계획
5. 회의 권고(슈퍼비전) 내용
6. 재평가일

사례관리 슈퍼비전 일지

일 시	20___년___월___일___요일 (___ : ___ ~ ___ : ___)		
장 소			
참석자	슈퍼바이저		
	실무자		
슈퍼비전 내용	임상사례		
	운영체계		
	기 타		
다음 회의			

6. 평가 및 종결

1) 평가

(1) 평가의 목적

사례관리자는 서비스 제공을 통해 클라이언트에게 어떠한 변화가 생겼는지에 대한 평가(evaluation)를 실시한다. 이를 위해 사례관리자는 클라이언트가 서비스를 통해 어떤 이득을 경험하고 있는지, 또 어떤 변화가 생겼는지를 판단하기 위해 양적·질적 방법을 적절히 활용해야 한다. 이때 사례관리자의 주요 평가질문은 계획은 효과적이었는지, 계획대로 수행한 결과가 클라이언트의 기능 향상과 복지를 개선하였는지이며, 이에 대한 답에 따라 종결 여부를 결정하게 된다. 사례관리가 클라이언트 차원의 변화만을 도모하는 것은 아니므로, 클라이언트의 사회적 지지체계가 더욱 활성화되었는지, 대인 서비스 제공자가 클라이언트와 유사한 문제에 대응하기 위한 전달체계의 개선을 이끌어 냈는지 등에 대한 평가도 포함할 수 있다.

(2) 평가의 기능

평가는 사례관리를 위해 활용한 기술이나 방법의 효과성을 측정하는 것을 가능하게 하고 성과에 영향을 준 구조적 요소를 분석할 수 있게 한다. 특히 성과(outcome)가 강조되는 사회복지 환경에서는 평가의 중요성이 더욱 강조될 수밖에 없다. 무엇보다 사례관리 실천에 대한 평가는 그 성과를 비용과 관련시키는 것이 쉽지 않아 어려운 점이 많다. 그러나 서비스의 발전을 위한 실천의 효과성은 전체 프로그램 성공과는 또 다른 측면으로 반드시 필요한 부분이라 할 수 있다.

(3) 평가에서의 도전적 이슈

Rothman과 Sager(1998)는 사례관리의 성공적 실행에 영향을 주는 부정적 요인으로 클라이언트의 동기 부족, 느슨하게 형성된 목표, 클라이언트의 저항, 클라이언트의 꾸준하지 않은 참여, 비협조적인 기관, 시간 제한과 일에 대한 압력 등을 들고 있다. 이는 사례관리를 성공적으로 이끌기 위해 클라이언트의 동기화, 분명한 성과목표의 수립, 클라이언트의 협력을 제고하기 위한 노력, 지역사회의 협력체계 구축, 조직 내부의 사례관리에 대한 충분한 지원 등 다차원적 측면에서 정교하게 고안된 활동이 전제되어야 함을 의미한다. 따라서 평가는 이러한 실천이 구조적으로 잘 설계되어 있는지를 염두에 두고 이루어져야 한다. 구조적 모순이 있는 경우 사례관리자의 활동과 역할수행이 성과목표를 지향하지 못할 수 있기 때문이다. 특히 성과목표가 강조될수록 서비스의 효과성 평가만 강조되고 수행에 해당하는 효율성 지표에 대한 관심은 줄어들게 된다. 따라서 효율성 평가와 효과성 평가의 균형 잡힌 설계가 필요하다.

사례관리의 전반적 과정은 각 과정별로 구분되어 설명되고 있지만, 이는 단선적이지 않으며 순환적 과정이다. 또한 각각의 단계는 논리적 연관성을 가지고 전후 단계의 맥락을 잘 유지하는 것이 필요하다. 사례관리를 시작하기 전에 어떤 클라이언트를 선정할 것인가는 사례관리사업의 도입을 통해 어떤 변화를 도모하고자 하는지, 즉 잠정적인 사업의 성과목표와 밀접한 관련을 갖고 설계되어야 한다. 고위험군의 사례관리 클라이언트를 선정하여 개입하고자 한다면 사례관리자의 전문성이나 지역사회 자원의 충분성이나 협력수준을 고려해야 할 것이다. 만약 사례관리자의 전문성이나 내부 운영체계가 성숙되어 있지 않고 자원도 충분하지 않다면 사례관리의 주요 과정은 지속적으로 난항을 겪게 될 것이며, 이는 결국 사례관리의 실패로 이어질 수 있다. 즉, 클라이언트의 삶에도 성공 경험이 필요한 것처럼 사례관리 수행기관이나 사례관리자에게도 성공 경험이 필요하다. 전반적인 과정의 논리성을 확보하는 것, 전후 맥락에 맞는 활동을 수행하는 것은 사례관리사업의 성공 가능성을 높일 것이다.

2) 종결

(1) 종결의 개념

사례관리에서의 종결은 사례관리 활동을 마무리하는 과정이다. 즉, 사례관리자의 실천적 개입이 종료되며 사례관리를 통해 형성된 전문적인 관계의 기능이 종료되는 것을 의미한다. 종결은 대개 평가를 통해 결정되지만 예기하지 않는 과정에서 종결이 결정되는 경우도 흔하다.

(2) 종결의 결정

종결을 결정하기 위해서는 사례관리자와 클라이언트 간의 합의 또는 결정에 합당한 근거가 명확하게 구비되어야 한다. 종결을 결정하게 되는 이유는 기대된 변화가 달성된 경우, 주거지 이전이나 사망, 장기간 연락두절, 이용자 본인이나 보호자의 의사 반영 등이 일반적이다.

종결 단계에서 사례관리자는 클라이언트와 함께 종결 시기를 결정하고, 이용자와 사례관리자의 종결에 대한 정서적 반응을 다루며, 개입효과의 유지와 강화방안을 모색하고, 필요시 타 자원으로의 의뢰를 실행해야 한다. 사례관리자는 클라이언트와 사후관리 계획을 수립해야 한다.

종결 과정에서 클라이언트는 사례관리자와의 관계가 종료되는 것에 대한 불안과 이전의 문제상황이 다시 발생할 것을 염려하여 종결을 결정하지 못하는 경우가 발생하는데, 사례관리자 역시 같은 경험을 할 수도 있다. 사례관리자는 클라이언트가 사례관리 과정에서 체득한 변화와 성취의 동력을 계속 유지하고 강화하도록 지지하며, 클라이언트가 필요할 때 다시 만날 수 있음을 알려 주어야 한다. 사례관리에 참여한 다른 서비스 제공자들에게 종결 과정을 알리고 이후 각 기관의 자율적인 서비스 계획을 논의할 장을 마련하여야 한다. 그리고 실천 과정에 동원된 자료와 양식을 정리하는 과업도 수행해야 한다.

(3) 사후관리

사후관리는 서비스 종결 이후 일정 기간을 두고 종결 이후의 변화상황 안정화 여부를 점검하고 재개입 필요성을 조기에 판단하기 위해 수행된다. 사례관리자는 사후관리의 기능과 목적을 설명하고 담당자, 기간, 방법 및 빈도에 대해 합의한다. 사례관리자는 사후관리가 부족했던 서비스를 추가로 제공하기 위한 과정이 아니라 사례관리의 성과의 유지와 재등록의 적절한 시점을 판단하여 조기개입 및 단기개입을 통해 클라이언트의 자립을 지원하는 것이 목적이라는 점을 명확히 하여야 한다.

3) 종결 과정의 기록

- 사례회의를 통해 사례관리 서비스의 종결이 확정된 경우, 사례관리 서비스 실행과정을 평가하고 〈사례관리 종결보고서〉를 기록한다.
- 종결보고서에는 클라이언트의 욕구, 서비스 과정 및 결과평가에 대해 간결하게 요약 · 정리하여 클라이언트에게 제공된 사례관리 서비스의 전반적인 내용을 한 장으로 확인할 수 있도록 한다. 종결보고서는 〈사례관리

사정 결과표〉〈사례관리 계획 및 평가표〉〈사례관리 과정기록지〉의 기록내용을 정리하여 작성한다.

- 종결 과정에서 사후관리에 대한 계약이 수립되므로 종결보고서와 함께 사후관리계약서를 작성한다.
- 사례관리 종결 후 6개월간 사후관리가 권유되므로 계약 내용에 참고한다. 종결 과정에서 클라이언트에게 사후관리의 목표 및 방법과 기간에 관해 합의하고 서명을 받는다.
- 종결 이후 사후관리 과정은 〈사례관리 과정기록지〉에 기록한다.
- 사후관리가 종료되면 사례관리 서비스가 전체적으로 종료된다. 서비스가 종료되면 클라이언트에 대한 모든 기록을 다음의 순서로 묶어 보관한다. ① 사례관리 종결보고서, ② 초기면접지, ③ 사례관리 동의서, ④ 사례관리 사정 결과표, ⑤ 사례관리 계획 및 평가표, ⑥ 사례관리 과정기록지, ⑦ 서비스 의뢰서, ⑧ 기타 기록 및 평가자료.

▣ 사례관리 종결보고서 작성법

- **종결 사유:** 사례관리 서비스를 종결하게 된 궁극적인 사유(예: 욕구해결, 사망, 시설입소, 이주, 거절, 포기)를 표시한다. 타 기관 이용이나 기관의 조정에 의한 종결의 내용은 추가 기록한다.
- **서비스 과정 요약:** 제시된 욕구를 해결하기 위해 동원했던 실행방법을 기록한다. 실행 과정은 클라이언트 자신의 노력과 서비스 이용 내용을 간략히 요약한다. 사례관리의 성과로서 목표달성 평가결과를 기록한다.
- **클라이언트 변화사항:** 사례관리 개입 전과 후의 상황을 욕구를 중심으로 비교하여 기술한다. 이때 생태도 및 기타 척도나 평가도구를 활용할 수 있다.

사례관리 종결보고서

등록번호		클라이언트		사례관리자	
주소				연락처	
등록일				종결일	
종결 사유	☐욕구해결 ☐사망 ☐시설입소 ☐이주 ☐거절 / 포기 ☐타 기관 이용: _____ ☐기관의 조정: _____				
목적					

서비스 과정 요약	장기목표	실행과정(클라이언트의 노력/서비스 내용)			목표달성 정도

클라이언트 변화사항	초기상황		종결상황		

종결과정 요약					
사례관리자 종합의견					

사후관리 계획	목표				
	기간	20____년 ___월 ___일 ~ 20____년 ___월 ___일 (월 ___회)			
	방법	☐전화 ☐문자 ☐우편 ☐이메일 ☐방문 (복수선택)			
	합의	클라이언트: _____ (서명) / 사례관리자: _____ (서명)			

- **사후관리 계획:** 사후관리 목표, 기간, 방법을 합의하여 기록하고 클라이언트와 함께 서명한다.

7. 사례관리 기록의 쟁점

사례관리자는 효과적인 서비스 전달자의 역할과 함께 효율적인 기록자로서의 능력을 함양하여야 한다. 사례관리 기록을 위해 Kagle(1997)이 제안한 사회복지사 기록업무와 관련한 주요 사항을 점검해 본다.

1) 사회복지 기록의 활용

- 클라이언트의 상황과 서비스에 대한 욕구를 확인시켜 주는 정보를 포함한다.
- 클라이언트와 함께 실행한 활동에 관한 정보를 담고 있는 창고로서 보고와 자문을 위한 자료로 활용된다.
- 사례관리자의 부재 시 서비스 전개 과정에 대한 정보를 전달하여 지속성을 유지할 수 있게 한다.
- 사례관리팀 내부 및 외부 전문가와의 의사소통이 원활하도록 돕는다.
- 내담자와 의사소통하는 도구로 사용된다.
- 서비스 과정과 효과를 지속적으로 모니터링하기 위한 도구이다.
- 행정적 과업 및 교육, 조사, 평가를 위한 자료를 제공한다.

2) 사적 권리의 보호

사회복지 기록의 목표에는 책무성(accountability), 효율성(efficiency), 사적 권리(privacy)가 있다. 이 중 사적 권리에 대해 구체적으로 살펴보면 다음과 같다.

사적 권리의 보장에서 클라이언트는 서비스를 제공받는 동안 자신과 환경에 대한 정보를 제공해야 한다. 사회복지사와 기관도 특수한 상황을 제외하고는 정보를 누설하지 말아야 할 책임이 있으므로 정보보호에 대한 의무는 상호 책임이라고 할 수 있다. 그러나 클라이언트에 대한 정보는 개인의 자산이므로 정보를 위한 클라이언트의 권리를 우선적으로 보장해야 한다. 사적 권리에는 비밀보장, 축약, 접근성, 익명성의 원칙이 요구된다.

(1) 비밀보장

비밀보장은 클라이언트에게는 기본 권리이며 사회복지사와 기관에게는 윤리적이고 법적인 책임이다. 이러한 비밀보장의 책무는 서비스 초기 단계부터 실행되어야 한다. 예컨대, 사례관리자가 사정을 실행하기 전에 정보제공과 비밀보장에 대한 상호 의무 이행에 대한 동의절차가 선행되어야 한다.

사회복지사는 규정된 상황이나 사회적으로 공인된 목적에서만 개인정보를 공개할 수 있다. 예를 들어, 클라이언트가 정보 공개를 공식으로 허락한 경우(자문, 연구, 타 기관 서비스 의뢰 등), 아동학대나 약물남용 등 사회복지사에게 법적인 보고의무가 있는 경우, 자살위험 사례를 보호하기 위한 경우 등이다.

(2) 축약

개인적 정보의 수집, 문서화, 보관을 제한함으로써 내담자의 사적 권리를 보호한다. 사회복지사는 서비스 전달에 필요한 정보에 초점을 맞추며 종결 이후에 일정 기간이 지나면 정보를 삭제하거나 축소한다.

(3) 접근성

클라이언트와 가족의 사회복지 기록에의 접근성은 클라이언트에게 서비스 실행 과정에서의 결정권을 부여하고 사회복지사와 클라이언트 사이의 의사소통을 개방하며 신뢰를 강화시킨다.

(4) 익명성

익명성은 정보 공개의 방법으로 조사, 교육 등 개인의 신분 확인이 불필요한 경우에 요구된다. 이름과 고유한 정보는 반드시 삭제되어야 한다.

3) 사회복지 기록을 위한 지침

(1) 내용

모든 관련자에게 도움이 되고 그들을 보호할 수 있도록 정보의 내용이 부족하거나 지나침이 없는지 확인한다. 특히 서비스 전달을 촉진하고 윤리 관련 문제 제기나 소송으로부터 자신을 보호하기 위해 충분한 내용을 포함시켜야 한다.

(2) 언어 및 용어

명료하고 구체적인 용어를 사용하되, 비난조의 표현을 피하면서 정확하게 표현해야 한다. 전문가가 사용하는 특수용어, 속어, 축약어를 사용하지 말아야 한다. 기록이 끝난 후에는 맞춤법과 띄어쓰기 등 문법을 고려하여 점검한다.

(3) 진실성

사례관리자의 행위에 대한 적절성 논란에 필요한 증거자료가 될 수 있으므로 문서 내용의 신뢰성을 입증할 수 있도록 빠짐없이 정확하게 기록했는지 꼼꼼히 점검한다. 기록은 개입 후 24시간 내에 기록하여 지연되지 않아야 하며 예측성 문서 작성은 하지 않도록 주의한다.

(4) 접근성

문서의 공개 및 보안에 있어 비밀보장의 원칙과 관련된 윤리문제가 일어나지 않도록 각별히 주의한다. 컴퓨터 사용과 관련해 보안의 위험성을 인식하고 소환에 대응하는 법과 규정을 이해하며, 접근이 제한되는 안전한 장소에 보관한다. 기관은 이에 대한 명확한 규정과 장치를 마련한다.

참고문헌

안혜영, 강혜규, 민소영, 이기연(2008). 지방자치단체 사례관리 업무매뉴얼. 서울: 한국보건
　　복지인력개발원.

보건복지부(2016). 통합사례관리 업무 매뉴얼 안내.

한국사례관리학회 편(2012). 사례관리 전문가교육−사례관리 기초과정. 서울: 학지사.

한국사례관리학회(2016). 사회복지 사례관리 표준 실천지침.

Gursansky, D., Harvey, J., & Kennedy, R. (2003). *Case management: Policy, practice and professional business*. New York: Columbia University Press.

Kagle, J. D. (1997). 사회사업기록: 이론과 실제 (홍순혜, 한인영 공역). 서울: 학문사.

Moxley, D. P. (1993). 사례관리실천론 (김만두 편역). 서울: 홍익재.

Murer, C. G., & Brick, L. L. (1997). *The case management sourcebook: A guide to designing and implementing a centralized case management system*. London: McGraw-Hill Professional Publishing.

Rothman, J., & Sager, J. S. (1998). *Case management: Integrating individual and community practice* (2nd ed.). Boston: Allyn and Bacon.

Sheafor, B. W., & Horejsi, C. R. (2003). *Techniques and guidelines for social work practice* (6th ed). Boston: Allyn & Bacon.

Social Services Inspectorate. (1991). *Care management and assessment: Practitioners' guide*. London: H.M.S.O.

Walsh, J. (1999). *Clinical case management with persons having mental illness: A relationship-based perspective*. Belmont, CA: Brooks/Cole.

Woodside, M., & McClam, T. (2006). *Generalist Case Management: A method of Human Service delivery* (3rd ed.). Tomson Corporation: CA

제5장

직접실천 기술

이기연

    직접실천이란, 개인 혹은 가족과 주로 면대면 상호작용을 통해 변화를 도모하기 위한 의도적이고 목적지향적인 개입활동을 지칭하며 개별상담, 가족상담, 교육이나 치료(개별 혹은 집단), 지지집단 운영, 기타 프로그램이나 서비스 제공 등의 형태로 이루어진다. 직접실천의 목적은 클라이언트가 직면하고 있는 삶의 다양한 도전을 헤쳐 나갈 수 있도록 동기를 강화하거나, 욕구충족능력을 강화하거나, 자신의 삶에서 주도성을 회복하도록 하는 데 있다.

    직접실천 기술은 클라이언트의 욕구충족을 위한 서비스나 자원을 제공하는 기술에서부터 클라이언트의 역량을 강화하기 위한 기술까지 다양하게 구성되어 있다. 이 장에서는 직접실천 과정에서 견지되어야 하는 기본원칙과 사례관리의 주요 단계에서 활용할 수 있는 주요 기술을 중심으로 소개하고자 한다.

1. 직접실천의 기본원칙

[글상자 5-1]

방문객

정현종

사람이 온다는 건

실은 어마어마한 일이다.

그는

그의 과거와

현재와

그의 미래와 함께 오기 때문이다.

한 사람의 일생이 오기 때문이다.

……(후략)

그 갈피를

아마 바람은 더듬어 볼 수 있을 마음.

내 마음이 그런 바람을 흉내 낸다면

필경 환대가 될 것이다.

_정현종 시선집 〈섬〉

※ 토론

• 제시된 시를 읽고 클라이언트와의 첫 만남에 대한 마음가짐이나 태도에 대해 토론해 보자.

출처: 정현종(2009).

클라이언트를 돕는 데 어떤 기법을 사용하는지에 관계없이 사례관리자는 사람을 돕는 과정에서 염두에 두어야 할 기본원칙에 충실할 필요가 있다.

1) 그렇게 할 수밖에 없었다

클라이언트의 행동은 목적을 갖는다. 문제행동, 역기능적인 행동조차도 욕구를 충족시키거나, 갈등이나 다른 문제(종종 사례관리자가 모르고 있는 문제)를 완화시킬 목적으로 행동화된 것이다. 따라서 행동의 결과만 볼 것이 아니라 그런 행동을 하는 이유, 그런 행동이나 선택이 클라이언트에게 어떤 이득이나 기능적인 측면이 있는지를 알기 위해 더 많은 노력을 기울여야 한다. 이를 위해 클라이언트에게 감정이입, 역지사지(易地思之)할 필요가 있다. 즉, 클라이언트의 '세계'는 사례관리자의 세계와 같지 않으며 그렇게 되어야 할 필요도 없다. 클라이언트도 그들이 알고 있는 방법과 그들이 할 수 있는 수준에서 최선을 다하고 있다는 것을 인정해야 한다.

2) 변화의 가능성을 믿어라

클라이언트와 그 가정의 삶에 긍정적인 변화가 가능하다고 믿는가? 사례관리자는 자신의 신념을 먼저 점검해 보아야 한다. 변화 가능성에 대해 기대하지도, 믿지도 않는 일을 한다는 것은 사례관리자로서도 즐겁지 않을 뿐만 아니라 고통스러울 수 있다. 클라이언트의 변화 가능성을 믿지 않을 때 우리가 할 수 있는 일은 아무것도 없다. 클라이언트가 희망을 잃고 있을 때는 더욱 그렇다. 클라이언트가 동의한 목표를 향해 함께 노력할 것을 기대하고 촉구하라. 그러나 합리적인 진행이 이루어지지 않을 때는 클라이언트에게 도전하고 직면시키는 것을 두려워하지 말아야 한다. 또한 다른 사람이 클라이언트에 부여한 낙인 때문에 클라이언트와의 관계가 위축되지 않도록 한다. 전문가의 평가나 진단이라는 낙인에 어느 정도 유보적인 입장, 재구성하려는 노력을 기울일 필요가 있다.

3) '기술' 보다는 '사람'이 어필한다

다양한 상황에 개입할 수 있는 기술과 기법을 익히고 활용하는 것은 중요하다. 그러나 사례관리 과정은 어떤 특별한 기술을 건조하게 적용하는 과정이 아니며, 그렇게 해서는 효과적 개입이 이루어지지 않는다. 사례관리는 고밀도의 관계 중심적 실천임을 염두에 두어야 할 것이다. 많은 관계로부터 상처를 받았을 클라이언트에게 있어서, 사례관리자와의 긍정적이고 밀도 있는 관계경험은 사례관리의 성과를 좌우하는 중요한 요인이 된다. 비록 용어상 '사례관리 대상자'로 칭하지만 사례관리 대상자를 오로지 개입 기술을 적용하는 '대상화'하는 것이 아니라 클라이언트가 살아온 삶의 상황과 과정에 대해 인간적인 이해를 하는 것이 더욱 중요하다.

4) 문제해결이란 결과가 아니라 과정이다

물고기를 잡아 주지 말고 잡는 방법을 가르쳐라. 고전적인 이야기이지만 다시 한번 강조되어야 하는 부분이다. 사례관리자의 업무는 '문제해결을 촉진하는 것'이라는 점을 기억하라. 즉, 클라이언트 스스로 해결책을 찾을 수 있도록 도와야 한다. 또한 문제해결이란 전문가에 의해 '주어지는' 해결책이 아니다. 문제해결은 대개 선택사항을 찾아서 고려한 뒤 의사결정을 하는 과정이다. 클라이언트 나름대로의 방식으로 문제와 마주하고, 안전한 환경에서 시행착오를 통해 배울 수 있는 기회를 제공하는 것이 사례관리자의 역할이다. 더디 가더라도 클라이언트의 속도에 맞춘다. 또한 클라이언트가 자기 스스로 결정하도록 하라. 클라이언트가 스스로 할 수 있도록 점진적으로 준비시키고 능력을 고취하는 방향으로 원조가 이루어져야 한다.

5) 누구나 원하는 것을 할 때 열심히 한다

클라이언트는 자기 스스로 문제라고 인식하고 해결 가능하다고 희망적으로 느낄 때만 동기화된다. 사례관리자의 역할은 클라이언트가 자신의 삶이 변화 가능하다고 믿거나 더 나빠지는 것을 막을 수 있다는 '희망을 빌려주는 사람'이어야 한다. 사례관리자가 클라이언트에 대해 무엇을 원하는지와 관계없이, 변화를 가능하게 만드는 것은 오로지 클라이언트로부터 출발한다.

6) 진공 상태에서 사는 사람은 없다

클라이언트는 진공 상태에서 살지 않으며 사례관리자의 말과 행동에만 영향을 받는 사람이 아니다. 클라이언트가 약속을 지키지 않거나 마음이 바뀌는 것 등에 대해 무조건 신뢰할 수 없는 사람이라고 판단하기에 앞서 그러한 행동에 영향을 미치게 된 사람, 사건, 상황과 맥락에 대해 탐색한다. 아무리 영향력이 있다고 하더라도 사례관리자만이 클라이언트의 삶을 완벽하게 통제할 수 있는 것처럼 행동하지 않아야 한다. 복잡한 삶의 맥락에서 클라이언트에게 영향을 미치는 사람이나 상황에 대해 파악한다. 이를 위해서 클라이언트의 진술정보만이 아니라 다각적인 정보원을 활용하여 클라이언트를 다층적으로 파악하고 이해할 수 있도록 한다.

7) 사례관리자의 권리와 책임의 한계를 알라

사례관리자는 클라이언트의 문제나 이를 다루는 방식을 판단하고 처벌할 권리도 책임도 없다. 클라이언트는 이미 다른 사람으로부터 인정받지 못했을 뿐만 아니라 비난받고 있는 경우가 많다. 사례관리자마저 판단만 하고 인정하지 않는다면 대화를 단절시키고 관계를 악화시킬 뿐이다. 수용하고 이해하려고 노력하라. 클라이언트는 이해와 수용을 받아 본 경험이 적기 때문에 이해와 수용은 그만큼 클라이언트에게 큰 의미가 있다. 또 삶을 살아가는 과정의 다양한 선택에 대해 '옳고 그름'으로 클라이언트와 논쟁할 필요가 없다. '어떤 특성의 사람이, 어떤 상황과 맥락에서 그런 행동을 할 수밖에 없었는지'를 파악하는 것이 사례관리자의 역할이다. 사례관리자의 도덕적인 성향이 정말로 본받을 만하다면, 클라이언트는 사례관리자의 말이 아니라 행동에 충분히 영향을 받을 것이다. 사례관리자의 '도덕적 설교'는 오히려 그러한 가능성을 줄인다.

8) 불을 다루는 사람은 화상을 입기 쉽다

심각한 사회심리적인 문제로 갈등을 겪고 있는 클라이언트는 좌절감과 압도된 정서적 상태이기 쉽다. 사례관리자가 이러한 좌절의 원인제공을 하지 않았어도 함께 하는 시간이 많거나 관계가 밀접해지면 빌미가 될 만한 행동이나 사건으로 클라이언트의 분노가 사례관리자에게 향할 수도 있다. 이를 개인적인 것으로 받아들이지 말아야 한다. 잘못한 것이 있든 없든 간에 분노의 대상이 된다는 것은 심한 마음의 상처를 입힌다. '잘못한 나' '예상하지 못한 나' '잘 대처하지 못한 나'로 규정하여 자신을 괴롭히지 말고 치유와 회복에 초점을 맞춰라. 또한 클라이언트의 분노가 사례관리자에게 향했을 때 주변에서 "왜 조심하지 않았느냐" 같은 반응으로 2차 피해를 주지 않도록 한다.

9) 지원군을 많이 만들어라

사례관리의 궁극적인 목적은 무엇인가? 이상적으로는 사례관리 시스템을 통한 전문적 도움으로, 클라이언트가 지금보다는 사례관리 시스템의 도움을 덜 받고도 지역사회에 뿌리내려 잘 사는 것이다. 그렇다면 개입 초반부터 클라이언트에게 영향을 미치고 도움을 줄 수 있는 사회망에 있는 가족, 친구, 이웃, 동료 등 잠재적인 비공식적 자원을 최대한 이용하도록 클라이언트를 격려하고 지지망을 확충하도록 하여야 한다. 많은 경우 본격적으로 사례관리가 이루어지는 단계에서는 사례관리자를 중심으로 전적인 의존적인 관계를 구성하다가 종결에 임박해서 지원군을 확충하려는 경우가 많은데 이때는 너무 늦다. 또한 클라이언트만이 아니라 사례관리자도 다양한 지지망이 필요하다. 더 잘 돕기 위한 소진 예방, 개입의 방향성, 보존해야 할 가치 등 길을 잃지 않도록 돕기 위한 지원군이 필요하다.

10) 사례관리자의 한계를 인정해야 하지만, 그게 끝은 아니다

자신의 한계를 인정하는 것은 용기 있고 성숙한 태도이다. 그러나 사례관리자에게는 그것이 전부여서는 안 된다. 유용한 도구가 없다면 빌려 써라. 사례관리자가 어찌해야 할지 모르는 상황에 직면하게 되면, 동료나 슈퍼바이저 혹은 다른 전문가들에게 적극적으로 자문을 구하라. 클라이언트에게 기관의 서비스나 사례관리자의 역량을 넘어서는 욕구가 있을 때는 다른 기관이나 전문가에게 의뢰한다. 그게 진정 용기 있고 성숙한 태도이다. 그러나 단순히 연계하는 것만으로는 불충분하다. 해당 기관의 서비스가 잘 제공될 수 있도록, 안정적인 지원이 이루어지고 있는지 모니터링한다.

2. 사례관리 주요 과정별 직접실천 기술

흔히 "사례관리는 사회복지실천의 꽃이다."라는 표현을 한다. 이는 사례관리가 사회복지실천방법 중에서 가장 아름답다거나 의미 있거나 더 높은 가치를 담고 있어서 하는 말은 아닐 것이다. 사례관리는 사회복지실천의 직·간접실천 기술을 총망라한, 다양한 방법과 기술을 활용하며 이루어지는 것이기 때문에 '꽃'으로 비유된다. 따라서 직접실천에 필요한 다양한 기술을 익히고 활용하는 것이 필요하다. 이 장에서는 그중에서 기본적인 관계를 형성하고 신뢰관계를 맺고, 정보수집을 하고, 이를 기반으로 클라이언트를 제대로 이해하고, 동기를 강화하고 평가하고 종결하는 데 필요한 주요 기술을 중심으로 제시하고자 한다.

1) 오프닝 기술

초기상담 과정을 통해 잠재적인 사례관리 대상자에서 실제 사례관리 대상자로 그 관계의 성격이 이동해가면서 사례관리의 주요 과정을 열어가는 과정에 필요한 기술이다. 다른 인간관계에서처럼 첫인상은 관계의 형태와 질을 좌

우한다.

사례관리자들이 처음 클라이언트를 만날 때 약간의 불안을 느끼는 것은 흔한 일이다. 이는 클라이언트도 마찬가지일 것이며, 사례관리자와 클라이언트가 서로를 평가하고 첫인상을 형성하는 시간을 잘 구성하는 것이 필요하다. 이때 다음의 지침이 유용할 것이다.

(1) 면접에 대한 마음가짐

클라이언트와의 첫 만남 전에 클라이언트가 사례관리자에 대해, 외부에 자신과 자신의 삶이 노출될 것에 대해 클라이언트가 생각하고 느낄 것을 예상해 보라. '권위 있는 인물'로 인식할 수 있는 '낯선 사람' 혹은 '내가 필요한 정보나 자원'을 가지고 있고 이에 대한 '여탈(與奪)권력'을 가지고 있다고 믿는 사람과의 첫 만남에서 클라이언트가 가질 수 있는 두려움, 양가감정, 혼란감, 분노, 혹은 수치심을 이해하고 배려하는 방식으로 반응할 준비를 한다.

(2) 물리적 공간준비 및 신체언어 점검

좋은 의사소통을 할 수 있는 물리적 장치로 안락하고 안전한 상담공간을 확보하고 책상과 의자의 배치도 클라이언트의 입장에서 배치한다. 사례관리자의 신체언어(때와 장소와 상황에 맞는 옷차림, 자세, 표정, 목소리 톤, 제스처)가 이 상황에 적절한지도 확인한다. 이를 위해서 면접상황 역할극, 음성녹음이나 동영상을 통한 자가점검, 동료 간의 피드백이 유용하다.

(3) 첫 면담의 구성

클라이언트가 만남을 요청한 경우, 가벼운 인사말을 나눈 후에 가능한 한 적게 말하고 곧바로 클라이언트가 기관에 오게 된 배경이나 관심사로 옮겨 간다. 만약 사례관리자가 면담을 요청한 경우라면 자신이 누구인지, 누구를 대표하는지, 클라이언트를 만나서 이야기를 해야 하는 이유를 설명하고 나서 시작한다. 클라이언트가 자신의 관심사에 대해 말하는 것에 주의를 기울인다. 클라이언트가 중요시하는 것과 이야기하고자 하는 것부터 시작한다. 그러나 많은 클라이언트가 자신의 상황과 관련된 실제적 문제 혹은 이야기를 전부 꺼내기 전에 사례관리자의 진실성과 능력을 시험한다는 사실을 명심하라. 따라서 클라이언트의 말에 반응할 때 지나치게 놀라거나 불신하는 듯한 반응을 하지 않도록 주의해야 한다. 클라이언트가 제시하는 문제의 원인 및 특성에 대해 결론으로 쉽게 비약하지 말고 사례관리자가 내린 가정과 인식을 재확인하고 클라이언트의 인간적 측면과 그가 처한 상황에 대한 진실한 관심을 보여 준다.

(4) 상담기법

반응이 느리거나 자기 이야기를 꺼내기 어려워하는 클라이언트를 재촉하지 않는다. 말하기가 지연되거나 침묵을 존중한다. 그리고 이 또한 중요한 '말'임을 인식한다. "나는 당신의 생각을 펼치고 말하고 싶은 것을 표현하는 데 시간이 필요함을 인정하고 이를 보장해 줄 것이다."라는 메시지를 언어적으로, 그리고 태도를 통해 전달한다. 사례관리자가 사용하는 언어와 단어를 클라이언트의 이해수준에 맞춘다. 클라이언트가 말하는 것의 의미를 이해할 수 없다면, 명확히 혹은 예를 들어 설명해 달라고 요청한다. 특별히 구조화된 자료를 작성해야 하는 것이 아니라면 개방형 질문을 사용한다. 클라이언트가 대답하길 꺼려할 질문이나 대답을 꺼리는 경우 재차 하지 않는다. 압박은 클라이언트로 하여금 거짓말을 하게 하거나 관계형성에 장애가 될 수 있다. 필요하다면 좀 더 관계가 안정화된 다음에 다시 꺼낼 수 있다.

(5) 기대의 확인

기관과 사례관리자에 대한 클라이언트의 기대나 정보(어떤 곳으로 알고 있는지, 무엇을 해 줄 수 있다고 알고 있는지 등)를 확인한다. 클라이언트가 사례관리자, 기관 혹은 서비스에 대해 가질 수 있는 두려움 혹은 오해를 확인하다. 사례관리자에게 자신의 삶의 이야기를 꺼내는 것, 서비스를 받는 것에 대한 클라이언트의 양가감정을 다룬다. 클라이언트의 관심사가 사례관리자와 기관에서 다룰 수 있는 것인지, 아니면 다른 기관에 의뢰할 필요가 있는 것인가를 결정한다.

(6) 사례관리 혹은 서비스의 명암을 모두 설명한다

사례관리자와 기관이 클라이언트의 관심사를 다루기 위해 할 수 있는 것과 할 수 없는 것에 대해 설명한다. 서비스 관련 자격요건, 서비스를 받기 위해 치러야 할 비용 혹은 지켜야 할 절차나 태도에 대해 설명한다. 클라이언트가 말한 내용에 완벽하게 비밀보장을 할 수 없다면 비밀보장의 범위와 한계도 명확하게 설명한다. 비밀정보 혹은 사적 정보는 클라이언트의 동의하에 공개 혹은 공유할 것을 보장하고 비밀보장의 원칙을 설명한다. 클라이언트에게 제공할 수 있는 서비스의 기간이나 시간이 제한적임을 설명하고 가장 우선순위가 높은 것에 충분한 시간을 할애할 수 있도록 미리 설명한다. 서비스와 관련된 클라이언트의 질문에 답하기 어려운 경우 애매하거나 변명조로 말하지 말고 확인해서 알려 주겠다고 말한다. 지킬 수 없는 약속을 하지 않도록 주의한다.

(7) 책임과 의무에 대한 설명

사례관리를 진행하는 과정에서 요구되는 클라이언트와 사례관리자의 책임을 명확히 설명한다. 클라이언트가 원조 과정에 대해 행할 수 있는 통제의 정도와 방식(서비스 요청과 거부 등)을 설명한다. 문제 혹은 상황을 사정하고 장·단기목표를 형성하고 가장 효과적일 것 같은 개입 유형을 결정하는 데 필요한 정보를 클라이언트가 제공해야 더 잘 도울 수 있음을 충분히 설명한다.

2) 신뢰구축 기술

효과적인 원조관계를 만드는 것은 모든 사회복지실천의 핵심적인 과정으로 사례관리도 예외는 아니다. 그 첫 관문은 긍정적인 관계, 신뢰할 수 있는 관계를 구축하는 것이라 해도 과언이 아니다. 그러나 일반적인 인간관계와 달리 원조관계는 개입목적 및 서비스 계획, 사례관리자의 관점과 실천틀, 기관의 목적과 정책 같은 다양한 요소가 상호작용하여 그 형태가 마련된다. 또한 원조관계는 반드시 즐겁고 갈등이 없어야 하는 것은 아니다. 오히려 진정으로 도움이 되고 의미 있는 변화를 만들어 내기 위해서는 클라이언트나 사례관리자 모두에게 정서적으로 힘든 경험인 경우가 더 많을 것이다. 원조관계가 어떠한 정서적 상태를 초래하더라도 '신뢰할 수 있는 관계'를 통해서만 변화를 촉진하는 효과를 가져올 수 있다. 이를 위해 신뢰 혹은 신뢰관계를 구축하는 기술을 적극적으로 활용할 필요가 있다.

(1) 긍정적인 고려

이는 본질적으로 모든 클라이언트가 가치 있는 존재이며 외모나 행동, 환경에 관계 없이 존엄하게 대우받아야 한다는 믿음에서부터 출발한다. 예를 들면, 초기상담 과정에서 어느 정도의 기록은 필수적이다. 기록 전에 그 목적과 어떤 내용을 기록할 것인지에 대해 설명하고 양해를 구한다. 기록은 클라이언트에 대한 관심과 중요한 세부사항을 기억하려는 의도와 노력임을 설명한다.

그러나 클라이언트가 이를 지나치게 신경을 쓰는 등 방해가 된다면 기록을 중단한다. 만약 기관의 양식을 작성하고 있다면 사례관리자가 질문하는 내용을 확인하고 함께하기 위해 빈 양식의 복사본을 클라이언트에게 주고 함께 작업한다.

많은 클라이언트는 사례관리 대상자가 되기 전에 이미 많은 '거절'을 경험했다. 즉, 세상은 안 되는 일로 가득하고 서비스 시스템에서는 '대상이 되지 않는다'는 말을 반복적으로 들어 왔을 것이다. 따라서 '안 된다'는 말에 과민하여 쉽게 좌절하거나 분노하기도 한다. 사례관리자는 "좀 더 알아보자." "함께 알아보자." "다른 대안을 찾아보자."라는 표현 등을 통해 가능성을 여는 경계 확장의 역할(이기연, 박현정, 2015)을 하며 긍정적 고려를 행동화해야 한다.

(2) 배려

사례관리자가 할 수 있는 배려는 다양한 형식으로 나타날 수 있다. 일상생활이 어렵거나 건강상의 이유로 제대로 음식을 섭취하지 못하는 경우, 후원물품이나 건강식 등을 마련하여 전달하는 물질적인 지원 행동에서부터 '복지 서비스 대상자'라는 이미지로 인해 모멸감이나 상처를 받지 않도록 사려 깊은 언어와 행동에 이르기까지 다양한 방식으로 이루어질 수 있다. 사례관리 수행과정은 사무실이나 가정에서만 이루어지지 않는다. 이때 제3자 앞에서 클라이언트와 사례관리자의 관계가 자연스럽고 일상적으로 보이도록 하는 것, 상황에 따라 보호자나 대변인으로서의 적극적 입장을 표명하는 것 등으로 세심하게 접근하는 것이 필요하다.

배려는 사례관리자와의 관계에서 클라이언트가 스스로를 부끄럽거나 수치스럽고 무기력한 존재로 인식하지 않도록 하기 위한 것이다.

(3) 가랑비에 옷 젖듯이

이는 많은 사례관리자의 신뢰구축 방법으로 일관성 있게 강조하는 부분이다. 긍정적인 인간관계 경험이 거의 없거나 인간관계 자체가 단절된 클라이언트에게 사례관리자가 아무리 선의를 가지고 접근을 해도 단 시간에 신뢰를 얻기는 쉽지 않다. 오히려 이러한 적극성은 클라이언트에게 두려움이나 거부감을 강화시킬 뿐이다. 이때 안부를 묻는 수준으로 접촉을 짧게 자주 하면서 서서히 클라이언트의 일상에 스며드는 전략이 주효하다. 특히 거부적인 클라이언트, 주변의 자극에 대해 혼란스러워하는 클라이언트에게 다가가는 데 꼭 필요한 전략이다.

3) 정보수집 기술

사례관리는 클라이언트의 문제만이 아니라 내·외부적 자원과 장애물에 대한 사정평가를 해야 한다. 사실상 이는 곧 '클라이언트의 삶에 대한 포괄적인 이해'를 주문하는 것이다. 유효한 사정평가가 이루어지려면 사례관리자는 정확한 정보를 다각적인 정보원에게서 수집하는 역량이 필요하다. 그러나 많은 사례관리자는 바쁘거나 접근하기 어렵다는 이유로 클라이언트만을 면담하여 정보수집을 마치기도 한다. 정보의 신뢰도와 타당도를 높이기 위해서 자료원과 정보제공자를 다각화하여 정보수집을 해야 한다. 사례관리자는 언제나 한 가지 이상의 방법을 활용해야 한다. 이런 방법은 정보를 다각화하여 정보의 충분성과 추론의 정확성을 높일 수 있다. 특히 제시된 문제나 욕구, 목표와 관련된 모든 사람과 접촉하여 정보를 사정하기 위한 노력이 필수적이다. 일반적으로 활용할 수 있는 정보의 원천과 정보수집방법은 다음과 같다.

[글상자 5-2]

독거노인 설문 조사

박남준

우울증은 없는가요

너무 행복해서 탈이네요

충치, 틀니를 하셨는지

잘 씹어 먹어요

담배는 하루 몇 개비 피워요

갑으로 물어보세요

갑으로는 문항이 없는데요 그럼 열 개비 이상

인기척에 나가보니 웬 아주머니 하는 말, 군 보건소에서

나왔는데 독거라는 말끝을 자르며 독거노인 조사요

아니 옆집도 있고 아랫집도 있는데 그랬더니 그분들은

함께 사시잖아요 우리 나이 쉰넷, 사고로 다친 무릎이

쑤시고 절뚝거리고 치통이 자주 양수쌍쌍겸장으로

관자놀이 편두통을 짹 훅 어퍼컷 카운트 펀치로 휘두른다

온갖 잡문을 써서 꾹꾹 눌러 담은, 월수 삼사십, 한 시인의

경제가 싹 벗겨져 들통 나는 설문 조사당하는 날

-박남준 시집 〈그 아저씨네 간이 휴게실 아래〉

※ 토론

• 위 시를 읽고 정보수집과 이해의 차이에 대해 토론해 보자.

출처: 박남준(2010).

(1) 가정방문상담을 통한 정보 수집하기

가정방문상담은 클라이언트의 가정에 사례관리자가 방문하여 클라이언트를 만나는 것을 뜻한다. 일반적인 서비스나 프로그램에서는 잘 활용되지 않지만 사례관리에서는 필수적인 정보수집방식이자 개입수단이 되고 있다. 가정방문을 통한 면접이 사례관리에서 중요하고도 필수적인 방법이 되고 있음에도 불구하고 사례관리자들은 이를 힘들어하거나 심지어 불안을 느낀다. 안전확보의 문제, 사무공간이 아닌 돌발변수가 많은 비구조화된 환경에서 초점을 잃지 않고 상담을 이끌어야 한다는 것, 심각하게 불결한 환경으로 인해 집중할 수 없게 하는 환경 등이 그 이유가 될 수 있다. 이러한 어려움을 완화할 수 있는 방법으로 다음과 같은 지침이 권고된다.

① 방문목적을 분명히 한다

업무지침에서 필수이자 의무로 강조하고 있기 때문에 가정방문을 하는가? 업무지침에서 이를 강조하는 것은 그만큼 의미가 있기 때문이다. 가정방문을 통한 상담을 하는 이유는 일상적인 환경 속에서 클라이언트를 상담하고 관찰하기 위한 목적이다. 그러나 비용적으로는 '비싼' 서비스이다. 대부분 오가는 시간을 포함한다면 3~4시간이 소요되며, 농어촌 지역에서는 더 많은 시간이 소요된다. 이런 대가를 치를 만한 활동이 되기 위해서는 방문목적이나 방문을 위한 준비작업을 철저히 한다. 시간약속에서부터 그 날 다룰 내용, 관찰하고자 하는 내용을 미리 점검하고 이를 효과적으로 확보할 수 있는 사전작업을 하여 가정방문상담으로부터 얻을 수 있는 정보를 극대화한다.

② 안전이 최우선이다

가정방문에서 가장 중요한 것은 안전하게 상담을 하는 것이다. 첫 방문 시에는 동료나 타 기관 담당자와의 동반상담을 권장한다. 그래도 어디까지나 '가정방문'이므로 지나치게 많은 사람이 동행하여 클라이언트가 위축되거나 압도되지 않도록 한다. 이는 클라이언트 입장에서는 누군가의 '방문'이 아니라 '침범'이나 '침입'으로 이해될 것이다. 클라이언트에 대한 정보가 없거나 안전이 확보되지 않은 상황에서는 가정 외부(문밖에서의 간단한 안부확인, 공용공간의 활용 등)에서의 상담을 먼저 시도하고 점차 가정 내 상담으로 전환하도록 한다. 방문 시 주요 안전지침은 다음과 같다.

- 기관을 나서기 전 사례기록을 재검토할 것. 예를 들어, 가족은 몇 명이 살고 있는지, 폭력 이력이 있는지 주목할 것
- 클라이언트들의 주소, 예상 노선, 예상하는 기관 도착시간 등 방문 일정을 기관의 동료에게 알릴 것. 위험 가능성이 의심되면 동료에게 가정방문 중 확인 전화를 걸어 주도록 부탁할 것
- 가정방문에 꼭 필요한 자료들만 가져가고 귀중품(많은 현금, 불필요한 신용카드, 장신구)은 기관에 남겨 둘 것
- 가능하면 오전에 가정방문 일정을 잡거나 공공장소에서 만날 것
- 클라이언트에게 신분을 증명할 수 있는 것들을 뚜렷하게 보여 줄 것(기관 신분증, 명함, 기관 자동차의 로고 등)
- 자신의 직감이나 통찰을 무시하지 말 것. 상황이 불편하거나 위험이 느껴지고 문제의 가능성이 느껴진다면 약속을 다시 잡거나 다른 조치를 취할 것
- 자가운전하여 가정방문을 나간다면, 자동차의 모든 문을 잠그고 옷 주머니 등 쉽게 찾을 수 있는 곳에 자동차 열쇠를 보관하며, 불필요한 물건은 트렁크에 넣어 둘 것

- 방문하는 집에 무슨 동물이 있는가에 주의하고, 끈이 풀린 동물에 대해서는 클라이언트에게 도움을 요청할 것
- 집에 들어가려고 할 때 모르는 사람들 사이로 걸어가는 것을 피할 것
- 집에 있는 사람들에 주목하고, 그들이 누구인지 클라이언트에게 물어볼 것. 그 집에 다른 사람들이 있는 것이 불편하다면 그 사람들이 집을 나가도록 요청하고, 논의할 내용과 관련한 비밀이 지켜질 수 있도록 클라이언트에게 권유할 것
- 집에 들어가면서 모든 감각기관에 민감할 것
- 흉기가 될 수 있는 것들이 보관될 가능성이 많은 침실이나 부엌에서 클라이언트와 이야기하는 것은 가능한 한 피하거나 불가피할 경우 출입구에 앉거나 위험물을 등 뒤로 위치하게 할 것
- 방문 후 기록업무는 다른 장소로 이동 후 할 것. 방문 시 느끼거나 당한 모든 위험사항은 문서화할 것

③ 친교방문이 아니다

가정방문은 목적지향적이어야 한다. 가정방문을 요구한 사람이 사례관리자일 때 방문목적과 그 기대효과에 대해 분명하게 설명하고 동의를 구해야 한다. 특히 초기 단계에서의 가정방문은 공식적이어야 한다. 가정방문상담은 서로가 편하고 가능한 시간이어야 한다. 예정 없는 방문은 피해야 하지만 클라이언트에게 전화가 없거나 글을 읽을 수 없는 경우나 접촉하기 위한 다양한 시도가 실패하여 어쩔 수 없는 경우도 있다. 예정에 없는 방문을 하게 된 경우에는 다른 방식으로 연락을 했었음을 바로 설명하고 어차피 지금 만났으니 상담을 권유하거나, 그럼에도 불구하고 불편하면 추후 방문 약속을 잡을 수 있다는 대화로 시작할 수 있다.

④ 가정방문은 '클라이언트의 세계'에 들어가는 것이다

집에 들어갈 때는 다른 사람이 사례관리자의 집에 찾아왔을 때 기대하는 것과 마찬가지로 클라이언트를 존중하고 예의를 지킨다. 우선 어디에 앉을 것인지 물어보고 음식물이나 음료의 대접은 가능한 한 거절하지 말고 받아들인다. 특히 상대방의 입장에서 이러한 권유가 감사함이나 대접, 예의 등의 각별한 의미를 담고 있다고 느낄 때는 더욱 그렇게 하는 것이 좋다. 그러나 일상적인 권유로 해석된다면 사례관리자의 선호에 따라 충분히 합리적인 이유(너무 배가 부르다거나 오늘 이미 커피를 너무 많이 마셨다 등)로 부드럽게 거절할 수 있다. 막 가정에 들어섰을 때 보이는 모습이나 냄새 등에 대한 반응은 가능한 한 자제한다. '클라이언트의 세계'에 들어갔을 때 가장 중요한 것은 충격이나 비난 등 부정적인 감정을 드러내지 않는 것이다.

⑤ 폭풍우 속에서 함께 우산 쓰기

열악한 가정의 상황, 예를 들어 방의 구조, 물건, 동거인, 아이들, 반려동물, TV 등에 의한 시각, 청각, 후각적으로 매우 불편한 상황에서 상담에 방해받지 않도록 구조화하는 것은 매우 어려운 일이다. 그러나 사례관리자는 정신없고 집중하기 어려운 상황이라고 느낄 수 있지만 클라이언트에게는 '일상'이어서 아무렇지 않을 수 있다는 점에 주목할 필요가 있다. 클라이언트 수준의 평온을 유지하도록 노력하고, 클라이언트도 방해를 받고 있거나 정신이 없다면 혼란스러움을 언급하고 이를 해결할 수 있는 방법을 함께 모색하도록 한다. 친구혹은 이웃이 함께 있는 경우에는 면접 진행 여부를 클라이언트에게 물어서 진행한다. 어떤 클라이언트들은 개인적인 이야기를 하는 상황에서도 주변의 비공식적 지지체계가 함께하길 바랄 수 있기 때문에 이러한 선택은 존중되어야한다. 기관의 상담실에 비하면 여전히 폭풍우 속에 내던져진 느낌이겠지만 그

안에서도 가능한 한 비를 덜 맞는 방법을 클라이언트와 함께 모색해야 한다.

⑥ 관찰정보 수집 및 활용

가정방문은 상담을 통한 내용뿐만 아니라 물리적 환경 그 자체와 자연스러운 삶의 환경에서 클라이언트가 보이는 태도, 행동, 언어 등에서 다양한 정보를 준다. 특히 클라이언트 외에 다른 구성원이 있는 상황에서 클라이언트가 그들에게 보이는 언어나 행동이 상담실에서 보였던 언어나 행동과 차이가 있다면, 왜 그런지에 대한 분석이 매우 중요하다. 또한 진술정보와 관찰정보의 차이에는 클라이언트에 대한 많은 메시지가 담겨 있으므로 이를 면밀히 사정할 필요가 있다.

(2) 척도 활용하기

사례관리자는 정보를 다각화하기 위해 외부 기관에서 작성한 사정평가 결과물이나 사례관리자가 직접 시행한 다양한 척도를 활용하여 사정의 자료로 활용한다. 이때 상황에 적절한, 다양한 척도를 활용하고 이를 사정평가에 반영하는 기술이 필요하다. 사례관리 대상자가 소속된 기관이나 사업의 특성에 따라 사례관리 과정에 활용하게 될 척도로 규정된 것도 있고 사례관리자가 대상자의 특성에 따라 필요한 척도를 재량으로 선택하여 활용하기도 하다. 사례관리사업의 평가를 위해서는 특정 욕구사정이나 평가에 필요한 척도를 일률적으로 적용하고, 사례관리 대상자의 기능이나 상태를 시의적절하게 평가하고 확인하기 위한 보조수단으로서 다양한 척도를 추가적으로 활용하는 것이 필요하다.

(3) 문제 체크리스트 활용하기

많은 클라이언트가 초반부에는 면접에 익숙하지 않거나, 부끄럽거나 당황해서 자신의 문제를 정의하거나 표현하는 데 어려움을 느낀다. 문제 체크리스트는 이런 어려움을 덜고 정보수집을 촉진할 수 있다. 문제 체크리스트[1]는 특정 집단의 클라이언트가 공통적으로 보고하는 문제 목록으로 구성되어 있다. 사례관리자는 클라이언트가 목록의 각 항목을 읽고 자신의 어려움과 가장 가까운 문항을 선택하여 이를 중심으로 추가 설명을 할 수 있도록 격려한다. 이 목록은 클라이언트의 개인적 생각을 포함하나 객관화되어 있어서 나만의 문제나 어려움이 아니라는 점에서 클라이언트를 안심시킬 수 있다. 또한 일반적으로 클라이언트들은 자신이 받을 수 있는 서비스에 대한 정보를 모르고 있으므로, 사례관리자는 클라이언트와 함께 문제 체크리스트를 검토하면서 기관이 어떤 도움이 줄 수 있는지에 대해 이야기할 수 있다. 이러한 의미에서 문제 체크리스트는 교육적 도구로 활용 가능하다. 또한 체크리스트는 면접의 초점을 잃지 않게 하고 구조화하는 데 도움이 된다. 문제 체크리스트는 클라이언트 자신의 문제를 개방하고 보고할 수 있도록 돕는 긍정적인 측면이 있는 반면, 강점에 초점을 두지 않고 있다. 따라서 강점 관점에서 사정할 수 있도록 균형을 유지하는 것이 중요하다. 특별한 문제 체크리스트가 아니더라도 기관에서 쓰고 있는 다양한 서식의 각 문항이 어떤 의미로 구성되어 있는지를 충분히 설명하고 면담의 도구로 활용할 때 훨씬 의미 있는 정보수집이 가능해진다.

---

1) 이 목록은 문제나 어려움을 겪고 있는 상황별로 클라이언트가 갖는 전형적인 사고와 느낌에 익숙한 실천가들이 취합하여 만들 수 있다.

(4) 다른 기관이나 기록물로부터 정보 수집하기

좀 더 객관적인 정보를 얻기 위해 다른 기관이나 공식화된 기록문서(진단서, 심리평가서, 각종 증명서 등)에 포함된 클라이언트의 정보를 얻는 것이 필요하다. 이들 기록에 접근하기 위해서는 「개인정보 보호법」 및 기타 관련법과 그 공식적 절차에 따른다. 클라이언트에 대한 기록정보를 누구에게 제공할 것인가를 결정하는 것은 클라이언트이다. 따라서 이런 정보를 원할 때 클라이언트의 동의 및 필요시 서면 동의를 받는다. 법원의 명령 혹은 보호 서비스의 신고의무자나 조사자는 클라이언트의 허가 없이도 클라이언트와 관련한 기록을 확보할 수 있다. 긴급하고 중대한 신체적 위해로부터 클라이언트 혹은 다른 사람을 보호하는 것이 필요한 경우 사례관리자는 선택적으로 클라이언트의 정보를 공유할 수 있다. 이 외에도 보관된 기록물을 활용한다. 클라이언트와 관련한 기관의 상담 및 프로그램 과정기록지, 학교기록, 의료기록, 각종 보고서 등을 활용한다. 그러나 각각의 자료들은 누가, 어떤 목적을 가지고 작성하였는가에 따라 관점이나 시점이 다를 수 있음에 유의하며, 각 정보가 일치하는 것과 일치하지 않는 것이 어떤 의미가 있는지를 분석해야 한다.

한편, 사례관리자는 클라이언트의 심리검사나 정신과 진단을 빈번하게 의뢰한다. 이러한 검사들은 의뢰목적에 따라 클라이언트의 지능, 동기화와 대처행동의 유형, 자기개념, 불안이나 우울의 정도, 정신질환 여부 및 그 진단적 설명, 일반적인 인성의 통합 정도 등 다양한 정보를 제공한다. 그러나 심리학적, 정신의학적 정보는 관련한 검사를 중심으로 특정 변수에만 초점을 맞추고 있으며 사회환경적 요소는 포함되어 있지 않음을 기억해야 한다. 검사 혹은 척도의 활용 가능성과 범위는 물론, 제한성에 대해서도 명확히 인식하고 있어야 한다. 심리학적 검사 결과 등 척도를 활용한 결과물들은 사정평가에 필요한 의사결정의 기초가 되는 가치 있는 정보를 준다. 그러나 배타적으로 표준화된 검사 결과에만 의존하는 것은 지양해야 한다.

4) 사정 기술

사정(assessment)을 의료적 개입 과정과 대비시켜 보면 의사가 환자에 대한 진찰과 다양한 검사 결과를 기반으로 진단을 하고 잠정적인 치료계획을 수립하는 과정에 해당한다. 치료나 병리적 관점을 적용하라는 것이 아니라 다양한 정보를 통합하여 하나의 가설을 만들어 내는 과정이라는 의미이다. 사례관리에서의 사정은 욕구사정, 장애물 사정, 위기사정, 자원사정, 강점사정 등으로 사정의 영역을 구분하고 있다. 이 중 강점사정과 위기사정 영역은 다른 영역보다 직접실천 기술의 적용과 정보를 통합하기 위한 노력이 필요하다. 사정 기술의 핵심은 사실상 질문 기술이라 해도 과언이 아니다. 다양한 질문을 통해 드러나지 않았던 것들을 드러내고 익숙하거나 당연하게 여기던 클라이언트의 상황, 즉 '그런 줄'로 알고 있었던 것들을 '제자리로 돌려보내기 위한 작업'이거나 새롭게 이해하기 위한 작업이 될 것이다.

(1) 강점사정 기술

강점 관점은 일상이 아무리 파괴되고 일그러지고 처참한 상황에 놓여 있다 할지라도 사례관리자는 클라이언트의 역량, 재능, 경쟁력, 가능성, 비전, 가치, 희망 등에 중점을 두고 봐야 한다고 주장한다(Saleebey, 2008). 즉, 클라이언트의 결함보다는 이미 갖고 있는 것, 모르는 것보다는 아는 것, 할 수 없는 것보다는 할 수 있는 것을 헤아려 볼 것을 요구한다. 강점 관점의 저변에는 인간 정신에 내재하는 생존력과 고유의 지혜, 역경 속에서 발휘되는 인간의 잠재적 역량에 대한 인정과 존중이 깔려 있다. 사회적으로 가장 낮은 위치에서 학대,

억압, 차별, 외상, 고통 그리고 그 밖의 역경을 경험하고 있는 사람이라 할지라도 그 가운데서 희망과 변화의 싹은 돋아날 수 있다는 것이다.

이러한 관점에 많은 사례관리자가 동의하고 있지만 '강점사정'은 여전히 사회적으로 인정되는 '강점'을 찾는 과정으로 인식되고 있다. 그러나 인간이 가지고 있는 어떤 특성이나 처한 상황은 절대적인 기준에서 좋은 것과 나쁜 것, 긍정적인 것과 부정적인 것, 기능적인 것과 역기능적인 것으로 구분하기 어렵다. 그 특성이나 상황이 전개되는 배경이나 맥락을 전제로 판단하기 때문이다. 따라서 그러한 배경이나 맥락을 배제한 모든 특성은 좋은 것과 나쁜 것으로 구분하기 어려운 중립적 혹은 중간지점에 있는 특성이라 할 수 있다. 역으로는 다중잠재력(multipotentiality)이 있는 것이다. 즉, 클라이언트가 가지고 있는 특성을 중립적으로 보고 그 특성이 어떤 상황에서는 삶에 유리하게 기능하고 어떤 상황에서는 불리하게 작용하는지에 초점을 두는 것이 중요하다. 이렇게 함으로써 강점사정은 클라이언트가 가지고 있는 내면적 특성의 변화나 기능 강화만이 아니라 주변 환경이나 상황의 변화나 강화시키기 위한 방법에 관심을 기울이도록 촉구한다.

강점사정에 유용한 질문은 다음과 같다.

① 생존질문

어떻게 당신 앞에 놓인 도전을 이겨 낼 수 있었습니까? 그러한 어려움에 직면했을 때 어떤 생각을 했습니까? 어려움을 이겨 내는 동안 자신과 세상에 대해 무엇을 깨닫게 되었습니까? 이러한 어려움 중에서 배우게 된 것이 있다면 그것은 무엇입니까? 이 상황에서 발휘된 당신의 특별한 강점, 통찰, 기술은 무엇입니까?

② 지지질문

어떤 사람이 당신에게 특별한 이해, 지원, 지도를 해 주었습니까? 당신이 의지할 만한 특별한 사람은 누구입니까? 그 사람이 당신에게 준 것은 무엇입니까? 어떻게 그들을 발견했습니까? 혹은 어떻게 그들이 당신에게 왔습니까? 무엇이 당신에게 반응하게 하였습니까? 과거에 어떤 조직, 집단이 당신에게 특히 도움이 되었습니까?

③ 예외질문

삶이 잘 풀려 나갔을 때 무엇이 달랐습니까? 과거에 생활이 만족스러웠거나 즐거웠거나 안정적이었을 때 당신의 세상, 관계, 생각에서 무언가 특별하거나 다른 것이 있었다면, 그것은 무엇이었습니까? 당신의 인생에서 어떤 부분이 다시 회복되고 재창조, 재생되었으면 합니까? 당신의 삶에서 어떠한 순간이 당신에게 새롭고 특별한 이해, 교훈을 주었습니까?

④ 가능성 질문

당신이 지금 원하는 것은 무엇입니까? 당신의 희망, 비전, 열망은 무엇입니까? 이러한 것을 달성하기 위해 당신은 어떤 시도를 해 보았고, 얼마나 진전을 보이고 있습니까? 이러한 방향으로 이동하는 데 어떠한 사람, 개인적 자질이 도움이 되었습니까? 당신은 무엇을 하고 싶습니까? 당신의 특별한 재능과 능력은 무엇입니까? 당신에게 특별한 희망과 삶의 지도(map)를 주는 꿈과 비전은 무엇입니까? 당신이 목적을 달성하거나 과거에 가지고 있었던 특별한 희망과 시간을 회복하기 위해 어떻게 도와주면 되겠습니까?

⑤ 자긍심 질문

사람들이 말하는 당신의 장점은 무엇입니까? 당신에게 진정으로 자긍심을 주는 당신 인생, 자신, 성취에 관한 것은 무엇입니까? 당신이 잘 살아가고 있다는 것을 어떻게 알 수 있습니까? 당신은 무엇을 할 것이고, 누구와 함께할 것이며, 어떻게 느끼고 생각하고 행동합니까? 무엇이 당신 인생에서 진정으로 기쁨을 줍니까? 어떤 경우에 당신은 자신이 원했던 것을 달성했다고 믿을 수 있습니까? 이때 어떤 사람, 사건, 생각이 관련이 있습니까?

(2) 위기사정 기술

사례관리자는 '위기'에 처한 클라이언트를 무수히 만나게 된다. 위기상황에 처한 클라이언트가 의뢰되기도 하고 사례관리 대상자로 지원을 하는 과정에 위기가 발생하기도 한다. 1차적으로 위기안정화가 필요한 위기개입 사례를 사례관리의 일반적인 구조나 전달방식을 적용할 수는 없다. 위기개입 대상자와 사례관리 대상자는 개입의 목표가 다르기 때문이다. 따라서 사례관리자는 다양한 시점에서 위기를 사정하여 사례관리자 수준에서의 적절한 개입을 하거나 필요시 전문적 개입이 이루어지도록 의뢰할 수 있어야 한다.

사례관리 영역에서는 흔히 '위기가구'라는 구분을 통해 위기지원을 강조하고 있다. 위기가구란 스트레스 사건이나 상황에 대처할 수 있을 만큼 충분하게 내적·외적 자원이 부족하여 적절히 대응하기 어렵고 일상적 삶을 유지하기 힘든 가구를 의미한다. 이런 의미에서는 사실상 사례관리 대상가구는 이미 위기가구이다. 그러나 이 장에서는 삶의 위기상황 중에서도 학대 및 폭력 등 안전 문제와 취약한 정신건강, 또는 이와 연관된 자살로 나타나는 위기 유형에 초점을 맞추고, 이들의 위기사정을 위한 원칙이나 기술을 제시하고자 한다.

① 위기사정의 특성

첫째, 정보수집, 사정평가, 정보관리가 신속하고 전략적으로 이루어져야 한다. 위기사정은 일반적인 사정평가와 달리 단시간 내에 필요한 정보를 정확하게 수집해야 하나 다양한 정보원을 활용하기 어려운 경우가 많다. 따라서 고도의 전략적인 정보수집과 정확한 판단이 요구된다. 상담을 통해 확보된 정보는 기록을 보존하여 추후 다양한 상황(명확한 정보의 공유나 법적 이슈에 대한 증거자료 등)에 대응할 수 있어야 한다.

둘째, 위기를 120%로 추정한다. 위기사정의 목적은 위험에 대한 평가와 안전 확보, 더 위험한 상황을 막는 예방의 목적을 가진다. 따라서 현재의 위험상황을 축소 혹은 낙관적으로 평가하기보다는 오히려 '만약의 가능성'을 염두에 두고 확대 추정할 필요가 있다.

셋째, 사정과 직·간접 개입이 동시에 이루어질 수 있다. 위기(危機)는 말 그대로 '위험'과 '기회'를 의미한다. 위기는 위기사정과 함께 필요한 개입이 즉각적으로 이루어져야 한다. 위기개입을 위한 전문기관이 아니더라도 위험상황을 지연시키기 위해 또는 위기개입을 통해 예방이나 안정화를 위한 기회의 확보를 위해 지지상담이나 전문기관으로의 의뢰 등이 동시다발적으로 이루어질 수 있다. 이를 위해서는 평상시 위기대응을 위한 기관 내부지침이나 연계기관의 리스트 등을 마련하고 있어야 한다.

② 자살위험사정

자살에 대한 경고신호는 우울, 죽음과 고통에 대한 과도한 집착, 귀중한 소유물을 나누어 주는 것, 성격의 변화, 약이나 알콜 사용의 급격한 증가, 충동적이고 무모한 행동의 증가 등이 있다. 자살하는 모든 사람이 우울증이 있는 것은 아니지만 많은 자살시도자가 우울증을 겪는 것으로 나타나므로 우울증에 대한 이해가 필요하다. 우울증의 주요 증상은 일상적인 활동에서의 흥미의 결여, 희망이 없다는 잦은 표현, 식욕의 상실 혹은 과도하게 음식에 집착, 타인으로부터 자신을 고립시킴, 잠에서 일찍 깨거나 불면 혹은 이상한 수면 패턴, 짜증, 이유를 알 수 없는 울음 등이 있다. 성인기의 우울은 기분이나 활동의 저하로, 아동이나 청소년의 우울증은 흥분이나 과도한 행동으로 나타나기도 한다.

법적으로나 윤리적으로나 사회복지사는 클라이언트의 자살을 막기 위해 모든 합리적인 노력을 기울여야 한다. 이는 위기사정이나 상담, 위험이 고조되었을 때 함께 있어 주는 것, 필요하다면 경찰을 부르거나 비자의적인 입원을 시키는 것도 포함한다. 가장 선행되어야 하는 것은 클라이언트가 자살할 위험이 있다는 근거가 있다면 어떻게 해야 좋을지에 대해 다른 전문가와 의논해야 한다. 사회복지사는 자살위험이 있는 클라이언트와의 완전한 비밀보장을 위해 아무 일도 하지 않고 가만히 있어서는 안 된다. 비밀보장의 일반원칙은 죽음이나 심각한 상해를 막기 위해서는 파기될 수 있다.

다음은 자살위험성을 사정하고 개입하기 위한 일반적인 지침이다.

첫째, 자살에 관한 직·간접 메시지는 심각하게 받아들여야 한다. 자살의 10~20%만이 자살 이전에 경고신호나 단서가 없을 뿐 대부분은 단서를 남긴다. 미묘하고 작은 메시지가 불행하게도 자살 이후 의미가 분명해지는 경우도 있다. 죽음을 암시하는 간접표현에도 유의해야 한다. "난 여기 오래 머물러 있지 못할 것 같다." "더 이상 못 견디겠다." "더 이상 살아갈 가치가 없다."와 같은 언급에도 주의를 기울인다. 특히 클라이언트가 최근 중요한 사람을 잃거나 지위(직장이나 직위, 권위 등)를 빼앗겼거나, 가정폭력이나 성폭력 등 폭력을 경험했거나, 질환으로 심각한 고통을 겪고 있거나, 생명의 위협을 받는 질병을 앓고 있거나, 심각한 신체적 장애를 입는 등의 경험이 있다면 이러한 간접적 단서에 더욱 주의를 기울인다.

둘째, 양가감정에 주목한다. 자살하려고 하는 사람은 죽음을 통해 고통에서 벗어나고자 하는 욕구와 살려는 욕구가 충돌하거나 양가감정을 심각하게 경험한다. 즉, 진정 죽고 싶어하는 것이 아니라 '고통'에서 벗어나기를 열망하는 것이다. 따라서 자살위험에 처한 사람은 양가감정 상태에 있고 고통에서 벗어나기 위해 당신의 도움을 간절히 원하고 있다는 가정하에 자살위험을 사정하고 상담하여 그 사람의 살고자 하는 부분을 지지한다.

셋째, 단순하고 직접적으로 의사소통한다. 자살을 생각하는 사람과의 의사소통은 일반적인 상담 과정에서의 의사소통 방법과 달리한다. 단순하고 직접적인 방식으로 질문하고 답한다. 자살을 생각하고 있는지, 어떤 방법을 생각하고 있는지, 그 수단이 지금 있는지 등의 질문을 돌려서 하기보다 직접적으로 한다. 이러한 이야기를 공개적으로 하는 것이 자살 가능성을 높이는 것은 아니다. 오히려 당신이 관심을 가지고 있고 직접적으로 이야기하는 것을 두려워하지 않는다는 것을 보여 줄 필요가 있다.

넷째, 구체성, 치명성, 과거력을 사정한다. 이 세 가지는 자살의 위험성을 가중시키는 요인이다. 단순히 자살 생각만 하는 것이 아니라 구체적인 방법이나 수단, 시기를 생각하거나 계획을 세우고 실제적인 수단을 확보했다면 훨씬 더 위험한 상황으로 판단해야 한다. 구체적인 방법을 사정하는 이유는 위험성이 높다는 것을 알기 위한 목적만이 아니라 그 계획의 핵심적인 요소에 대해 방해 혹은 저지하기 위한 방안을 모색하는 데에도 중요하다. 자살방법의 치명성은 총기, 가스중독사, 투신, 익사, 약물 사용 등이며, 이보다 덜 치명적인 방법은 칼로 손목베기, 진정제 복용, 기타 다른 처방받지 않은 약물 복용 등이다. 과거 자살시도 경험이 있다면 위험성은 가중된다. 위험성의 가중요인이 많으면 많을수록 즉각적 개입과 경찰이나 가족 등의 협력이 필요하다.

다섯째, 최근에 더욱 자살을 생각하게 하는 사건을 사정한다. 일반적인 삶의 무의미나 존재론적 위기에 초점을 두면 자살위험에 대한 추가적인 사정이나 개입이 어려운 경우가 많다. "무엇 때문에 요즘 그렇게 희망이 없다는 생각을 더 많이 하게 되었나요?" 등의 질문으로 상황이나 맥락에 대한 탐색을 해나간다. 또한 그 사건과 관련한 클라이언트의 인식이나 의미를 판단한다. 그 상황이나 사건에 대한 클라이언트의 인식은 현실적인가? 상황을 명확히 이해하기보다는 당황하고 있는 것은 아닌가? 왜 상황이 나아지지 않을 것이라고 생각하는가? 등에 대해 탐색적인 질문을 통해 자살위험을 줄이거나 저지에 필요한 정보를 수집하고 현실적인 방법을 강구한다.

여섯째, 지지체계를 사정한다. 위기상황에서 의지할 수 있고 즉각적이고 현실적인 도움을 줄 수 있는 사람이 한 공간에 있는지, 근거리에 있는지 등을 사정한다. 실제로 이러한 인물의 존재 여부를 떠나서 자살하려는 사람은 다른 사람들로부터 무시되거나 단절감이나 고립감을 경험한다. 따라서 주변사람들의 존재 여부를 확인하고 그들이 다가가 지지하도록 원조하는 것이 중요하다.

일곱째, 자살위험에 처한 사람이 터널비전(tunnel vision)에서 빠져나올 수 있도록 돕는다. 그들은 단지 고통과 무력감에 대한 생각에 빠져 있을 수 있다. 자살이야말로 이 고통에서 벗어나기 위한 '가장 효과적'이라고 믿거나, 어떤 문제에 대한 '분명한 해답'처럼 보인다는 것이다. 사례관리자는 자살은 '일시적인' 문제에 대한 '돌이킬 수 없는' '영구적인' 대책이 될 수 있음을 강조해야 한다. 그들이 느끼는 고통을 다룰 수 있는 대안적인 방법을 고려하고 모색하도록 돕는 것이 중요하다. 과거에 어려움이나 스트레스는 어떻게 다루었는지, 그 방법 중에 지금 적용해 볼 수 있는 것은 없는지를 탐색하고 이를 지지한다.

여덟째, 자살을 하지 않겠다는 약속을 받는다. 클라이언트가 경험하는 고통을 다룰 다른 해결책을 모색할 때 거짓말이나 잘못된 희망을 주어서는 안 된다. 이와 함께 클라이언트에게는 즉각적으로 상담을 하도록 요구한다. 필요하다면 특정 기간 동안은 자살하지 않겠다는 동의를 요구하거나 당신에게 자살하고 싶다는 말을 하지 않고는 자살을 시도하지 않겠다는 약속을 받는다. 이 모든 것이 자살을 저지할 수 있는, 작지만 최선의 장치들이다.

아홉째, 확실하게 자살하려는 사람을 막는다는 것은 불가능할 수 있음도 수용한다. 상담, 밀착적인 모니터링, 입원 등은 자살을 지연시키거나 저지하기 위한 노력이다. 그러나 이러한 노력에도 불구하고 항상 자살을 막을 수 있는 것은 아님을 받아들일 필요가 있다.

③ 학대 및 폭력위험사정

가정폭력, 성폭력, 범죄피해 등은 단순히 폭력피해로 인식되기보다는 사회적 스티그마와 함께 수치심, 죄책감, 책임감이 수반되어 폭력위험이나 피해 상황에 대해 제대로 사정하고 개입하는 데 많은 어려움이 따른다. 또한 이러한 충격을 경험한 이들은 많은 경우 알코올과 약물중독, 무모한 행동, 도박, 강박적 식사, 과소비, 난잡한 성생활과 같은 행동을 보이기도 한다. 이러한 행동이 정신적 고통을 경감하거나 마비시키는 데 도움이 되기 때문이다(Marmar, 1991). 충격에 대처하기 위해 발달된 성격이나 방어기제, 증상이 종종 잘못된 진단이나 치료적 개입으로 연결되어 적절한 도움을 받지 못하기도 한다. 반면, 우리가 흔히 아는 '피해반응'이나 '피해자성'이 나타나지 않는 경우에는 주변에서 피해사실 자체를 인정하지 않거나 의심하는 등의 2차 피해를 가하기도 한다. 따라서 폭력과 관련한 다양한 이슈와 위험을 제대로 사정하는 것이 필요하다.

5) 개입 기술

사례관리 과정은 사례관리자가 클라이언트를 일방적으로 업고 뛰는 게임이 아니다. 오히려 발목을 묶고 함께 뛰는 이인삼각(二人三脚)경기에 비유해 볼 수 있다. 아무리 사례관리자가 열심히 노력한다고 해도 클라이언트가 여전히 자기 삶의 상황을 부정적으로만 인식하고 동기화되어 있지 않다면 사례관리는 난항에 빠지기 쉽다. 따라서 사례관리를 수행하는 과정에 직접 개입으로서의 상담이나 교육, 치료를 위한 다양한 기능을 수행하지만, 이 중 가장 근본적인 개입 기술은 삶을 새로운 시각으로 보게 하고, 저항이나 거부적인 태도에서 벗어나 변화를 위한 동기를 강화하는 것이라 해도 과언이 아니다.

(1) 재구조화(Refraiming)하기

사례관리자가 사용하는 '단어'는 그것만으로 큰 차이를 만들어 낸다. 아동학대를 하는 부모의 경우도 아동에게 상해를 입히겠다는 말로 자신의 행동을 설명하지 않는다. 대개 '말을 듣지 않는다'는 이유로 체벌을 했다고 표현한다. 이때 때리는 것이 잘못되었다는 것에만 초점을 두는 것이 아니라, 말을 잘 듣는 아이를 기대하는 부모의 마음이나 말을 잘 듣게 하는 훈육방법으로 적절하고 효과적인 방식을 찾는 것에 초점을 맞추는 것이 재구조화의 예이다. 즉, 사례관리자가 문제를 강점으로 재정의할 때 클라이언트는 덜 방어적이고 좀 더 희망적으로 느낀다. 문제행동을 제거하거나 역기능적 행동을 교정하는 것보다, 좋은 의도로 효과적인 방법을 찾아 조율하는 것이 더 쉬워 보이기 때문이다. 즉, 재구조화는 클라이언트가 특정 사건, 행동 혹은 자신의 인생경험에 부여하는 의미를 수정하도록 돕기 위해 사용한다. 그 목적은 클라이언트가 다양하고 보다 긍정적인 관점으로 사건이나 행동을 볼 수 있도록 간접적으로 부드럽게 설득하는 데 있다. 왜냐하면 사람들은 새로운 방법으로 상황을 인식할 때 다르게 느끼고 행동하기 시작하기 때문이다.

(2) 방어적 의사소통에 대응하기

사례관리자는 클라이언트의 방어적 의사소통이나 자기보호적인 상태에 머물려는 경향에 도전할 수 있어야 한다. 변화란 현 상황을 고수하고 유지하는 것보다 더 많은 에너지가 들고 고통스러운 과정일 수 있다. 변화를 위한 대가를 치를 준비가 되어 있지 않거나, 실제적인 삶의 에너지가 고갈되어 있는 클라이언트의 입장에서는 방어적인 태도를 고수하고자 할 것이다. "우리는 문제가 없어요." "이 방식대로 여태껏 잘 살아왔어요." "그 사람은 어쩔 수가 없어요. 원래부터 그랬어요." "무슨 소용이 있나요? 아무것도 바뀌지 않을 텐데요." "한 번만 더 독촉(월세나 빚)을 하면 난 미쳐 버릴 거예요." 등이 대표적이다. 표현은 다르지만 그 핵심은 더 이상 내 삶을 흔들지 말고 내버려 두라는 메시지이다. 또 한편으로 위협적인 행동을 하거나 물리적으로 위협적인 환경(사나운 개를 풀어두기, 매우 더럽고 위험한 생활공간의 방치)이 사례관리자를 포함하여 주변사람들을 회피하기 위한 수단으로 사용한다. 이런 상황이나 의도에 대해 사례관리자의 민감성이 떨어지면 방어적인 행동이 강화된다. 예를 들어, 지나치게 서두르는 것, 퉁명스럽게 대하는 것, 클라이언트의 감정에 민감하지 못하는 것, 권위적으로 대하는 것, 자세한 설명 없이 전문용어나 기관의 규정을 언급하는 것, 자신의 업무처리에 급급한 태도 등이다.

저항이나 방어적인 태도를 줄이기 위한 개입 기술은 다음과 같다.

① 방어적 태도는 실제 혹은 가상의 위험으로부터 자신을 지키려는 시도이다

사례관리 대상자 가정의 삶은 더 이상 개인적인 삶이 아니다. 다양한 사회

서비스 기관이 관심을 가지고 개입하려고 하는 것 자체가 위협으로 인식될 수 있다. 더구나 지역사회에 자신의 삶이 노출되었다는 것은 수치심이나 좌절감, 자신의 삶을 온전히 자신만이 통제할 수 없게 되었다는 통제력의 상실을 느낄 수 있다. 따라서 클라이언트의 거부적인 반응에만 초점을 두지 말고 클라이언트가 무엇을 두려워하는가에 초점을 두고 이해하려고 노력하여 그 원인을 제거하는 데 협력해야 한다. 이를 위해 적극적인 경청을 하고 클라이언트가 감정을 말로 표현하기 쉬운 분위기를 조성하되 압박감을 느끼지 않도록 한다.

② 방어적 태도가 과거에는 목적에 부합하고 유용한 방법이었음을 이해하라

클라이언트의 방어적인 태도가 최근에 형성된 일시적인 것이 아니고 장기적이고 패턴화된 것이라면 과거에는 근원적인 어려움(부모로부터의 거부, 가정파탄, 사랑하는 사람의 상실 등)이나 두려운 사건에 대처하고 고통으로부터 클라이언트를 지켜 주었던 나름 효과적인 방법이었다고 가정하는 것이 필요하다.

③ 긍정적이고 방어적이지 않은 행동에 대해 미러링을 하라

부정적이고 방어적인 행동에 대해서는 반대로 긍정적이고 비방어적인 자세로 반응한다. 반대로 긍정적이고 방어적이지 않은 행동을 하면 모방하기를 활용하여 이 행동을 강화한다. 즉, 클라이언트가 위협감이나 분노로 말이 빨라지거나 목소리가 커지면, 사례관리자는 반대로 소용하고 낮은 목소리로 천천히 이야기하는 것이 좋다. 이는 클라이언트의 행동을 문제시하지 않고도 안정시키거나 조용하게 하는 효과를 준다.

④ 클라이언트가 통제감을 가질 수 있도록 한다

가능하면 언제나 클라이언트가 자신의 생활에서 일어나는 것에 대해 통제

하고 선택할 수 있음을 강조하고 실제로 그 여지를 준다. 언어표현도 '우리' '함께' '당신의 결정에 달려 있어요'와 같은 표현을 사용한다. 이는 협력과 존중, 그리고 선택을 강조한다.

⑤ 저항에 참여하고 옹호하라

클라이언트의 상처받은 감정에 대해 동조하여 클라이언트가 방어적이 될 필요를 없앰으로써 저항을 줄이고 감정을 환기할 수 있게 해 준다. "그런 대접을 받았으니 화가 날 만하네요. 저라도 그랬겠어요." "저는 도저히 그런 상황을 못 견뎠을 것 같아요." "쓰레기를 치우지 않는다면 퇴거명령을 내린다고 하는데 저도 너무 걱정이 되네요. 그 사람들이 그런 일을 실제로 하지 않도록 함께 방법을 찾아보아요. 저도 좀 더 확인을 해 볼게요." 등의 방법으로 사회적 압력을 행하는 사람들의 편이 아니라 클라이언트의 편에서 옹호자의 역할을 하고 있음을 분명히 한다.

⑥ 체면을 살려 준다

모든 사람은 개별성이 상실되고 특정 범주에 포함시키거나 '대상화'될 때 방어적인 태도를 취하게 된다. "수급자 전수조사를 해야 해서요" "모든 의료보호 대상자는 이 양식을 작성해야 해요" 등이 그 예가 될 수 있다. 또한 클라이언트를 물리적이나 심리적으로 구석에 몰지 않도록 한다. 압박을 받고 당황스러운 상황에서도 클라이언트가 체면을 잃지 않도록 배려한다.

(3) 비자발적 클라이언트에 대한 개입 기술

사례관리자들의 입장에서 흔히 '힘든' 사례관리 대상자, '거부적이거나 적대적인' 대상자, '동기화되어 않은' 대상자의 형태로 비자발적인 클라이언트는 존재한다. 이러한 맥락에서 살펴본다면 사회복지 실천현장에서 클라이언트들은 비록 자발적으로 서비스를 찾았다 할지라도 비자발적 관계에 놓여 있다고 할 수 있다.

사회복지체계 내에서의 의무부과 서비스는 복지수당이나 급여를 조건으로 수급권자에 대한 상담이나 치료명령제를 채택하는 것이 복지누수현상을 줄이기 위한 불가피한 선택으로 정당화되고 있다(Monahan et al, 2003). 사례관리자는 클라이언트가 경험할 미지에 대한 두려움과 변화에 대한 저항에 민감해야 한다. 변화는 완고한 믿음, 태도, 행동방식을 가진 클라이언트에게 특별히 위협적일 수 있다. 저항의 중심에는 두려움이 있다는 사실을 염두해 두고 면접을 진행한다.

한편, Rooney(1992)는 클라이언트, 치료자, 서비스 제공기관이나 사회가 치료적 관점을 공유하고 협력적 관계를 수립하는 것이 중요하다고 강조하고 있다. 이를 위해 강제되는 부분에 대한 명확한 설명과 함께 클라이언트가 적응적인 태도를 가지고 있다면 자신의 인생에 대한 선택이나 통제권을 확보, 회복, 보장할 수 있도록 배려하는 것이 중요하다고 강조한다.

비자발적 클라이언트와 함께 할 때, 다음과 같은 지침을 고려한다.

- 클라이언트와의 첫 만남 이전에 협상의 대상이 될 수 없는 요구들과 클라이언트가 활용할 수 있는 선택이나 대안을 분명하게 구분하여 설명한다. 또한 클라이언트가 자유의 상실에 대해 어떻게 느낄 것인가를 예측해 본다.
- 클라이언트와 처음 만날 때 클라이언트가 기관에 오게 된 이유 혹은 의뢰된 배경에 대해 사실적 정보를 알려 준다. 그리고 어떤 오해가 있거나 잘못된 정보가 있다면 바로잡을 수 있는 기회를 준다. 전문적인 도움을 원하지 않는 이유에 대해 클라이언트가 말하는 것과 의뢰한 사람이 말했던

것 간의 중대한 차이가 있을 경우에는 의뢰기관에 확인하여 명확히 한다.

- 사례관리자의 역할과 책임, 클라이언트에 대한 사례관리자와 기관의 기대를 분명하고 정직하게 설명한다. 또한 적용될 비밀보장 원칙을 설명한다. 예를 들어, 보호관찰소나 법원에 제출할 보고서를 작성해야 한다면 클라이언트의 말이나 행동에 대한 비밀보장이 이루어지지 않는다는 것을 알 권리가 있다. 마찬가지로 통합사례관리 시스템하에서 유관기관과 정보가 공유될 수 있다는 것을 클라이언트는 알 권리가 있다.

- 클라이언트가 협조하지 않을 때 발생할 수 있는 부정적인 결과도 알려 준다. 그러나 서비스보다 부정적 결과를 선택할 수 있는 클라이언트의 권리도 존중한다. 협조하지 않겠다고 할 때 결과에 영향을 미칠 수 있는 통제권을 포기했음을 상기시킨다. 이때 빈정거리거나 어처구니 없다는 듯이 반응하지 않는다.

- 사례관리자와 강제로 만나게 된 것에 대해 클라이언트가 부정적인 감정을 가질 수 있다고 생각한다. 적대감, 분노, 많은 방어적 행동에 대비하지만 클라이언트의 반응을 사례관리자에 대한 개인적 감정의 결과라고 간주하지 않도록 한다. 클라이언트를 곤경에 빠트리거나 거짓말을 잡아내기 위한 시도로 오해될 수 있는 질문은 피한다. 선택하지 않은 것을 강제로 해야 하는 것이 어떤 감정인지 충분히 이해하고 있음을 보여 준다.

- 사례관리자, 상담가, 혹은 다른 전문가에 대해 클라이언트가 가진 선입견이나 과거 경험에 대해 이야기해 본다. 클라이언트의 문화적 배경 혹은 차별경험, 그리고 이것이 사회제도로부터의 소외감과 억눌린 감정을 증가시킨 방식을 이해한다. 법이 허용하는 한도 내에서 클라이언트에게 자기결정과 많은 선택을 제공한다.

- '거래한다'는 전략을 갖고 클라이언트와 관계를 형성하도록 한다. 이 접근

에서 사례관리자는 클라이언트의 불편을 줄여 주는 일(법적 옹호 등)을 하는 것에 동의한다. 혹은 원조 과정에 협력하는 대가로 클라이언트가 원하는 합법적이고 정당한 것을 얻을 수 있도록 돕는다.

- 동기부여가 되지 않은 클라이언트는 없다. 모든 클라이언트는 동기부여 되어 있으며 원하는 것, 좋아하는 것이 있다. 사례관리자가 클라이언트에게 동기부여가 되지 않았다고 낙인찍을 때, 클라이언트는 자신이 원하는 것과 사례관리자가 원하는 것이 다르다고 단순하게 생각할 수 있다. 비자발적인 클라이언트와 성공적인 관계를 유지하기 위해서는 클라이언트의 욕구와 요구, 희망사항에 초점을 맞춰 줄 필요가 있다. 그리고 클라이언트의 희망과 선호에 적어도 부분적으로 일치하는 개입목표를 세운다. 어떤 사례관리자는 이를 '흐름을 타는 것' '동기와 함께 움직이는 것'으로 부른다. 합의한 목표가 있다면 클라이언트를 보다 쉽게 변화를 향한 문제해결에 참여시킬 수 있다.

- 클라이언트의 강점을 강조하고 재구조화 기법을 자주 사용한다. 다룰 필요가 있는 문제에 합의를 이룰 수 없다면 문제탐색기법을 활용한다.

- 사례관리자가 어느 정도의 자기노출을 하는 것은 클라이언트의 방어를 없애는 데 효과적이다. 그러나 사회병리적인 사람, 능숙하게 사람을 조종하는 사람과 활동할 때는 사적 정보의 공유를 피한다. 이러한 사람들에게 자기노출을 하면 원치 않는 결과를 가져올 수 있다. 이들은 원조자의 인간적 약점을 착취하고 인격을 손상시키는 능력을 가지고 있기 때문이다. 비슷한 이유로 클라이언트를 위한다는 이유로 기관의 규칙을 위반하거나 오남용해서는 안 된다. 아주 사소한 양보도 더 많은 요구 혹은 사례관리자를 공갈하는 상황으로 이어질 수 있다.

6) 평가 및 종결 기술

일반적인 인간관계와 사회복지실천에서의 관계, 즉 전문적 관계는 지향점이 다르다. 대부분의 인간관계는 시간이 흐름에 따라 관계의 밀도가 높아지고 지속되기를 기대한다. 그러나 사회복지실천에서의 전문적 관계, 사례관리자와 클라이언트와의 관계는 출발부터 관계의 공식적인 종결을 지향한다. 따라서 종결 기술의 핵심은 종결 단계에서 준비되는 것이 아니라 초기 단계에서부터 지속적으로 전제되고 활용되어야 한다는 점이다. 사례관리를 끝내는 것 혹은 클라이언트에 대한 서비스를 종결하는 것은 원조 과정의 계획된 구성요소이다.

종결은 사례관리의 공식적인 종결을 의미하며, 종결을 하게 되는 상황은 다양할 수 있다. 가장 바람직한 종결은 목표달성에 의한 종결이겠지만 목표달성을 하지 못했더라도 자의 혹은 타의에 의해 종결하게 되기도 한다. 따라서 다양한 유형별로 그동안 투입했던 노력이나 성과 등이 잘 보호될 수 있도록 종결 기술을 활용할 수 있어야 한다. 종결의 적절성은 다음과 같은 요소를 고려하여 평가되어야 한다.

- 합의한 개입목표가 달성되었는가?
- 서비스 제공을 위한 합의된 종결시간이 도래하였는가?
- 클라이언트를 기관으로 오게 한 문제나 상황이 충분히 해결되어서 클라이언트도 수용할 만한 수준으로 기능할 수 있고 스스로나 타인에 의해 해를 입을 위험이 없는가?
- 사례관리자나 기관은 변화목표 달성을 위해 적절한 수준의 시간, 에너지, 기술을 투입하였는가?

- 클라이언트나 사례관리자 모두 더 이상의 접촉으로 기대할 만한 이득이 없다고 생각하는 지점에 도달했는가?
- 클라이언트가 사례관리자나 기관에 부적절하게 의존해 왔는가?
- 클라이언트가 다른 기관이나 전문가에 의해 더 적절한 도움이나 서비스를 받을 수 있는가?

어떤 상황에서는 기관 내의 다른 사례관리자에게 클라이언트를 의뢰하는 것이 필요하다. 이것도 역시 종결의 한 형태이며, 기관 내 의뢰가 필요한 경우는 다음과 같다.

- 사례관리자가 더 이상 그 사례를 다룰 수 없게 되었을 경우(이직 등)
- 다른 직원에게서 서비스를 받는 것이 더 이로운 경우
- 사례관리자와 클라이언트 간의 갈등이 해결되지 않아서 서비스 제공과 클라이언트의 성장과 발전에 방해가 될 경우
- 사례관리자가 어떤 이유로든 그 클라이언트를 싫어해서 필요한 감정이입이나 긍정적인 태도를 개발하거나 보여 줄 수 없을 때
- 가치, 종교적 신념, 언어, 문화적 배경 등의 차이로 심각하고 극복할 수 없는 상호이해와 의사소통에 어려움이 있는 경우

한편, 기관 내에서의 의뢰나 사례관리자에 의한 종결의 경우 클라이언트에게는 문서와 함께 대면하여 알려야 한다. 의뢰나 종결과 관련한 이유나 상황은 명확하게 기록되어야 한다.

사례관리자는 가능한 한 종결이나 의뢰가 긍정적인 경험이 될 수 있도록 할 의무가 있다. 아래의 지침은 이 과정에 도움이 될 수 있다.

- 사례관리자는 갑작스럽고 뜻밖의 종결이 되지 않도록 가능한 모든 노력을 기울여야 한다. 종결은 사례관리 과정의 계획이나 계약 단계에서 충분히 고려되어야 한다. 즉, 클라이언트는 처음부터 사례관리가 목적지향적이고 시간 제한적인 과정이라는 것을 알아야 한다. 따라서 진행 과정을 점검하는 과정에 이미 클라이언트는 점차 종결에 대한 준비가 될 것이다.

- 사례관리자는 종결이 클라이언트 가족 내의 다른 성원이나 사회적 관계망에 어떤 영향을 미칠지 예측해야 한다. 종결이 클라이언트나 다른 사람을 위험하게 할 수 있는 상황에서는 관련된 사람들에게도 종결을 알려 주는 것이 적절할 수 있다. 물론 이러한 통지는 비밀보장과 관련한 법적, 윤리적인 방법을 따른다.

- 사례관리자가 자신의 심리적 욕구에 의해 종결을 하지 않는 경우도 있다. 이는 자기인식과 전문적 책임성의 결여라 할 수 있다. 슈퍼바이저는 이를 모니터링하고 적절한 대안을 마련하도록 한다.

- 종결이 가까워지면서 점차적으로 접촉의 빈도를 줄이는 것이 바람직하며, 클라이언트가 사례관리자에게 의존적이라면 이 과정에 클라이언트의 이웃이나 지역사회의 지지망 등 비공식적인 자원을 발굴하여 연결해 주는 것이 좋다.

- 종결에 수반된 분노와 상실감은 클라이언트가 언급하지 않더라도 사례관리자가 다루어 주는 것이 좋다. 클라이언트에게 버림받는 경험을 되살아나게 하거나, 버리겠다는 위협으로 인식되지 않도록 하는 것이 중요하다. 이별을 두려워하는 클라이언트에게는 시간계획이 잡혀 있는 사후관리나 공식적인 접촉을 추가하는 것이 도움이 될 수 있다. 또한 클라이언트에게 욕구가 생기면 다시 도움을 받을 수 있다는 것을 알려 주어야 한다.

- 의미 있는 전문적 관계의 종결은 그 전환을 기념하는 특별한 형태의 축하

의식을 활용하는 것이 도움이 된다. 일반적인 이별의식이나 공식적인 종결평가회 등을 통해 그동안의 경험을 회고하거나 평가하는 시간을 갖도록 한다.

3. 직접실천의 쟁점

사례관리자가 클라이언트에게 직접 서비스를 어느 정도 제공하는 것이 적절한가? 이 질문에 대한 답은 사례관리업무를 충분히 수행할 수 있을 만큼 적절한 사례분담이나 운영체계가 잘 구축되어 있는지 여부에 영향을 받을 수밖에 없다. 특히 사례관리업무만 전담하지 않는 경우는 사례관리자의 직접 서비스가 필요함에도 불구하고 불가피하게 다른 자원이나 서비스를 연결하는 방식에 의존할 수밖에 없다. 그럼에도 불구하고 사례관리자의 직접 서비스가 일정 수준으로 이루어지지 않는다면 연결된 서비스의 효과마저 담보하기 어려울 수 있다. 그만큼 사례관리자와의 밀도 있는 관계가 클라이언트로 하여금 다른 서비스이용을 동기화하거나 유지하는 데에도 영향을 미치기 때문이다. 따라서 현실적인 이유로 자원연계가 강조되는 사례관리라 하더라도 정기적인 모니터링 상담 등 사례관리자와의 안정적인 접촉이 보장되어야 하며, 이를 어떻게 구조화할 수 있을 것인지가 최근의 직접실천에서의 도전적 이슈이다.

참고문헌

박남준(2010). 그 아저씨네 간이 휴게실. 서울: 실천문학사.

이기연, 박현정(2015). 저소득 한부모 가구주의 사례관리 서비스 이용 경험. 사회복지연구, 46(1), 59-83.

정현종(2009). 섬-시인의 그림이 있는 정현종 시선집. 경기: 열림원.

Bannink, F. (2005). 1001가지 해결중심 질문들 (조성희, 신수경, 이인필 역). 서울: 학지사.

Monahan, J., Swartz, M., & Bonnie, R. (2003). Mandated Treatment In The Community For People With Mental Disorders, *Health Affairs, 22*(5), 28-38.

Rooney, R. H. (1992). *Strategies for work with involuntary clients.* New York: Columbia University Press.

Saleebey, D. (2008). *The strengths perspective in social work practice* (5th ed.). Boston: Pearson Education.

Sheafor, B. W., & Horejsi, C. R. (2010). 사회복지실천 기법과 지침(2판) (남기철, 정선욱, 조성희 역). 서울: 나남.

제6장

간접실천 기술

조현순

간접실천이란, 클라이언트의 욕구해결을 위해 지역사회 내에 클라이언트에게 자원이 될 가능성이 있는 조직이나 개인을 대상으로 반응적 클라이언트 지원망이 되도록 발전시켜 자원접근의 수월성을 높이고 상호작용의 품질을 향상시키는 데 사례관리자가 관여하는 실천을 말한다. 다시 말해, 클라이언트의 사회적 지지망, 즉 자원을 개발하고 연계하여 효율적 서비스 전달과 상호작용이 유지되도록 관리하기 위하여 사례관리자가 관여하는 것이다.

〈표 6-1〉에서도 말해 주듯이 간접실천에는 사례관리자가 클라이언트와의 직접 접촉을 통해 서비스를 제공하지는 않지만 욕구해결을 위한 자원 획득을 할 수 있도록 돕는 중개, 의뢰 기술과 욕구에 대응하는 서비스와 자원의 반응 역량에 영향을 미치는 옹호, 조정, 점검, 자원망 개발과 자원망 개입이 해당된다.

〈표 6-1〉 6대 간접실천 기술

목표		기술	기대효과
자원접근성 향상	욕구해결을 위한 서비스 자원 획득	중개/의뢰	효율적 자원의 획득 자원접근의 장애물 해소
자원의 반응역량 강화	욕구에 대응하는 서비스와 자원의 능력에 영향을 미침	옹호 조정 점검 자원개발 및 자원망 지원활동	서비스 이용성과 접근성 증가 서비스 제공자의 팀워크 증진 자원출처의 증가 지속성 유지 지원망의 반응적 역량 강화

1. 자원접근성 향상 기술

1) 중개

(1) 개념

중개(brokering)란 클라이언트가 실행계획에 포함될 서비스를 전달할 최선의 기관이나 자원을 선택하는 데 사례관리자가 관여하는 것을 의미한다.

(2) 주요 과업

사례관리자는 자원을 명확화·조직화하고 이를 활용하여 클라이언트로 하여금 최선의 선택을 할 수 있도록 돕는다.

(3) 중개를 위한 기술

① 자료 분석과 정리하기

클라이언트가 최선의 선택을 할 수 있도록 돕기 위해서는 사례관리자가 다양하고 적절한 정보를 가지고 있어야 한다. 수시로 갱신된 현존 자원정보 목록은 사례관리자의 주요 도구가 된다. 무슨 서비스가 있는가, 어떻게 접근하는가, 대기자 명부가 있는가 등을 파악하기 위하여 다양한 방법을 활용하게 되는데, 이전 접촉기관 목록, 전화번호부, 각종 소책자, 인터넷 이외에도 전문가 자문, 유사 직종 간의 워크숍, 지역사회회의나 모임 등이 활용 가능하다.

효과적 중개를 위해 사례관리자가 갖추어야 할 '정보 목록'을 예로 들면 다음과 같다.

- 서비스 이용성, 적정성, 적절성, 수용성, 접근성에 관한 지식
- 서비스 이용자격 기준, 진단, 자산조사 기준 등
- 고시되어 있는 서비스 품질, 클라이언트로부터의 피드백 등 서비스 품질에 관한 정보
- 클라이언트 욕구해결을 위한 서비스 제공자의 능력과 지식
- 서비스 제공자의 동기에 관한 지식과 기관의 평판
- 기관이 담당하고 있는 주요 서비스
- 시 · 군 · 구청 홈페이지, 여성가족부, 보건복지부, 건설교통부, 법무부 등 각 부처에서 운용하는 홈페이지와 129 콜센터, 복지로 등의 유용한 사이트

② 자원 목록에서 선택하도록 돕기

클라이언트의 욕구에 근거하여 최선의 선택을 할 수 있도록 다양한 대안을 소개하고 그 장단점을 비교하여 설명하거나 전문가적 조언을 제시하여야 한

다. 이때 자신의 기관에서 제공하는 서비스 위주로 자원을 소개하거나, 수집된 정보가 제한적이어서 최적의 서비스를 중개할 수 없는 경우가 생기지 않도록 유의한다. 또한 클라이언트의 자기결정권에 대한 존중이 매우 중요하다. 이 과정에서 클라이언트가 새로운 자원이나 대안의 선택에 대한 두려움으로 주저하거나 거부할 수 있으므로, 이때는 선택과 결정에 장애가 되는 요인에 대해 상담하고 이에 대한 대안 모색과 해결에 협력하여야 한다.

③ 협력과 서비스 요청하기

단순히 전화번호를 알려 주거나 안내지를 제공하는 정도의 소극적 정보 안내가 아니라 중개기관과 중개활동에 대한 사전 협의를 통해 중개 절차를 구조화하여 서비스가 클라이언트에게 잘 전달되도록 협력해야 한다. 또한 중개 이후에 클라이언트가 서비스에 접근하는 데 어려움은 없는지 미리 알아보고 그 준비도 함께 제공해야 한다.

2) 의뢰

(1) 개념

의뢰(referral)란 서비스의 이용성을 보장하기 위해 각 분야의 전문가가 서로의 전문성을 인정하고 목표달성을 위해 전문성에 의거한 명확한 역할분담을 한 후 협력하여 서비스를 연계하는 것을 의미한다.

(2) 효과적 의뢰 기술

의뢰란 전문가 집단끼리의 협력을 이끌어 내기 위한 고도의 기술이 요구되는 과정이다. 효과적 의뢰를 위해서는 클라이언트와 의뢰받을 기관의 준비 과정이 선행되어야 한다. 좀 더 구체적으로 알아보면 다음과 같다.

① 클라이언트의 준비 과정

a. 의뢰 필요성을 인식하도록 돕기

대부분의 클라이언트는 사전에 언급 없이 무작정 의뢰되었을 때 자신이 버림받는다는 감정을 느끼거나, 사례관리자마저도 자신에 대해 '어쩌지 못하는 중대한 문제를 가진 대상'으로 여긴다고 간주하여 낙담하는 등 부정적 감정을 갖기 쉽다. 따라서 사례관리자는 클라이언트가 의뢰의 필요성을 인식하도록 상담을 통하여 준비를 도와야 한다.

b. 의뢰에 대한 클라이언트 감정 다루기

의뢰의 필요성을 인식하였다 할지라도 클라이언트가 가지고 있는 서비스에 대한 두려움, 서비스를 받음으로서 감수해야 할 결과와 불이익에 대한 염려 등의 감정이 생길 수 있어 약속을 번복하거나, 미루는 등 저항이나 비협조적으로 사례관리자에게 대응하기도 한다. 이때 사례관리자는 서비스 접근 및 이용에 대한 염려 등을 노출하도록 돕고 지지하는 과정을 거친다.

c. 의뢰를 통한 서비스 내용과 달성 가능한 내용 알게 하기

의뢰를 통해 받게 되는 서비스는 무엇인지, 그것이 어떤 과정을 통해 이루어질 것인지, 그래서 얻게 되는 결과는 무엇인지를 클라이언트가 이해할 수 있도록 소상히 안내한다.

d. 의뢰기관 선정하기

의뢰기관은 최대한 다양하게 제시하고 그 특성에 대한 정보를 줌으로써 클

라이언트가 스스로 선택할 수 있도록 돕는다.

e. 클라이언트의 서비스 접근성 확보하기

클라이언트가 의뢰된 자원을 알고 그 필요성을 인식하고 있으면서도 접근하지 못해 상호작용이 이루어지지 않는 경우가 종종 있다. 클라이언트가 찾기 쉽도록 위치 안내, 이동수단 확보, 운영시간 공지 등 자세한 정보를 제공해야 한다. 이 외에도 클라이언트의 상황에 따라 자원으로의 접근을 방해하는 장애요인이 매우 다양하므로 관련 정보를 정확히 파악하여 해결한다.

f. 정보 공유범위에 대한 합의하기

클라이언트 입장에서 사례관리자에게 제공한 자신의 정보는 사례관리자와의 신뢰가 형성된 이후에 힘들게 공개한 경우가 많다. 이렇게 하여 확보한 정보에 대하여 사례관리자는 비밀보장의 원칙을 준수하기 위하여 정보 공유 여부를 제한하거나 공개 여부 결정을 자신이 내려야 한다고 오해하는 경우가 있다. 그러나 엄밀한 의미에서 가지고 있는 정보들은 사례관리자의 정보가 아니며 클라이언트의 것임을 명심하여야 한다. 또한 클라이언트는 자신의 정보를 제공하여 얻게 되는 이점과 약점을 비교하여 자신의 이익과 욕구해결을 위하여 합리적 결정을 할 수 있는 존재임을 신뢰하여야 한다. 따라서 사례관리자가 외부에 제공할 수 있는 정보의 한계는 클라이언트가 정하도록 하는 것이 바람직하다. 자신의 어려운 문제를 스스로 다시 이야기하기보다는 사례관리자가 대신 말해 주길 바라는 클라이언트도 있는 반면, 사례관리자를 믿고 제공한 자신의 정보를 사례관리자가 외부와 쉽게 공유하는 것에 대해 회의를 갖고 신뢰관계를 잃는 클라이언트도 있으니 반드시 클라이언트의 의견을 반영하는 과정을 거쳐야 한다.

② 의뢰받을 기관의 준비 과정

우선 의뢰받을 기관을 신규로 개발한 경우 〈표 6-2〉의 전 과정을 거쳐야한다. 미리 사례관리의 목적을 공유하고 협력방법과 역할을 분명히 하는 협약과정을 수행함으로써 의뢰를 위한 자원개발 시간을 단축할 수 있다.

그러나 미리 사례를 예측하여 협력체결을 하고 사례를 의뢰하기란 쉽지 않으므로, 한두 사례의 협력 경험이 성공적일 때 그것을 기관 차원의 협약으로공식화하는 경우가 일반적이다.

또한 클라이언트와 합의하고 핵심 정보를 의뢰받을 기관으로 이전하는 경우 사례관리 전체 계획과 전체 진행 과정을 알려 주어 서비스 간의 연결이 매끄럽도록 한다. 이를 위해 의뢰서, 계획서, 점검일지, 평가서, 종결보고서 등

〈표 6-2〉 의뢰기관개발과 협력 과정과 사례관리자의 주요 과업

단계	주요 과업
개발 단계	① 기관에 대한 확인 　-사례관리 모델에 근거하여 함께 일할 동기의 확인 　-적절한 서비스 배치 유무 확인 　-서비스 능력 확인
협력 단계	② 핵심정보의 이전(transmission) 　-의뢰목적, 클라이언트 욕구, 전체 클라이언트 지원계획을 이해하도록 제공 　-사례관리 전체 계획표와 함께 의뢰서 전달 ③ 의뢰받는 기관의 서비스 제공이 원활하도록 장애요소 제거 　(예: 이동문제) ④ 연결모임(linkage meeting)의 상설운영 　-사례관리자, 클라이언트, 클라이언트 대행자, 의뢰기관 담당자 ⑤ 점검체계(monitor's system) 설치·운영 　-사례관리자의 정기적 점검(전화통화, 서신왕래, 정기 모임 운영, 이메일 등)

의 양식을 통해 정보를 공유하거나, 점검회의를 비롯한 다양한 점검방법을 활용하여 의뢰 이후의 상황에 대한 정보를 공유하는 것이 필요하다.

2. 자원의 반응역량 강화 기술

대체로 사례관리자는 사례관리 전 과정을 통해 클라이언트의 문제해결 역량을 강화하기 위해 노력한다. 그러나 클라이언트의 생활상의 어려움은 클라이언트 개인의 변화로만 성취될 수 없다. 인간이 살아간다는 것은 클라이언트를 둘러싼 환경체계의 속성과 그들과의 상호작용으로 이해되기 때문이다. 즉, 클라이언트의 주변에 어떤 자원이 배치되었으며 그 자원들이 클라이언트의 욕구를 얼마나 민감하게 알아차리고 적절하게 반응하는가 하는 문제는 클라이언트 문제해결 시도를 좌절시키거나 촉진시킬 수도 있으며, 눈에 띄는 상황의 호전이 없었음에도 삶에 대한 동기가 강화되어 주관적 삶의 만족을 증진시키는 것과 매우 밀접한 관계가 있다.

저자는 이처럼 자원이 클라이언트의 문제나 상황을 맥락으로 이해하고 욕구해결을 위한 시도에 적절하게 반응할 수 있는 힘을 '자원의 반응역량'이라고 정의하고자 한다.

자원의 반응역량의 변화는 환경의 보호역량이 강화된 상태를 의미하며, 클라이언트를 중심으로 한 복지 생태계가 형성·활성화되는 기초가 된다고 할 수 있다. 따라서 이번 절에서는 자원의 반응역량을 강화하기 위한 실천 기술에 대해 알아볼 것이다.

1) 옹호

(1) 개념

옹호(advocacy)란, 자원 또는 자원 제공의 결정자보다 힘이 약한 클라이언트의 입장을 대신 말하여 기관이나 개인의 서비스 제공 의지를 높여 주고, 자원의 접근성과 활용성을 증진시키는 활동을 의미한다.

(2) 주요 과업

옹호에서 사례관리자의 과업은 클라이언트의 욕구에 반응하지 않으려는 자원의 경향을 조정하여 클라이언트에게 진정한 자원이 되도록 반응역량을 이끌어 내는 것이다. 대부분의 대상자는 자원이 될 가능성이 있는 환경체계에게 알려지지 않았거나 공감받지 못하는 상태에서 겉으로 나타난 문제만 단편적으로 인식되는 경우가 많다. 이러한 인식은 환경들이 자원으로 반응되는 데 있어서 부정적 편견을 만들어 자격제외기준 등 자원접근의 장애물로 작용한다. 그러므로 중립적이고 단호한 환경들에게 '이해되지 않는 문제를 이해되는 문제'로 만들기 위해서는 우선 사례관리자 자신이 클라이언트의 문제를 이해하는 것이 중요하다. 즉, 클라이언트와 많은 접촉을 통해 현재 상황에 이르게 된 삶의 맥락을 이해하려는 노력을 하는 것이다. 이는 대부분 초기상담부터 욕구사정 기간에 과업을 수행하면서 이루어지며 이렇게 해서 얻게 된 이해를 자원들과 공유하여 궁극적으로 클라이언트의 자원이 될 수 있도록 하는 작업이 '옹호'라고 할 수 있다. 클라이언트에게 필요한 대부분의 자원개발은 이러한 옹호과정에서 성사된다. 사례관리에서의 옹호활동은 클라이언트 개인의 옹호활동이 대부분이지만, 사안에 따라서는 개인수준의 클라이언트 옹호보다는 계층 옹호와 같이 지역사회나 기관, 정책을 대상으로 옹호활동을 전개하기도 한다.

(3) 옹호를 위한 힘의 원천

사례관리자는 클라이언트를 위한 효과적 힘의 원천을 찾아내는 자원사정이 필요하다. 옹호활동에 필요한 자원사정을 위한 기준은, ① 입법적, 합법적, 행정적 위임을 위한 권위, ② 해당 분야에 대한 전문가, 수적으로 무시하지 못할 집단 서명 등 인적 자원, ③ 기준, 허가, 자격에 근거한 지식과 기술, ④ 심리적 압박요인, 사회적 공감대를 형성할 만한 당시 발생 사건과 뉴스 등 단절된 자원에 영향을 미칠 사회심리적 요소, ⑤ 공간, 옹호활동 과정 중에 필요한 비용 등 물리적 자원 등이다.

(4) 옹호의 방법

앞에서 제시된 힘의 원천, 즉 옹호활동에 참여할 자원의 개발이 이루어지면 이와 함께 적절한 방법의 옹호 기술이 활용된다. 예를 들면, 기금이나 서비스를 제공하는 기관의 최일선 담당자 또는 중간관리자 간에 설득 및 협상 기술을 활용할 수 있다. 최일선 담당자가 절차상의 제한, 개인적 능력의 한계, 개인적 편견이나 선입견, 부정적 경험 등으로 인해 자원 연계가 어려울 경우 위계 조직망을 활용하여 호소하거나 외부 감독자에게 호소하는 방법을 쓰기도 한다. 그런데 이 경우 해당 업무의 담당자 입장에서는 자신의 권한을 침해당했다거나 개인적인 무시를 받았다는 느낌, 권력을 활용한 특혜를 받도록 하였다는 오해를 할 수 있으므로 유의한다.

이 외에도 기관철학 등을 강조하며 서비스 기금 원천에 호소하거나 대중매체 활용, 불매운동 등 서비스 제공기관의 소비자와 협동하여 제도적 체계를 변화시키는 방법을 활용할 수 있다.

[글상자 6-1]

옹호 사례

　　P씨는 28세로 만 3세 된 아들 철우와 함께 살고 있는 한부모이다. P씨는 세무대학을 다니던 중 철우의 생부를 만나 동거를 시작했으며 철우가 태어난 지 1년 만에 남편이 집을 나가 헤어지게 되었다. 아이와 단칸 셋방에서 한부모 수급비로 생활하던 중 아이를 방에 방치한 채 술로 세월을 보내고 있다는 이웃의 제보에 의해 접수상담을 하게 되었다.

　　P씨는 지속적인 사례관리 덕분에 취업을 결정하였고 고용안정센터 직원의 도움으로 세무서에 취업했다. 그러나 출근 3일 만에 아이가 어린이집에서 지나치게 울고 엄마와 떨어지려 하지 않는다는 이유를 대며 직장을 사직하였다. 이에 주민센터의 공무원은 젊고 근로능력이 있는 여성이 세무서라는 좋은 조건의 직장에 취업이 알선되었음에도 수급자 탈락이 싫어서 근로를 기피한다고 판단하고 수급자 지정을 취소하였다. 그러나 직장을 그만둔 실제 이유는 그것이 아니었다. P씨는 어릴 때 친부와 이웃 아저씨로부터 성폭행을 당한 경험이 있었고 그 상처가 채 아물기도 전에 아이 아빠로부터 또 한 번의 버림을 받았다. 그 이후 P씨는 남성에 대한 불신과 두려움을 갖게 되었으며 세무서의 특성상 남성과의 접촉이 잦은 데서 생기는 불안을 견디기 힘들었던 것이다.

　　사례관리자는 주민센터 전담 공무원에게 이 사실을 P씨 대신 알리고 그녀의 입장을 옹호하여 사례관리가 지속되는 기간 동안 한시적으로 수급자 지정을 받게 하였다. 그 이후 정신과 치료와 사례관리자의 지속적 지지로 P씨는 다시 취업을 하게 되었다.

2) 점검

(1) 개념

　　점검(monitoring)이란 클라이언트의 실행계획에 따른 서비스와 자원의 전달과 상호작용이 잘 이루어지고 있는지 추적하기 위해 사례관리자가 행하는 활동 과정이다.

(2) 주요 과업

클라이언트 서비스 실행계획의 목표가 실현되도록 적절한 상호작용, 즉 핵심 활동의 품질과 진전도 등이 계획대로 실행되고 있는가를 검토하고 어려움이 있다면 그 내용을 분석, 해석하여 원인 및 해결대안을 마련하는 것이다.

(3) 과정

점검 과정은 사례관리의 핵심이라 할 수 있을 만큼 중요하며, 사례관리자의 시간적 압박과 전문적 책임이 요구되는 과정이다. 그러므로 계획 수립 당시부터 정교한 점검계획이 포함되어야 한다. 이러한 과정을 통해 수립된 자료는 '자료수집-검토-분석-해석 및 대안 마련'의 단계를 거친다.

점검은 크게 클라이언트 점검과 자원망 점검, 그리고 클라이언트와 자원 간의 상호작용 점검의 세 차원을 포함하여야 한다. 사례관리자는 계획 당시부터 자기보호, 상호 보호, 전문가 보호와 관련된 점검 과업과 활동을 정하고 점검 유형을 적용하여 세 차원의 점검이 모두 이루어지도록 고안하여야 한다.

점검계획에는 점검에 관여할 사람, 자료수집 시 이용할 도구와 접근방법, 점검활동 시간 안배, 자료취합활동의 계획(회의 소집, 비공식 모임 운영 등)이 포함되어야 한다. 이는 점검활동에 참여하여야 하는 대상, 즉 자원망과 클라이언트가 제안하거나 동의하는 방식으로 계획하도록 한다.

(4) 점검 내용
① 계획 이행도 점검

자원제공자의 과업, 활동, 책임에 대한 점검 서비스로서 계획이 적절히 이행되고 있는지 검토한다.

② 목표성취 점검

목표성취 점검이란 클라이언트의 목표에 대한 성취 정도를 검토하는 것이다. 이때 목표는 클라이언트의 욕구 충족 목표를 달성하기 위해 보충되어야할 자원이 있는지, 조정되어야 할 부분이 있는지, 또는 새롭게 나타나는 욕구는 무엇인지를 살펴보아야 한다.

③ 점검 내용

점검 단계에서는 목표가 달성되고 있는가, 목표가 시간 안배에 맞춰 달성되고 있는가, 과정 중 실패한 것은 무엇인가 등을 질문한다.

점검을 통해 발견해야 할 두 가지 요소는 서비스 산출에 대한 점검과 계획 변화를 요청하는 새로운 욕구이다. 서비스 산출에 대한 점검은 〈표 6-3〉에서 제시하는 바와 같이 산출량과 목표달성치를 점검하여 계획 수정을 고려하기 위함이며, 계획 변화를 요하는 새로운 욕구의 발견은 지원망이 그 욕구에 대해 알도록 정보를 공유하는 과정에서 조정된다.

〈표 6-3〉 산출에 대한 점검 내용

1. 노력	지원망 구성원이 목표를 달성하는가? 지원망 구성원이 특정 활동을 적절히 수행하는가? 지원망 구성원의 시간 안배가 적정한가? 지원망 구성원의 책임이 실행되고 있나?
2. 적절성	계획에 적절한 서비스와 자원이 있는가?
3. 질	서비스 지원계획이 잘 이행되는가?
4. 결과	서비스 계획이 성공적 결과를 가져오는가, 아니면 역행적 결과를 가져오는가?

(5) 점검방법

점검방법은 점검대상의 특성에 따라 다양하게 고안되어야 하나 대체로 비공식적이고 질적인 방법과 공식적이고 양적인 방법의 두 가지 방법을 조화롭게 병용한다.

비공식적이고 질적인 점검이란 서신 교환, 전화 접촉 등을 통해 클라이언트와의 접촉, 점검의 도구로 사례관리자 자신을 활용하는 방식으로서 사례관리자의 판단이 중요하다.

① 유형 1: 클라이언트 자기보호의 비공식적 · 질적 점검
- 점검초점: 클라이언트 자신의 욕구를 충족시키는 데 있어 지니고 있는 기술, 행동능력, 새로운 정보에 대한 수용 및 활용능력
- 점검 내용: 클라이언트 스스로 노력하고 있는가? 서비스와 지원계획은 지속되는가? 클라이언트 목표달성에 필요한 활동이 이행되고 있는가? 계획의 성취를 위해 정해진 자기보호활동은 적절한가? 그 활동은 적절히 이행되었는가? 또 그 활동은 목표달성을 가져오는가?
- 점검도구: 관찰, 가정방문, 클라이언트 대면 접촉, 전화 접촉

② 유형 2: 클라이언트 자기보호의 공식적 · 양적 점검
- 점검초점, 점검 내용: 유형 1과 동일
- 점검도구: 적절한 도구 사용

③ 유형 3: 상호 보호의 비공식적 · 질적 점검
- 점검초점: 서비스 지원망 구성원이 클라이언트 서비스와 지원목표 달성을 위해 기여하는 정도

- 점검 내용: 서비스 지원망 구성원의 노력, 즉 서비스 지원망 구성원이 정해진 목표의 달성을 위해 적정하게 이행하고 있는가? 활동의 기여 정도와 지원활동의 질
- 점검도구: 비구조화된 질문에 대한 문답요청, 전화 접촉, 위기상황에 관련된 기술

④ 유형 4: 상호 보호의 공식적 · 양적 점검
- 점검초점: 유형 3과 동일
- 점검 내용: 지원활동의 빈도, 적용해야 할 역할과 관심거리
- 점검도구: 일지나 일기 쓰기 유도, 점검보고서, 운영일지 등

⑤ 유형 5: 전문가 보호의 비공식적 · 질적 점검
- 점검초점: 클라이언트에게 지원하는 다른 전문가의 활동, 다른 전문가에 의해 클라이언트에 대한 서비스가 이행될 경우만 실행
- 점검 내용: 클라이언트에게 서비스를 제공하는 다른 전문가의 활동 노력, 적절성, 질 산출
- 점검도구: 비공식 모임이나 접촉, 근무처 방문, 전화 접촉, 클라이언트 기록 등의 검토

⑥ 유형 6: 전문가 보호의 공식적 · 양적 점검
- 점검초점: 클라이언트에게 지원하는 다른 전문가의 활동, 다른 전문가에 의해 클라이언트에 대한 서비스가 이행될 경우만 실행
- 점검도구: 각종 결과지, 소견서, 사진필름 등 증빙 문서자료

[글상자 6-2]

점검 사례

신씨 사례의 점검방법을 살펴보면 다음과 같다.

1. 클라이언트 점검

- 청소 역할분담: 청소 분담표에 스티커 붙이기를 하여 주 1회 사례관리자 방문 시 볼 수 있도록 벽에 부착함
- 청소 상태: 사례관리자가 정기 방문하여 관찰(주 1회 가정방문)
- 신씨 운동 및 건강관리: 운동일지 작성
- 아침 기상 및 등교: 아침 모닝콜 자원봉사자를 통한 진행 정도 점검
- 기타 목표 항목에 대한 변화 정도: 자기기입식 평가표 활용

2. 지원망 점검

- ○○신경외과: 의사 소견서를 통한 현재 상태와 변화 정도 점검(월 1회)
- 가사돌보미: 업무일지를 작성하여 이메일로 송부(서비스 종료 시마다)
- 가사돌보미 파견기관: 가사돌보미 외의 면담을 통한 애로사항 점검(월 1회)
- 주민센터: 이메일을 통한 서비스 제공정보 교환(월 1회)

3. 점검사항에 대한 조정활동

- 운동하는 길의 약수터에 술친구들이 있어 술을 권하는 애로사항이 있음: 동행자 지원(단기), 거절훈련(장기)
- 남자 혼자 있는 집인 데다 악취가 심하여 가사돌보미가 방문을 거부하는 애로사항이 있음: 집이 안정될 때까지 2인 1조로 파견

[글상자 6-3]

※이 표는 클라이언트가 3개월마다 욕구 영역별 자가측정 점수를 기입하고 그렇게 기입하게 된 이유를 면담하거나 주관식으로 작성하는 방식으로 클라이언트를 점검한 예시이다.

	내용	2008	현재	2009	계획
일상생활	① 경제	6점	6점	10점	로또복권에 당첨됐으면 좋겠다
	② 건강	8점	9점	10점	한 주에 3번 이상 운동한다
	③ 의식주(생활)	6점	7점	8점	더욱 신경 써야 할 부분이다
	④ 취업	7점	7점	10점	성실하게 근무해야겠다
	⑤ 관계	6점	7점	8점	좋은 관계를 갖기 위해 마음의 문을 열어야겠다
심리정서	① 자신감 증진	7점	8점	9점	좋은 계획을 세워서 이루어 나가야겠다
	② 부정적 감정 해결	5점	6점	7점	긍정적인 사고를 가져야겠다
	③ 우울증	6점	7점	8점	베풀고 남을 배려하고 관용하는 마음을 가져야겠다
자녀양육	① 학업지도	6점	7점	10점	자녀교육에 좀 더 관심과 사랑을 가지고 후원해 주는 아빠가 되어야겠다
	② 돌봄	8점	9점	10점	나는 자녀들의 돌보미이다
가족관계	사라, 한나, 영준	7점 8점 9점	8점 9점 10점	10점 10점 10점	서로 사랑하고 신뢰하여 각자 맡은 일을 성실히 수행하자! 그래서 각자 가지고 있는 목표를 향해 열심히 달리자! (오늘 걷지 않으면 내일은 뛰어야 한다)
2009년 우리 가정의 모습					꿈과 희망이 넘치고 더욱 화목한 가정이 되었으면 한다

3) 조정

(1) 개념

조정(coordination)이란 사례관리자가 클라이언트의 욕구에 대응하는 데 필요하다고 판단해서 조직한 서비스 제공자와 사회관계망 구성원의 서비스가 조화롭고 적합한 방법에서 수행되도록 관여하는 활동을 말한다.

(2) 주요 과업

- 목표달성을 위해 적절한 노력이 이루어지도록 자원 간의 조정을 돕는다.
- 실행계획이 의도에 따라 진행되기 어려울 때, 그 어려움을 알아내고 이를 조정한다.
- 사례회의, 점검회의 등 자원 간의 정기적 의사소통을 통해 계획 수행의 장애요인, 새롭게 발견된 문제 등 어려움을 함께 공유하고 해결함으로써 자원망의 협력과 사례관리 체계로서 소속감을 가지도록 한다.

(3) 효과적 조정의 장애요인과 해결방법

효과적 조정이 이루어지지 않는 이유는 크게 세 가지로 볼 수 있다.

첫 번째 장애요인은 사례관리에 대한 이해의 공유 부재로 인해 일어나는 갈등이다. 이런 경우는 대부분 교육, 훈련, 토론 등을 주최하여 사례관리의 가치, 개념, 기술 등을 공유하도록 함으로써 사례관리에서의 조정기능에 자발적으로 참여하도록 유도할 수 있다.

두 번째 장애요인은 기관 조직이 중요시하는 관점이나 근거이론의 상이함으로 오는 갈등이 있다. 이때 사례관리자는 클라이언트를 위한 최선의 방법을 찾기 위해 시간을 두고 소통하고 결정하도록 조정하여야 한다.

세 번째 장애요인은 참여 자원기관 간의 경쟁심과 비협조로 인한 갈등이다. 자원제공자들은 복지부 등으로부터 주기적으로 시설평가를 받게 된다. 최근 시설평가에서의 통합 지원을 위한 사례관리의 중요성이 강조됨에 따라 평가 비중이 높아지면서 자원을 조직하고 점검하며 조정하는 관리활동을 스스로 하여야 평가에 유리하다는 인식이 확대되었다. 이에 지역사회 내 권력기관으로서의 입지를 굳히기 위해서, 또는 재정지원을 받기 위해서 등의 다양한 이유로 조정기능을 놓으려 하지 않을 경우 갈등이 발생한다. 이때는 조정에 비협조적인 이유가 무엇인지를 파악하고 그 대안을 마련해야 한다. 대체로 조정활동을 위해서는 참여하는 자원망, 즉 개별 기관의 독립성을 보호하기 위해 노력하고, 결과에 대한 칭찬과 보상을 공유할 수 있도록 배려한다. 또한 의뢰된 사례에 대한 개입이 의뢰받은 기관의 입장에서는 고유의 업무여야 하며, 의뢰 이후에 인력 배치, 업무 편성 등이 추가로 필요한 별도 업무가 되지 않도록 하여야 한다.

여러 기관 간의 협력을 이끌어 내는 효과적인 조정을 위해 필요한 전제조건을 제시하면 다음과 같다.

① 클라이언트의 욕구 강조

서로의 입장을 내세우다 보면 조정활동이 어려워질 수 있다. 이럴 때는 "귀하의 기관은 클라이언트의 욕구를 해결하는 중요한 일을 하고 있습니다." "현재 상황에서 어떻게 하는 것이 클라이언트에게 가장 필요할까요?" "귀하의 기관에 관여하려는 것이 아닙니다. 오로지 클라이언트의 욕구 충족을 위해서……."와 같이 클라이언트에 초점을 두어 해결방법을 모색하여야 한다.

② 과정에 대한 조정 노력을 인정하는 분위기 형성

사례관리의 조정 내용을 사례관리자와 클라이언트를 비롯해 모든 자원이 알 수 있도록 공지함으로써 함께 돕고 있다는 사례에 대한 친밀감과 사례관리 자원망의 일원으로서의 책임감을 가질 수 있도록 정보를 정리하여 수시로 보고한다.

③ 조정활동에 대한 사전 동의하에 사례관리 시작

사례관리에서 조정활동의 중요성에 대한 정보를 공유하기 위해 교육, 세미나, 선진 사례연구 등의 기회를 제공하고, 협력기관이 조정과 점검활동에 참여할 것임을 골자로 하는 기관 간 협의서를 교환한 후 사례관리를 시작하여 조정활동이 원활해지도록 한다.

④ 조정의 이점 공유

조정활동을 통해 얻을 수 있는 이점을 함께 누리도록 배려한다. 전문성이 취약한 기관에는 조정이 클라이언트 개입 노하우 정보의 습득 기회가 되기도 하고, 서비스를 통해 얻게 되는 실천 지식의 축적으로 다른 클라이언트에게 도움이 되기도 한다. 지역기반이 적은 협력기관은 지역에서의 좋은 평판을 함께 공유할 수도 있다. 또한 지역 아동센터나 생활시설처럼 단위 서비스 제공만으로도 인력이 부족한 경우 일개 기관이나 개인이 클라이언트에 대해 가졌던 책임과 부담감을 여러 기관이 공유함으로써 다소 줄일 수 있다.

이 외에도 사업 대상자를 찾아 나서지 않아도 의뢰체계를 통해 사례 수가 증가하여 홍보비가 절감되는 등 기관 운영에 도움이 될 수도 있다. 즉, 개별 기관의 사례관리 참여 목적을 파악하고 사례관리를 통해 얻을 수 있는 이점을 최대한 얻어 가도록 배려한다.

⑤ 조정을 위한 장치 마련

조정장치는 자원망이 불편함을 겪지 않도록 운영 형태를 다양화하되, 다음과 같은 기능을 하도록 하여야 한다.

첫째, 사례조정 회의와 같은 정보 교환과 점검장치가 필요하다. 이는 자원망 구성원이 정보를 교환하는 회의기능과 지지망을 위한 정보를 유지하기 위한 보고서, 전단, 소식지와 같은 기록체계를 포함한다.

둘째, 사례회의, 연합훈련, 슈퍼비전과 능력 배양장치를 둠으로써 공유된 인식과 기술을 증진하도록 한다.

셋째, 사례보고회, 점검회의, 긴급회의 등의 적응장치를 마련한다.

이 외에 사례관리기관 내 조정이 어려울 경우 필요한 제3자 협의구조나 행사, 비공식적 상호작용도 조정활동에 큰 활력을 주는 요소가 될 수 있다.

[글상자 6-4]

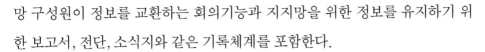

조정 사례

다문화가정의 K씨는 XX다문화가족지원센터의 소개로 자녀의 미술치료를 시작하였다. 작년에 유치원을 졸업하고 초등학교에 진학하여야 하는 아들이 말을 하지 못해 유치원 원장으로부터 발달장애인 것 같다는 의견과 함께 1년 늦게 학교에 보내라는 권유를 받았기 때문이다. 그러나 K씨는 주 1회의 미술치료만으로는 불안하다는 생각이 들어 지역복지관의 방문미술치료와 심리상담 서비스를 받고 있다. 이 아동의 경우 정확한 사정과 개입 계획 수립을 위한 다면적 사정이 이루어지지 않은 채 클라이언트가 제시한 욕구에 근거해 개입이 파편적으로 이루어지고 있는 문제가 있다. 또한 각기 다른 세 주체가 미술치료와 상담치료를 하고 있어 치료 목표와 계획이 체계적이고 효율적이지 않다. 이 경우 사례관리자가 개입하여 아동의 문제를 아동 개인수준, 가족수준, 환경수준으로 사정하고 욕구수준에 따라 기관 간의 서비스 제공 순서 및 방법을 조정하였다.

3. 자원망 개발과 지원활동

사례관리자는 클라이언트의 목표달성을 위해 지역사회 내에서 쉽게 찾을 수 있는 공식 자원망은 물론, 비공식 자원을 개발하고 이들 자원이 클라이언트의 욕구해결에 반응적인 자원망이 될 수 있도록 역량이 강화되도록 지원활동을 해야 한다.

자원은 그 속성에 따라 공식 · 비공식 자원으로 구분될 수 있다. 공식 자원이라 함은 전달체계 내에서 전달되는 공공부조, 사회보험, 사회복지 서비스를 비롯하여 교육, 보건, 의료 등 주민생활에 필요한 모든 서비스를 의미한다.

공식 자원은 앞서 언급된 운영체계와 의뢰기관 개발하기 과정에서 그 절차를 설명한 바 있으므로 이번 절에서는 주로 비공식 자원망 개발에 관해서만 언급하며 그 내용은 다음과 같다.

1) 비공식 자원망 개발

(1) 비공식 자원망의 개념

가족, 친구, 비공식적 원조자, 여타의 사람으로 구성된 망으로, 공식적 전달체계를 이용하여 욕구를 충족할 수 없는 클라이언트에게 자원을 제공하는 자원망을 말한다.

(2) 비공식 자원망의 이점

공식 자원망이 한시적이고 제한적일 수밖에 없다는 취약성을 보충하기 위해서는 언제나 클라이언트의 주변에 있고 클라이언트와 상호작용할 수 있는

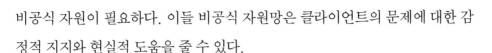

비공식 자원이 필요하다. 이들 비공식 자원망은 클라이언트의 문제에 대한 감정적 지지와 현실적 도움을 줄 수 있다.

사례관리 서비스를 이용한 대상자의 자조집단이나 클라이언트와 유사한 경험을 한 사람 또는 클라이언트의 문제해결법에 대한 직관과 지식을 가진 사람의 도움도 매우 유용하다. 클라이언트의 문제에 대한 인식을 가지고 자원망으로 반응하고자 하는 가족, 친지, 이웃은 클라이언트에게 수시로 희망과 자극을 줄 수 있다.

(3) 비공식 자원망 개발 기술
① 클라이언트의 이전 해결방법 알아보기

클라이언트와 상호작용이 있었던 비공식 지원망에 대하여 알아본다. 특히 문제해결을 위해 활용해 보았던 자원이 있었다면 무엇이었는가, 중단되었다면 왜 중단되었는가, 또는 자원인 줄 알면서도 다가가지 못하는 자원은 없는가 등의 질문을 통해 자원개발의 장애물이나 가능성과 그에 따른 자원개발 방법을 탐색한다.

② 지역 내 문제해결 자원 찾기

클라이언트 주변에서 발견할 수 없는 자원은 지역사회 내에서 찾아보아야 한다. 이를 위해 지역사회를 자주 탐문하고 지역주민과 유대관계를 형성해 두어야 한다. 클라이언트 주변의 구멍가게, 분식점, 약국, 세탁소, 교회, 순찰지구대, 영세 공장, 병원 등 모든 것이 해결자원으로 연계될 수 있다.

③ 지원망 조직하기

사례관리자는 지역주민을 상대로 조직화 활동을 하기도 한다. 우리 동네 소년소녀 가장 ○○을 위한 모임, 우리 동네 조손세대가정을 위한 모임 등 지역문제에 대한 관심을 불러일으키고 주민조직을 만들어 활동하게 한다. 때로는 사례관리 종결 대상자를 중심으로 자조집단의 형성을 지원하고 그들이 또 다른 사례관리 대상자의 지원망이 될 수 있도록 하기도 한다. 이는 자신의 문제해결 역량을 강화시키는 역할을 하는 장점이 있다.

2) 자원망 지원

(1) 자원망 지원활동의 개념

클라이언트의 지원망이 소진되거나 어려움에 처하지 않도록 장애요인을 파악하고 해결함으로써 지속적으로 클라이언트를 돕게 하는 것으로 클라이언트에게 직접 도움을 제공하는 것이 아닌 클라이언트 원조자에게 자원을 지원하는 개입활동이다.

(2) 사례관리자의 개입활동

① 교육적 활동

비공식 자원망은 전문 서비스 제공자와는 달리 클라이언트에 대한 이해나 지원 기술이 부족할 수 있어 그 역량을 보완하기 위한 교육활동을 전개한다.

가족교육 행사를 개최하여 클라이언트의 욕구에 대응하는 방법을 가르치거나 정신장애인 가족을 위해 조현병의 증상과 치료에 대한 교육으로 대상자의 문제를 이해하게 하는 계기를 만들어 준다. 예를 들어, 한부모 지지모임을 구성하여 각종 교육활동을 통해 자조집단으로 발전시키는 것도 교육적 활동이라고 볼 수 있다.

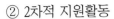

② 2차적 지원활동

비공식 자원망이 제한적으로 개발되어 있을 때 이 1차적 자원망이 소진되지 않도록 쉬는 시간을 제공해 주기 위하여 1차적 자원망(가족, 주 부양자 등)으로 하여금 2차적 자원을 활용하도록 돕는다. 또는 1차적 자원망의 스트레스 해소, 긴장 완화를 위한 지지망 증가, 사회관계망을 위한 위기개입, 상담, 실제 서비스 대신해 주기 등의 다양한 지원을 한다.

③ 대안적 지지체계 연계활동

자조집단, 소비자단체 등 조직화된 네트워크에 참여하도록 도와 자신들의 활동에 대한 전문성과 지속성 등을 유지하도록 한다.

④ 기술적 지지와 협상을 제공하는 활동

사례관리자가 대인 서비스 기관에 새로운 지식, 정보, 인식을 소개하는 변화의 매개기능을 함으로써 전달되기 어려웠던 서비스가 전달되도록 하는 것을 의미한다.

사례관리자는 크게 두 가지 역할을 하게 된다. 첫째, 서비스를 제공하는 조직에 필요한 서비스를 제공하여 여타 어려움 없이 자원망으로서의 역할을 수행하도록 지원하는 활동을 한다. 조직도 수정해 주기, 실용적 대응방안을 고안해 주기, 교육·지원 등으로 새로운 서비스를 소개하거나 정보 전해 주기, 기관에 필요한 인적·물적 자원을 동원해 주기, 자문 역할 해 주기 등이 이에 속한다.

둘째, 클라이언트의 서비스 전달문제와 관련된 지지와 협상을 요청하는 것이다. 대표자 면담, 사례관리 기관에 대한 설명 또는 사례관리 교육, 새로운 접근방법이나 협상방법 등이 활용된다.

이러한 활동을 위해 클라이언트 서비스의 새로운 접근방식에 관심을 가지고 다양한 분야의 전문성을 확보하여야 한다.

⑤ 실무자에게 격려와 지지해 주기

공식 자원망에서 일하며 사례관리 업무를 맡게 되는 실무자는 기관에서 할당받은 역할과 사례관리 자원망으로서의 역할 속에서 업무 부담을 느끼기도 한다. 또는 잦은 사례회의 참석, 점검일지 발송 등 기관 외부와의 접촉이 많아지면서 기관장 내지 동료 집단에게서 부정적인 피드백을 받기도 한다. 따라서 사례관리의 선의와 현실적 제약 사이에서 갈등이나 소진을 경험하는 경우가 발생할 수 있다. 따라서 사례관리 실무자의 협력을 지지하고 격려하며 참여 동기를 높일 수 있도록 지지하여야 한다.

[글상자 6-4]

자원망 개입 사례

치매 노인을 모시는 일은 매우 어려운 일이다. 치매 노인에게 있어서 가장 지속적이고 믿을 만한 자원망은 가족, 특히 주 부양을 맡고 있는 며느리일 것이다.

회사원 구씨의 어머니는 몇 달째 치매를 앓고 있다. (자신이 회사에 나간 사이) 어머니를 대하는 아내의 태도가 마음에 들지 않는다며 부부간의 냉전을 지속하고 있다. 게다가 며칠 전 여동생이 다녀간 이후로 형제간의 갈등으로까지 불거지고 있다. 아들과 딸에게 며느리 험담을 하며 도와달라고 요청하는 어머니 때문이다. 며느리 이씨는 몇 달째 외출 한 번 하지 못했고 종일 치매 어머니의 변덕스럽고 위험한 행동으로 매우 힘들어했지만 아무에게도 말할 수 없었다.

이 경우 사례관리자는 직접 치매 노인의 수발을 돕기보다는 노인의 지원망인 주 부양 책임자와 그 외 가족을 대상으로 치매의 증상과 대처법, 주 부양자의 스트레스 등에 대한 가족

교육을 실시하고, 가족 간의 역할조정, 대체 서비스 지원으로 주 1회 자원봉사자를 연계하였다. 그리고 그 시간에 며느리 이씨는 자신이 좋아하는 영화 감상, 동호회 활동을 다시 하도록 하였다. 부부 상담을 통해 부부간의 대화 기술을 회복하였고, 구씨가 다른 가족에게 부인의 옹호자 역할을 할 수 있도록 조치하였다.

참고문헌

권진숙, 김상곤, 김성천, 박지영, 유명이, 유서구, 이기연, 조현순(2009). 인천시 복지관 사례관리 실천을 위한 매뉴얼 연구보고서. 인천: 인천광역시복지관협회. 사례관리연구회.

권진숙, 김상곤, 김성천, 박지영, 유명이, 유서구, 이기연, 조현순(2010). 사례관리 특화사업 성과평가 연구보고서. 인천사회복지관협회. 사례관리연구회.

권진숙, 박지영(2009). 사례관리의 이론과 실제. 서울: 학지사.

권진숙(2008). 사례관리의 실제: 등촌 4종합사회복지관사례를 중심으로. 경기: 공동체.

김영종, 진재문(2005). 한국 사회복지행정의 변화 전망과 과제. 한국사회복지행정학회 춘계 학술대회 자료집.

남양주 희망케어센터(2008). 희망케어 업무매뉴얼.

보건복지부(2010). 사례관리 사업안내.

이봉주, 김상곤, 이혜숙, 최지선, 최은화, 백혜숙(2008). 위스타트 통합사례관리 매뉴얼. 위스타트 운동본부.

이봉주(2003). 통합적 한국 아동복지 서비스 전달체계 모델의 모색: 범주화된 전달체계를 넘어서. 한국아동복지학회 추계학술대회 자료집.

이태수, 강창현, 김신렬, 류만희, 민현정, 정홍원, 정희섭, 지은구, 함철호, 허윤정(2007). 주민통합서비스 실현을 위한 민–관 협력체계 모형개발. 행정자치부, 보건복지인력개발원.

이봉주(2005). 통합적 복지서비스 전달체계 구축 전략과 모델: 사례관리와 지역사회복지

네트워크를 중심으로. 주민 통합서비스 실형을 위한 민관 협력체계 모형개발 정책 토론회 자료집. 한국사회복지관협회.

위스타트 운동본부(2010). 2010 전국 위스타트 마을 운영진 워크숍 자료집.

조현순(2010). 사례관리전문가 양성교육교육 자료집. 한국사례관리학회, 부산시장애인복지 관협회.

중앙건강가정지원센터(2010). 취약가정 역량강화사업 운영안내.

한국자원봉사협의회, 숭실대학교(2007). 우리아이 희망네트워크 지원사업 성과평가 연구.

한국자원봉사협의회, 숭실대학교(2008). 우리아이 희망네트워크 지원사업 평가와 운영 모델 개발 연구.

함철호, 이기연(2010). 공공전달체계 사례관리의 과제. 한국사례관리학회 추계학술대회 자 료집.

홍선미(2010). 사례관리전달체계로서의 경기도 무한돌봄센터의 발전 방안. 경기도 무한 돌봄센터 개소 기념 심포지엄, 한국의 사례관리 실천 경험을 통한 전달체계 발전 방안 자 료집.

한국 산업인력공단, 한국사회복지사협회(2014). NCS 사회복지 사례관리 학습모듈.

Ballew, J. R., & Mink, G. (1996). *Case management in social work: Developing the professional skills needed for work with multiproblem clients.* Springfield, IL: Charles C. Thomas.

Franke, A. J., & Gelmanm, S. R. (2004). 사례관리개념과 기술 (권진숙 역). 서울: 학지사.

Miley, K. K., O'Melia, M., & DuBois, B. L. (2004). *Generalist social work practice: An empowering approach.* Needham Heights, MA: Allyn & Bacon.

Moore, S. T. (1990). *A social work practice model of case management: The case management grid. Social Work, 35*(5), 444-448.

Moxley, D. P. (1993). 효과적인 복지서비스를 위한 사례관리실천론 (김만두 편역). 서울: 홍 익재.

Moxley, D. P. (2004). 효과적인 복지서비스를 위한 케이스매니지먼트 실천론 (김만두 편역). 서

울: 홍익재.

Rapp, C., & Goscha, R. (2006). *The strengths model: Case management with people with psychiatric disabilities* (2nd ed.). New York: Oxford University Press.

Sullivan, W. P., Wolk, J., & Hartmann, D. (1992). *Case management in alcohol and drug treatment: Improving client outcomes.* Families in Society, 73, 195-203.

Woodside, M., & McClam, T. (2006). *Generalist case management: A method of human service delivery* (3rd ed.). Pacific Grove, CA: Brooks/Cole Publishing.

찾아보기

내용

저자 소개

권진숙(Kwon Chinsuk)
이화여자대학교 대학원 사회복지학과 박사
전 그리스도대학교 사회복지학부 교수

김성천(Kim Sungchun)
중앙대학교 대학원 사회복지학과 박사
현 중앙대학교 사회복지학부 교수

유명이(Yu Myungyi)
숭실대학교 대학원 사회복지학과 박사
현 대림대학교 사회복지과 교수

이기연(Lee Kiyeon)
이화여자대학교 대학원 사회복지학과 박사
현 한국보건복지인력개발원 교수

조현순(Cho Hyunsoon)
서울여자대학교 대학원 사회복지학과 박사
현 경인여자대학 사회복지과 교수

함철호(Ham Cheolho)
중앙대학교 대학원 사회복지학과 박사
현 광주대학교 사회복지학부 교수

사례관리 전문가교육(2판)

-실무자 기초과정-

Case Management(2nd ed.)

2012년 3월 13일 1판 1쇄 발행
2018년 8월 20일 1판 9쇄 발행
2019년 3월 15일 2판 1쇄 발행
2024년 1월 25일 2판 6쇄 발행

지은이 • 권진숙 · 김성천 · 유명이 · 이기연 · 조현순 · 함철호
펴낸이 • 김 진 환
펴낸곳 • (주)학지사

04031 서울특별시 마포구 양화로 15길 20 마인드월드빌딩 5층

대표전화 • 02) 330-5114   팩스 • 02) 324-2345

등록번호 • 제313-2006-000265호

홈페이지 • http://www.hakjisa.co.kr
인스타그램 • https://www.instagram.com/hakjisabook

ISBN 978-89-997-1806-9 93330

정가 15,000원

출판미디어기업 학지사

간호보건의학출판 학지사메디컬 www.hakjisamd.co.kr
심리검사연구소 인싸이트 www.inpsyt.co.kr
학술논문서비스 뉴논문 www.newnonmun.com
원격교육연수원 카운피아 www.counpia.com